潤物無聲

润物无声 人文中国十三讲

范玉吉——主编

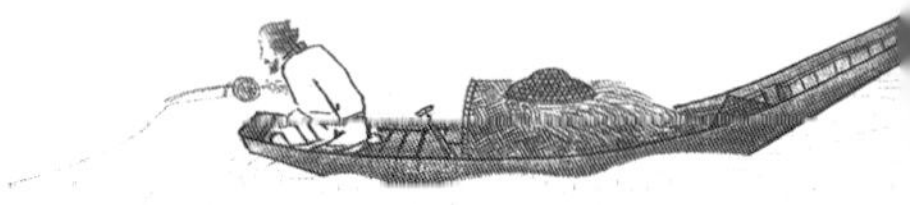

北京大学出版社
PEKING UNIVERSITY PRESS

图书在版编目(CIP)数据

润物无声:人文中国十三讲/范玉吉主编. —北京:北京大学出版社,2018.1
(2020.7重印)

ISBN 978-7-301-28974-7

Ⅰ. ①润… Ⅱ. ①范… Ⅲ. ①文化史—研究—中国 Ⅳ. ①K203

中国版本图书馆CIP数据核字(2017)第298409号

书　　名	润物无声——人文中国十三讲 RUN WU WU SHENG
著作责任者	范玉吉　主编
责任编辑	尹　璐　朱梅全
标准书号	ISBN 978-7-301-28974-7
出版发行	北京大学出版社
地　　址	北京市海淀区成府路205号　100871
网　　址	http://www.pup.cn　新浪微博　@北京大学出版社
电子信箱	sdyy_2005@126.com
电　　话	邮购部62752015　发行部62750672　编辑部021-62071998
印 刷 者	三河市嘉科万达彩色印刷有限公司
经 销 者	新华书店
	730毫米×980毫米　16开本　17.5印张　269千字
	2018年1月第1版　2020年7月第3次印刷
定　　价	49.00元

序

人文中国是继华东政法大学马克思主义学院与法律学院合作开设的法治中国课程后，由我校原人文学院（2017年5月改名为“传播学院”）开设的又一门旨在“讲好中国故事”的全校公选课。

中共中央、国务院于2016年底印发了《关于加强和改进新形势下高校思想政治工作的意见》，强调高校肩负着人才培养、科学研究、社会服务、文化传承创新、国际交流合作等重要使命。加强和改进高校思想政治工作，事关中国特色社会主义事业后继有人，是一项重大的政治任务和战略工程，从“思政课程”到“课程思政”的转变，体现了社会主义现代化建设和民族复兴的精神呼唤。

时代精神要在全民族中张扬，民族精神要从传统文化的深厚积淀中重铸。习总书记在讲话中曾指出，民族复兴中国梦的文化根基和价值支撑，就在于“把根留住”。中国梦不是空想，原因之一，其梦有根。根，维系于民族精神，滋润于“慎终追远”。无论历史多么遥远、岁月如何蹉跎，无论社会怎么变革、如何转型，都不能除了根、丢了魂，都必须把根留住。

近代以来，中华民族遭遇了前所未有的危机，从被坚船利炮打开国门到对制度文化的批评，时至今日，重树文化自信仍是有待解决的重大课题。仍然有人怀疑中华文化的基本价值，更不必说中华文化具有的世界意义，某些西方政治家甚至讥笑我们“只生产物品，不生产思想”。毋庸讳言，习惯向西方学习，照搬国外经验，缺乏文化原创的自觉，在中国的确存在，而且具有某种普遍性。这种思维惯性阻碍了我们形成应有的文化自信，使我们失去了“发现美的眼睛”而变得妄自菲薄。但是，放眼百多年来中国人民创造的伟大奇迹，尤其是改革开放以来，中国大地上日新月异的变化，中国国际地位的巨大提升，14亿人民生活的显著改善，我们完全可以自豪地说，这些“奇迹”都是在不断延续着的中国文化的支撑下取得的，这也就是对我们自己的文化抱有自信和希望的根本所在。

作为拥有五千年文明史的古老国度，作为具有世界影响的负责任大国，中国有必要在自知和自信的基础上将“和而不同”“天人合一”“美美与共”等普遍价值，精彩纷呈、独具魅力的中国文化样式，传播给全世界全人类。作为文化传承创新的高校，让大学生了解中国优秀的传统文化，接受中华文化基因的熏陶，热爱自己民族的传统文化，继而走向世界，能够“讲好中国故事”意义深远而重大。

我们深深地感到，在青年学子的课本里，应该把中国古代经典留住，通过对传统文化的去粗取精、去伪存真，创造性转化和创新性发展，通过激活我们的文化基因，格物致知、知行合一，经世致用、古为今用，可以增强我们民族内心的动力、强身壮体的抗体和慎终追远的定力。

现在，越来越多的高校认识到大学教育的真正使命是回归本原，注重人的全面发展。我校也与时俱进，对接社会需求、把握教育规律，为解决学生全面发展与专业培养之间的平衡问题，学校党委在广泛调研与充分论证的基础上决定于 2017 级法学专业本科生中试行书院制人才培养模式的改革，现已在原人文学院与法律学院的基础上成立了以我校第一任校长、新中国第一任司法部党组书记、常务副部长（时任司法部部长为民主爱国人士史良先生）、著名法学家、书法家魏文伯先生名字命名的“文伯书院”，旨在通过一年的书院学习，依托“导师制”“社区制”等通识教育、全人教育培养机制，发挥学生主体作用，构建以人为本的成才体系，培养综合素养高、专业知识过硬、学习实践能力强，堪称“社会中坚、专业精英”的青年人才。

传播学院为贯彻全国高校思想政治工作会议精神，主动跟进中央和上海市委部署要求，积极响应我校书院制改革下的通识教育、全人教育推进工作，以开放的视野和创新的思路加强课程思政建设。为此，学院党政班子花了近一个学期的时间，整合新闻学、汉语言文学、文化产业管理等不同学科的 13 位优秀教师、专家、学者，结合专业特色，通力合作，撰写讲义、集体备课，面向全校学生开设了系列讲座类“思政课程”——人文中国公选课。

中国文化内涵深厚、博大精深，既有物品文化，如熊猫、茶叶、餐饮、瓷器等，还有行为文化、制度文化，如中国风俗、中国道路等，更有中国文化的价值取向，包括中国的伦理、哲学等。人文中国课程立足思政教育“广深活实”的四维路径，在中国文学、历史、哲学的视角下，研究中国文化发展脉络和当今中国文化的活力，使大学生更加明确中国社会演变的历史必然。本书共有十三讲，具体是：王晓骊教授主讲的“山水诗词中的‘自然’情结”、侯迎华副教授主讲的“唐诗金曲排行榜”、朱宏伟博士主讲的“乡土中国与鲁迅的启蒙：以〈阿Q正传〉为中心”、杜素娟教授主讲的“沈从文小说与中国儒道人格理想”、王智群博士主讲的“汉字文化例说：从汉字构形看汉字的文化蕴涵功能”、臧志彭副教授主讲的“中国古代文化产业的历史脉络”、钱伟副教授主讲的“从抒情到叙事：中国传统文学结构的衍变”、张弓副教授主讲的“审美教育与大学生人文素质培养”、陈阳博士主讲的“‘国家相册’：纪录片中的中国形象”、孙祥飞博士主讲的“新媒体时代的交往革命”、陆新蕾博士主讲的“民以食为天：中国传统饮食文化略讲”、孔洪刚副教授主讲的“先秦文献中的传播伦理与沟通智慧”、范玉吉教授主讲的“‘孝’的文化诠释及其对当代中国的意义”。这些专题内容大多数是选取于主讲人多年来各自主讲的专业必修课或选修课中深受大学生喜爱与同行专家好评的精华部分，凝结了主讲人多年研究与教学的心得。现又根据“课程思政”应当着力凸显“知识传授与价值引领并举”的精神“推陈出新”。在我看来，这也是传播学院多学科师资协同育人教学模式的创新与探索，集中体现“课程思政”的人文力量。十三位主讲人致力于从文学艺术、文化历史、新闻传播等专业课程中提炼蕴含的文化基因和价值范式，展现中华民族优秀传统文化的时代价值，将其转化为社会主义核心价值观具体化、生动化、故事化的有效教学载体，在“润物细无声”中对大学生进行理想、信念等精神指引，不断给大学生以思想启迪、艺术熏陶和文化滋养，增强他们的道路自信、理论自信、制度自信和文化自信。我相信华东政法大学的大学生们一定会喜爱这门课程的！

我也衷心祝愿传播学院的同仁们更好地在落实“立德树人”这一百年大计的育人道路上，承前启后，继往开来，硕果累累。

是为序。

叶　青

华东政法大学校长、博士生导师、教授

2017年10月于华政园

目录

第一讲

山水诗词中的“自然”情结

王晓骊[①]

崇尚自然，放情山水，追求物我两忘的和谐境界是中国文人文化心理的重要特征。刘勰《文心雕龙·物色》云：“若乃山林皋壤，实文思之奥府”，实际上，自然山水不仅是文人文学创作灵感的重要来源，而且还是文学直接描写和吟咏的客观对象，是中国古代诗词最常见的题材之一。早在先秦时期，田园山水就作为背景出现在诗歌之中，魏晋以后，山水诗得到了长足的发展，出现了许多传诵千古的佳构名作，成为中国韵文史不可或缺的组成部分。随着文人词的成熟，山水题材也进入了词的创作领域。在诗词的世界里，山水不是外在于人而独立存在的客观对象，而是主观化、情感化的“人化”自然，更是人回归自然、释放自然天性的心灵栖息地。自然山水从道德、情感、哲学等各个层面介入中国古代文人的生活，最终又上升至审美的境界，凝定为永不褪色的艺术杰作。从道德层面而言，诗（词）人继承了儒家“山水比德”的传统，并使山水诗承载了新的人格化的象征意义；从情感层面而言，他们丰富的感情和强烈的个性赋予自然山水浓厚亲切的人情味和非比寻常的精神气魄；从哲学层面而言，诗词作家深受道家“自然”哲学的影响，在对自然的观照中，他们领悟自我存在的价值，实现了人的自然化。

---

① 王晓骊，江苏苏州人，毕业于苏州大学人文学院，获文学博士学位。现为华东政法大学文伯书院教授，研究方向：中国古代文学与文化研究。

一、“山水比德”：山水诗词的象征意义

所谓“山水比德”，即将自然现象与人的精神品质联系起来，从自然景物的特征上体验到属于人的道德含义。[1]“山水比德”的传统可以上溯到先秦时期。老子《道德经》里有“上善若水”“上德若谷”的说法；孔子在《论语·雍也》中更提出“知者乐水，仁者乐山，知者动，仁者静；知者乐，仁者寿”，直接将山水与人的道德精神联系在一起。孔子之后的儒家学者在此基础上进一步申发，《孟子·尽心上》：“孔子登东山而小鲁，登泰山而小天下。故观于海者难为水，游于圣人之门者难为言。观水有术，必观其澜。日月有明，容光必照焉。流水之为物也，不盈科不行；君子之志于道也，不成章不达。”《荀子·宥坐》则云：“夫水，大遍与诸生而无为也，似德。其流也埤下，裾拘必循其理，似义。其恍恍乎不淈尽，似道。若有决行之，其应佚若声响，其赴百仞之谷不俱，似勇。主量必平，似法。盈不求概，似正。淖约微达，似察。以出以入，以就鲜洁，似善化。其万折也必东，似志。”都是将自然之山水与君子人格相比附。从“比德”的角度出发，山水自然之美在于它对于人类生活的象征意义。审美主体通过山水欣赏这一手段，把握到的仍然是属于人类社会的伦理道德之美，也就是对人自我力量的欣赏。

诗人对山水的吟咏最早就是从自然物的道德和人格象征意义入手的。比如《诗经·鲁颂·閟宫》：“泰山岩岩，鲁邦所詹。奄有龟蒙，遂荒大东。至于海邦，淮夷来同。莫不率从，鲁侯之功。”就是将“淮夷来同”的鲁侯之功比作“鲁邦所詹”的“岩岩泰山”。又如《大雅·崧高》：“崧高维岳，骏极于天。维岳降神，生甫及申。维申及甫，维周之翰。四国于蕃。四方于宣。”把“山”与伟人的功绩联系在一起。再如《小雅·天保》：“如山如阜，如冈如陵，如川之方至，以莫不增”；“如月之恒，如日之升。如南山之寿，不骞不崩。如松柏之茂，无不尔或承。”日月山川都

---

① 参见胡家祥：《审美学》，北京大学出版社2000年版，第32页。

成为王权的象征。

这种直接的道德比附在后代山水诗词中仍有留存，如西晋阮修的《上巳会诗》："三春之季，岁惟嘉时。灵雨既零，风以散之。英华扇耀，翔鸟群嬉。澄澄绿水，澹澹其波。修岸逶迤，长川相过。聊且逍遥，其乐如何！坐此修筵，临彼素流。嘉肴既设，举爵献酬。弹筝弄琴，新声上浮。水有七德，知者所娱。清濑瀺灂，菱葭芬敷。沈此芳钩，引彼潜鱼。委饵芳美，君子戒诸。"还是以"水有七德"为知者娱水的原因。但是，山水诗词的象征意义越来越向诗人或词人的胸襟志向倾斜，这成为"山水比德"在后代的主要发展走向。比如曹操的《步出夏门行·观沧海》：

东临碣石，以观沧海。
水何澹澹，山岛竦峙。
树木丛生，百草丰茂。
秋风萧瑟，洪波涌起。
日月之行，若出其中。
星汉灿烂，若出其里。
幸甚至哉，歌以咏志。

建安十二年（公元 207 年），曹操北征乌桓得胜回师，途经碣石山，登山望海，创作了这首诗歌。此时的曹操灭袁绍，平高幹，征乌桓，经过一系列艰苦的战争，最终平定北方，为挥戈南下奠定了坚实的基础。诗人站在秦皇汉武曾经登临过的碣石山上，踌躇满志又感慨万千，遂借动荡浑廓的大海表现自己的胸襟抱负，其中既有乱世英雄的慷慨之气，又有万民之主的雄心壮志。作为中国文学史上第一首完整的山水诗，曹操的《观沧海》继承并发展了先秦以来的"比德"传统，即赋予山水以人格化特征。而魏晋文人亦多以山水之美来比喻人格之美，如王敦赞美王衍"岩岩清峙，壁立千仞"（《世说新语·赏誉》）；裴楷赞美山涛"若登山临下，幽然深远"（《晋书·裴秀传》）；袁宏之妻赞美嵇康"风韵迢邈，有似明月之映幽夜，清风之过松林也"（《吊嵇中散文》）。从此以后，山水之"德"越来越脱离"仁""义""智""志"等抽象化的道德范畴，而更多地指向个体的人格境界和精神追求。

以唐宋诗词为例。如杜甫的《望岳》：

岱宗夫如何？齐鲁青未了。
造化钟神秀，阴阳割昏晓。
荡胸生曾云，决眦入归鸟。
会当凌绝顶，一览众山小。

这是作者青年时期的诗作，其立意与孔子之“登泰山而小天下”是完全相同的。这首诗虽然在艺术上还不能与诗人中年以后炉火纯青的作品相比，但其中所蕴含的雄心壮志却使之成为传颂千古的励志名作。而柳宗元的《江雪》：“千山鸟飞绝，万径人踪灭。孤舟蓑笠翁，独钓寒江雪”，则于幽净峭冷的自然之境中寄予清高孤峭的人格志趣。

再来看宋代诗词。苏轼《六月二十日夜渡海》：“参横斗转欲三更，苦雨终风也解晴。云散月明谁点缀？天容海色本澄清。空余鲁叟乘桴意，粗识轩辕奏乐声。九死南荒吾不恨，兹游奇绝冠平生。”这是苏轼晚年由海南贬所被赦，南还途中所作。北宋绍圣元年（1094 年），宋哲宗亲政，新党当政，作为旧党领袖，苏轼被一贬再贬，自英州（今广东省英德）而迁惠州，又自惠州远放海南儋州（今广东省儋县），长达七年之久，几乎九死一生。然而，在漫长的贬谪生涯中，苏轼从来没有放弃过对自我人格的坚持。这首诗的颔联出自《世说新语·言语》：

司马太傅斋中夜坐，于时天月明净，都无纤翳。太傅叹以为佳。谢景重在坐，答曰：“意谓乃不如微云点缀。”太傅因戏谢曰：“卿居心不净，乃复强欲滓秽太清邪？

很明显，苏轼是以明净澄清、都无纤翳的天容海色，来比喻自己人格的高尚和心灵世界的洁净无尘，与颈联上句“空余鲁叟乘桴意”相结合，诗人以孔子自励自拟的道德用意是非常清晰的。事实上，苏轼以自然山水“比德”的做法早在其被贬黄州期间就开始了，如《水调歌头·黄州快哉亭赠张偓佺》：

落日绣帘卷，亭下水连空。知君为我新作，窗户湿青红。长记平山堂上，攲枕江南烟雨，杳杳没孤鸿。认得醉翁语，山色有无中。一千顷，都镜净，倒碧峰。忽然浪起，掀舞一叶白头翁。堪笑兰台公子，未解庄生天籁，刚道有雌雄。一点浩然气，千里快哉风。

词作描写站在快哉亭上所见到的江天之景，词人以雄奇壮美的意境，寄予了正直、坚韧和旷达相结合的理想人格目标。“一千顷，都镜净，倒碧峰”的纯净明快是词人坦荡心胸的象征，而在风浪中纵浪大化的渔翁，则是词人坚忍不拔精神的外射。尤其是词作最后“一点浩然气，千里快哉风”两句，化用《孟子·公孙丑上》中“吾善养吾浩然之气”和宋玉《风赋》中“快哉此风!”两典，把自然界的千里长风与人之浩然正气联系在一起，巧妙地赋予山水自然以鲜明的人格特征，从而将“山水比德”传统与诗歌文学特有的意境美结合在了一起。

南宋诗词创作中的“比德”现象依然存在，尤其是文人词。南宋词人张孝祥的《水调歌头·隐静山观雨》描写山中急雨：“洗了从来尘垢，润及无边焦槁，造物不言功。天宇忽开霁，日在五云东。”词人醉心于自然化育万物的博大胸怀和浩瀚气势，正是他造福苍生、追求事功的人生理想的流露。再如辛弃疾的《山鬼谣》：

问何年、此山来此，西风落日无语。看君似是羲皇上，直作太初名汝。溪上路。算只有、红尘不到今犹古。一杯谁举。笑我醉呼君，崔嵬未起，山鸟覆杯去。　　须记取。昨夜龙湫风雨。门前石浪掀舞。四更山鬼吹灯啸，惊倒世间儿女。依约处。还问我、清游杖屦公良苦。神交心许。待万里携君，鞭笞鸾凤，诵我远游赋。

词作描写带湖博山雨岩的一块山石，以山石的奇崛崔嵬来象征自己兀傲孤高的精神境界。山石亘古不变，沉默不语，不媚俗，不欺世，却孕育着无穷的力量，足以惊倒尘俗，正是词人对自我的写照。

如果说山的奇崛象征的是人格的独立和傲岸，那么水的澄澈就象征着高洁和脱俗，南宋文人特别偏爱澄净空阔的水光月色。洞庭月色、长江夜色、吴江秋夜、漓江中秋、湘江夜色等，都是他们钟爱的题材。这些诗词都为我们构建了由空阔的水面与明净的月光相映照而组成的空灵意境，折射出作者的人格追求。如朱敦儒的《念奴娇·垂虹亭》：

放船纵棹，趁吴江风露，平分秋色。帆卷垂虹波面冷，初落萧萧枫叶。万顷琉璃，一轮金鉴，与我成三客。碧空寥廓，瑞星银汉争白。　深夜悄悄鱼龙，灵旗收暮霭，天光相接。莹澈乾坤，全放出、叠玉层冰宫阙。洗尽凡心，相忘尘世，梦想都销歇。胸中云海，浩然犹浸明月。

词人着力营建的是一个碧空寥廓、水天相接的莹澈乾坤，以及词人面对着自然世界所产生的静谧空灵的审美感受和“洗尽凡心，相忘尘世，梦想都销歇”的心灵超脱，从而把清雅的审美追求与旷达的人生追求结合在了一起。

清代学者周济曾云：“夫词非寄托不入，专寄托不出”①，具体而言，即“有寄托，则表里相宣，斐然成章”，“无寄托，则指事类情，仁者见仁，知者见知”②，毫无疑问，这一论断对诗词都是有效的。中国古代诗人和词人借山光水色表达自己的人格追求，“山水比德”的审美关系至此已到达了一个新的高度。从艺术手法上看，诗人们也摆脱了将山水风物的自然属性与人类的道德进行机械比附的简单方式，而是通过意象的择取和意境的营造来传达这种寄托比兴之意，实现艺术形象和象征意义水乳交融般的统一，山水诗词最终走向了“以有寄托入，以无寄托出”的浑厚高妙之境。

---

① 周济：《宋四家词选目录序论》，载唐圭璋编：《词话丛编》，中华书局 1986 年版，第 1643 页。

② 周济：《介存斋论词杂著》，载唐圭璋编：《词话丛编》，中华书局 1986 年版，第 1630 页。

二、人化自然：山水诗词的情感色彩

歌德曾经说过："自然造人，人造自然。人从广阔的世界里给自己划出一个小天地，这个小天地就贴满了他自己的形象。"① 当自然山水不仅作为人的生存环境，还作为审美对象进入人类的社会生活以后，也就进入了人类的情感世界。人通过"移情"作用赋予自然以"人化"的色彩，这恰恰是人改造自然的一种特殊方式。中国山水文学有别于西方文学的特征即在于浓厚的情感性和主观性。所谓"登山则情满于山，观海则意溢于海"(《文心雕龙·神思》)，审美主体以自己的心理揣度对象，将自己的情感外射到对象之上，从而赋予自然山水以情感和个性。

诗词长于抒情，这更使山水诗词具有了浓厚的抒情意味。在诗词的世界中，自然山水常常充当着"感物道情"的作用，是情感抒发的媒介和载体，自然山水也因此沾染上人的情感和思想。从《诗经》时代开始，赋、比、兴手法中涉及的景色描写，就常常沾染着诗人的情感，《秦风·蒹葭》中的"蒹葭苍苍，白露为霜"、《小雅·采薇》中的"昔我往矣，杨柳依依。今我来思，雨雪霏霏"都具有情景交融的审美特征。而屈原、宋玉的楚辞作品更将此推进了一步：

帝子降兮北渚，目眇眇兮愁予。袅袅兮秋风，洞庭波兮木叶下。(屈原《九歌·湘夫人》)

采三秀兮于山间，石磊磊兮葛蔓蔓。怨公子兮怅忘归，君思我兮不得闲。(屈原《九歌·山鬼》)

雷填填兮雨冥冥，猿啾啾兮狖夜鸣。风飒飒兮木萧萧，思公子兮徒离忧。(屈原《九歌·山鬼》)

朱明承夜兮，时不可以淹，皋兰被径兮，斯路渐。湛湛江水兮，

---

① 〔德〕歌德：《拉伐戴骨相学著作札记》，转引自刘叔成等：《美学基本原理》，上海人民出版社 1987 年版，第 131 页。

上有枫。目极千里兮，伤春心。（屈原《招魂》①）

悲哉，秋之为气也！萧瑟兮，草木摇落而变衰。憭栗兮，若在远行；登山临水兮，送将归。泬寥兮，天高而气清。寂漻兮，收潦而水清。（宋玉《九辨》）

山水自然与诗人失意寂寥的情感完美地融合在一起，诚如刘勰《文心雕龙·物色》所谓“屈平所以能洞监风骚之情者，抑亦江山之助乎！”

魏晋以后，随着山水描写的不断成熟，自然山水最终成为中国古典诗词的重要题材。东晋谢灵运、南朝鲍照、谢朓、何逊、吴筠、阴铿以及由南入北的庾信等，都是山水诗名家。其中，谢朓的山水诗往往情景相衬，浑然成境，对唐代山水诗有直接影响。其著名的《晚登三山还望京邑》就是其中的代表佳作：

灞涘望长安，河阳视京县。白日丽飞甍，参差皆可见。余霞散成绮，澄江静如练。喧鸟覆春洲，杂英满芳甸。去矣方滞淫，怀哉罢欢宴。佳期怅何许，泪下如流霰。有情知望乡，谁能鬒不变？

前人云：“玄晖句多清丽，韵亦悠扬，得于性情独深”（黄子云《野鸿诗的》），将小谢山水诗的成就归功于“性情独深”，实际上就是对他所建立的情景交融的山水诗境的肯定。从此以后，在山水诗词中，诗（词）人们或借斜风细雨的江南风光表达隐逸情怀，或借红衰翠减的江上秋色抒发乡愁别情，或借浩荡东流的长江表现壮怀激情。其写景生动逼真，其抒情自然醇厚，人情因山水而感发，山水因人情而妩媚，突出地体现了“一切景语皆情语”的特色，“人化自然”在中国古典诗词甚至曲中获得了完美的诠释：

移舟泊烟渚，日暮客愁新。野旷天低树，江清月近人。（唐·孟浩然《宿建德江》）

---

① 一说作者为宋玉。

风急天高猿啸哀，渚清沙白鸟飞回。无边落木萧萧下，不尽长江滚滚来。万里悲秋常作客，百年多病独登台。艰难苦恨繁霜鬓，潦倒新停浊酒杯。（唐·杜甫《登高》）

对潇潇暮雨洒江天，一番洗清秋。渐霜风凄紧，关河冷落，残照当楼。是处红衰翠减，苒苒物华休。唯有长江水，无语东流。（宋·柳永《八声甘州·对潇潇暮雨洒江天》上阕）

老树悬藤挂，落日映残霞。隐隐平林噪晚鸦。一带山如画，懒设设鞭催瘦马。夕阳西下，竹篱茅舍人家。（元·无名氏《醉中天》）

碧云天，黄花地，西风紧。北雁南飞。晓来谁染霜林醉？总是离人泪。（元·王实甫《西厢记·长亭送别》）

借景抒情而情融于景，如盐入水，如神光离合，山水景物由此成为融合了主观情感的诗歌意象，自然环境也进而成为含蕴丰厚的文学意境。

诗（词）人们独特的个性更赋予自然山水非比寻常的精神气魄。南宋辛弃疾的山水词豪迈开阔，充溢着词人强烈的主观色彩。以其《沁园春·灵山齐庵赋，时筑偃湖未成》为例：

叠嶂西驰，万马回旋，众山欲东。正惊湍直下，跳珠倒溅；小桥横截，缺月初弓。老合投闲，天教多事，检校长身十万松。吾庐小，在龙蛇影外，风雨声中。　　争先见面重重，看爽气朝来三数峰。似谢家子弟，衣冠磊落；相如庭户，车骑雍容。我觉其间，雄深雅健，如对文章太史公。新堤路，问偃湖何日，烟水蒙蒙？

灵山位于江西上饶县北部，峰峦巍峨，绵延百里。词人的军人性格和文人情怀更赋予灵山活泼鲜明的个性和雄深雅健的气质，堪称山水词中的不朽名作。词的上阕描写灵山的气势和山上茂密的松林。在词人如花妙笔下，群山如同奔腾的战马，长松如同即将出征的雄兵，充满了强烈的动感，也寄予了词人报国杀敌的雄心壮志。而下阕的立意更为巧妙：青山有意相媚，一大清早便争先来见。接着词人连用三喻，把秀峰比作谢家子弟、相如（司马相如）车骑和司马迁的《史记》。从表面上看，本体与喻体之间并无多大联系。但是从修辞的角度而言，只要抓住了恰似点，本、喻体之间的距离越大，就越能调动读者的想象力，从而造成新奇的效果。而此词的几个比喻均从词人的主观感受出发：山峰挺拔俊颖，就像是杰出不群的谢家少年；峰峦连绵，就像是司马相如身后跟随的雍容车骑；而自然所赐予的美如此深邃，集高雅、雄壮、刚健于一身，只有太史公的文章差可比拟。从主观感受出发设喻，使词人笔下的青山独具风貌。换而言之，此灵山已非自然界自在之灵山，而是具备了辛弃疾个性的青山，是词人性格的外现，是属于稼轩的个人化的自然山水。诗（词）人不同的性格、身份以及处境也常常让他们笔下的山水具有完全不同的情感和性格。仍以南宋词为例：

拄策松江上，举酒酹三高。此生飘荡，往来身世两徒劳。长羡五湖烟艇，好是秋风鲈鲙，笠泽久蓬蒿。想像英灵在，千古傲云涛。俯沧浪，吞空旷，恍神交。解衣盘礴，政须一笑属吾曹。洗尽人间尘土，扫去胸中冰炭，痛饮读离骚。纵有垂天翼，何用钓连鳌。（张元干《水调歌头》）

浪涌孤亭起。是当年、蓬莱顶上，海风飘坠。帝遣江神长守护，八柱蛟龙缠尾。斗吐出、寒烟寒雨。昨夜鲸翻坤轴动，卷雕翚、掷向虚空里。但留得，绛虹住。　　五湖有客扁舟舣。怕群仙、重游到此，翠旌难驻。手拍阑干呼白鹭，为我殷勤寄语。奈鹭也、惊飞沙渚。星月一天云万壑，览茫茫、宇宙知何处。鼓双楫，浩歌去。（蒋捷《贺新郎・吴江》）

这两首词描写的都是吴淞江的秋色。吴淞江烟波浩渺，一桥如虹，是典型的江南水乡景色，也是两宋词人经常光顾之处。然而在两位词人笔下，同一江南烟水却有着不同的风貌。张元干词描写的是一个空旷磅礴的水天世界，表现的是一个被迫隐居的爱国志士的胸中乾坤；而蒋捷笔下的吴淞江波浪翻滚，龙蟠雾遮，充满了动荡阴郁的气氛，表现的则是一个亡国之人面对陵夷之变时的无奈和恐惧。词人们不同的心境和情感给相同的自然景观增添了全然不同的风格面貌。

在山水诗词的发展中，如何处理情与景的关系无疑是历代诗（词）人不能回避的问题。在经历了先秦之“比兴”，魏晋之“巧似”，再到唐宋两代山水诗词的高度繁荣，诗（词）人们对情景关系的理解也日益成熟起来。明代钟惺《明诗归》云：“诗妙无他，在得情得景耳”；“只写景了不及情，绝不言感，而读一过，字字是情，字字是感，始知诗之写景，正诗之言情言感”；“写景悠然处，正是写情悠然处。作诗而分情景两项者，浅人也。”清代王夫之《姜斋诗话》曰：“情景名为二，而实不可离。神于诗者，妙合无垠。”这都是对情景关系的透彻理解和精妙论述。事实上，在中国古典诗词中，存在着大量看似单纯模山拟水，却笔带深情的作品。比如：

春江潮水连海平，海上明月共潮生。滟滟随波千万里，何处春江无月明！江流宛转绕芳甸，月照花林皆似霰。空里流霜不觉飞，汀上白沙看不见。江天一色无纤尘，皎皎空中孤月轮。江畔何人初见月？江月何年初照人？人生代代无穷已，江月年年只相似。……（唐·张若虚《春江花月夜》）

好雨知时节，当春乃发生。随风潜入夜，润物细无声。野径云俱黑，江船火独明。晓看红湿处，花重锦官城。（唐·杜甫《春夜喜雨》）

逦迤曙云薄，散漫东风来。青山满绿野，微雨洒轻埃。（唐·韦应物《对雨赠李主簿、高秀才》）

春阴垂野草青青，时有幽花一树明。晚泊孤舟古祠下，满川风雨看潮生。（宋·苏舜钦《淮中晚泊犊头》）

泉眼无声惜细流，树阴照水爱晴柔。小荷才露尖尖角，早有蜻蜓立上头。（宋·杨万里《小池》）

细雨茸茸湿楝花，南风树树熟枇杷。徐行不记山深浅，一路莺啼送到家。（明·杨基《天平山中》）

菡萏风前花不稀，菖蒲雨后叶初肥。黄鹂白鹭知人意，来往鸬鹚洲上飞。（明·何景明《溪上水新至漫兴四首》之三）

海上月明、夜半春雨、东风绣野、幽花照眼、泉流无声、南风枇杷、菖蒲叶肥，这些或壮丽，或平易，或澄澈，或空灵的自然景色，都蕴含着诗人对生命的热爱之情，以及对自然无法言表的赞叹歌颂。在他们心中，自然山水不仅是外在于人的对象化世界，更是他们亲密的朋友和心灵的栖息地。自然中的山山水水、一草一木都如同多年不遇又相知相亲的老友，充满了浓厚的人情味和亲切感：

众鸟高飞尽，孤云独去闲。相看两不厌，只有敬亭山。（唐·李白《独坐敬亭山》）

茅檐长扫静无苔，花木成畦手自栽。一水护田将绿绕，两山排闼送青来。（宋·王安石《书湖阴先生壁》）

湖上风来波浩渺。秋已暮、红稀香少。水光山色与人亲，说不尽、无穷好。　莲子已成荷叶老。青露洗、蘋花汀草。眠沙鸥鹭不回头，似也恨、人归早。（李清照《怨王孙》）

连宵风雨恶，蓬户不轻开。山似相思久，推窗扑面来。（清·袁枚《推窗》）

对于经历了人生失意的文人来说，自然以造化之工、山水之美，给予伤痕累累的心灵以安慰和平静。以南宋词人陈与义的《虞美人》为例：

扁舟三日秋塘路，平度荷花去。病夫因病得来游，更值满川微雨洗新秋。　去年长恨拏舟晚，空见残荷满。今年何以报君恩？一路繁花相送到青墩。

据李心传《建炎以来系年要录》卷十九记载：“绍兴五年六月丁巳，给事中陈与义充显谟阁直学士提举江州太平观。与义与赵鼎论事不合，故引疾求去。”此词即作于此时。词人因与赵鼎政见不合，托病离开临安，心情自然是压抑的。然而一路之上，荷花盛开，繁花似锦，让词人领略到自然的生机和美丽，也让他暂时忘却了政治上的失意。与充满争斗与倾轧的官场相比，大自然是那么无私，又那么善解人意。从抒情的强度而言，这些诗词平易闲淡，但其中蕴含的主观情感却丰富细腻，是以山水抒情的另一种风格。

三、山水体道：山水诗词的哲学意蕴

山水诗词呈现给人们的不仅是山水自然令人目不暇接的形态美，更是古人对宇宙及人生的思索。人来自于自然，又将归于自然。自然作为人类永远的母亲和最终的归宿，给予人类的不只是物质资料和精神安慰，它还提示人类去寻求自我存在的意义。先秦道家对这一问题的探究最为深刻。老子说："人法地，地法天，天法道，道法自然"（《老子》第二十五章）。在这里，"自然"不是指表象层的山水风月，而具有形而上的哲学意味，它是关于宇宙（天地）和人的本原问题的哲学阐释。"道"是一切有形世界与无形世界的本源，也是自然界和人类社会的总法则。"有物混成，先天地生。寂兮寥兮，独立而不改，周行而不殆，可以为天地母。吾不知其名，强字之曰道"（《老子》第二十五章）。但"道"虽无形，却并非不可把握，因为"道法自然"，"自然"就是"道"的自性，所以说"道"即自然，自然即"道"，"道"之所以为"道"，就在于它的自然而然。换而言之，一切事物皆是"道"的体现，"道"即存在于万物自然而然的本性之中。在道家的阐释中，"自然"所指虽非具体的自然山水，但是块然而生、人为痕迹最少的山水中无疑蕴涵着最原始又最深刻的"道"。所以庄子说："山林欤！皋壤欤！使我欣欣然而乐欤！"（《庄子·知北游》）山林、皋壤给庄子及后人的愉悦感，不仅是一种审美快感，同时也包含了某种因哲学体验而获得的喜悦。从表面上看，纵情山水得到的快感来自于认知对象，实际上它来自人对自我本性的认识和张扬。自然山水只是以它花开山空、月明水流的自在方式向沉溺于名利而迷失本性的人们揭示出生命的本质和意义。虽然庄子号称真正得道之人——即"真人"，应该是"形如枯槁，心如死灰"，但不管是庄子本人还是其后代的追随者，他们在天地自然中悟"道"之后的精神境界并非一片死寂，而是充满生命之欢欣的宁静和祥和，是一种无所依傍、自足自由的圆融之境。人与自然之间的这种关系，超越了以自然山水比附人格道德或者借自然山水表情达意的层次，体现的是人类对自我生命价值的终极叩问。这一境界具有如此大的吸引力，即便是强调入世济时的儒家有时也很难抵御这种快乐，曾点“浴乎沂，风乎舞雩”的志向不是也得到了孔子的认同吗？

诗歌领域以山水“体道”的风气与魏晋老庄玄学的盛行有直接关系，刘勰《文心雕龙·明诗篇》云：“宋初文咏，体有因革，庄老告退，而山水方滋”，事实上，在作为独立题材出现的晋宋时期，山水诗多少都带一点玄学的影子，往往拖着玄言诗的尾巴。或者可以说，此时的山水描写大多承担着“体道”的功能，聊举两例：

> 三春启群品，寄畅在所因。仰望碧天际，俯磐绿水滨。寥朗无厓观，寓目理自陈。大矣造化功，万殊莫不均。群籁虽参差，适我无非新。（王羲之《兰亭诗·其三》）
>
> 昏旦变气候，山水含清晖。清晖能娱人，游子憺忘归。出谷日尚早，入舟阳已微。林壑敛暝色，云霞收夕霏。芰荷迭映蔚，蒲稗相因依。披拂趋南径，愉悦偃东扉。虑澹物自轻，意惬理无违。寄言摄生客，试用此道推。（谢灵运《石壁精舍还湖中作》）

前一首玄言诗，因景而寓理，由碧天绿水而悟造化之理；后一首山水诗，因山水之游而得养生之道，两首诗的重心虽然有明显不同，但其借欣赏自然山水以体悟自然之道的理路是完全一样的。不过，作为文学作品，诗词对哲理的表现最终是要以审美为旨归的，玄言诗固有“理过其辞，淡乎寡味”（钟嵘《诗品序》）的缺点，大谢的山水诗也因其悟道的尾巴而被后人讥以芜累寡情。后代哲理性山水诗所承载的不仅有玄理，还包括了大量的佛理和理学家之天理，但大多不再将理与景牵强地附会在一起，而是走向了对理趣的追求和表现。如宋代理学家朱熹的诗：

> 胜日寻芳泗水滨，无边光景一时新。
> 等闲识得东风面，万紫千红总是春。（《春日》）

门外青山翠紫堆，幅巾终日面崔嵬。
只看云断成飞雨，不道云从底处来。
擘开苍峡吼奔雷，万斛飞泉涌出来。
断梗枯槎无泊处，一川寒碧自萦回。
步随流水觅溪源，行到源头却惘然。
始信真源行不到，倚筇随处弄潺湲。(《偶题三首》)

朱熹这些为人所重的理学诗，有的是“先有某种哲理认识，然后再用相应得自然景象去暗喻形容，或作象征性表达”，有的则“只是表现他观照自然所触发的直觉体验，抒写他对自然的观照印象和涵泳于景物之中的乐趣……然而细加咀嚼寻味，诗中的景象同样深蕴着精妙的哲理”①。不管是以理摄景，还是以理入景，都试图将深刻却失于奥涩的哲理融化为感性活泼的审美形象，使人在体会审美趣味的同时，获取哲理的滋养。这无疑比单纯的因景说理更具有审美价值。只要与下面这首词作一对比，就可看出其中的区别：

瑶田银海。浩色难为对。琪树照人间，晓然是、华严境界。万年松径，一带旧峰峦，深掩覆，密遮藏，三昧光无碍。　　金毛狮子，打就休惊怪。片片上红炉，且不可、将情作解。有无不道，泯绝去来今，明即暗，暗还明，只个长不昧。(南宋·向子諲《蓦山溪》“绍兴乙卯，大雪行鄱阳道中”)

上片描写雪景，下片阐发佛理。词人因大雪后的琼瑶世界联想到佛家的华严境界，并在此基础上借题发挥，不仅在艺术韵味上比较生硬，对佛理的理解也常常浅尝辄止，未得真谛。

在真正的得道之人看来，要领悟山水之道，就必须进入“无我之境”。“无我之境”不但是引领人们通向“至道”的必经之途，更是文学创作所

① 陶文鹏、韦凤娟主编：《灵境诗心——中国古代山水诗史》，凤凰出版社 2004 年版，第 513、514 页。

追求的一种理想境界。王国维在《人间词话》中曾解释诗词创作中的“有我之境”和“无我之境”：“有我之境，以我观物，故物皆著我之色彩”；“无我之境，以物观物，故不知何者为我，何者为物”。用今人的话来说，就是审美主体以自己的心理揣度对象，将自己的情感外射到对象之上，从而赋予自然山水以人的情感和个性，此为“有我之境”，也就是上文已经论述过的“自然的人化”。而当审美主体在对自然的观照中，脱离了对外在功名、利害等欲念的考虑时，自我就与对象逐渐合二为一，进入生命的宁静和自足状态，此即为“无我之境”。王维的《辛夷坞》云：“木末芙蓉花，山中发红萼。涧户寂无人，纷纷开且落。”如果从人情的角度来看，鲜红的芙蓉开得如此烂漫，用尽了所有的生命，却无人驻足，无人欣赏，让人心生寂寞伤感。然而，诗歌却并没有传达这样一种诗歌中普遍存在的生命忧患，相反，涧户无人，花开花落，生命盛开与凋谢，都是自然的赐予，无所谓悲，亦无所谓喜。王维的山水诗一般不谈禅，也不说理，却被后人看作是“字字入禅”的悟道之诗，这就在于诗人“置自然于刹那直观之下，自然和自我完全融合，主客不再分家，诗歌意象终于深化为纯粹现象。王维达到了纯粹看和纯粹听。这，就是最初也是最出色的意境。”①

宋代苏轼曾云：“吾兄弟俱老矣，当以时自娱。世事万端，皆不足介意。所谓自娱者，亦非世俗之乐，但胸中廓然无一物，即天壤之内，山川草木虫鱼之类，皆是供吾家乐事也。”（《与子明兄一首》）。“胸中廓然无一物”也即庄子的“心斋”和“坐忘”，只有在“虚以待物”的心理状态之下，才有可能进入无往而不适的精神境界，这也就是苏轼所谓“自娱”，一种与天地万物同享的生的快乐。苏轼在黄州曾作过一首《鹧鸪天》词：

> 林断山明竹隐墙。乱蝉衰草小池塘。翻空白鸟时时见，照水红蕖细细香。　　村舍外，古城旁。杖藜徐步转斜阳。殷勤昨夜三更雨，又得浮生一日凉。

---

① 张节末：《纯粹看与纯粹听——论王维山水小诗的意境美学及其禅学、诗学史背景》，载《文艺理论研究》2005 年第 5 期。

这首词描写夏日雨后山村池塘的自然景致，其中“翻空白鸟时时见，照水红蕖细细香”两句，表现的正是这种生命体验。白鸟即鸥鸟，在道家文化中，鸥鸟是一种无机之鸟，同时又是一种自由之鸟。《列子·黄帝》载:“海上之人有好沤鸟者，每旦之海上，从沤鸟游，沤鸟之至者百住而不止。其父曰：吾闻沤鸟皆从汝游，汝取来，吾玩之。明日之海上，沤鸟舞而不下也。”自由来自于无心，人屏除机心才有可能与自然万物融为一体，从而进入一个不以人力干涉自然，而与天地相往来的廓大自在的境界。红蕖即红莲，莲花出淤泥而不染，保持着天性自然。红蕖在自我映照中，散发出生命的馨香。词人也在对自然的观照中，领悟了人生的价值：生命的意义原来可以不依赖于外物而获得。“抒情诗人所描写的画景不是别的，正是他本人……不过这个‘我’当然不是清醒的实践中的人的‘我’，而是潜藏在万象根基中的唯一的真正存在的永恒的‘我’；而凭借这个‘我’的反映，抒情的天地就能够洞察万象的根基”（尼采《悲剧的诞生》）。当人摆脱了功名富贵、善恶是非的束缚，在反视自身中把握自我生命的律动，也由此把握天地间一切生命的律动，此生命律动就是人生之“道”，也是宇宙万物之道。庄子之知鱼、王维之坐看云起，乃至黄庭坚之闻木犀香而悟道，都是对此“道”的领悟和把握。

与个体乃至整个人类社会相比，自然是永恒的。然而自然对于诗人的意义不仅在于提示人生之短暂和历史之虚无，“青山依旧在，几度夕阳红”的悲哀并不是他们寻求的关于人生和历史的最终答案。在与自然融为一体的过程中，他们体验到的是对有限时空的突破。从时间而言，是从生命之有限进入“道”之无限的过程；从空间而言，是从“有差别境”到“无差别境”的过程。南宋张孝祥的《念奴娇·过洞庭》就表现了词人在自然中物我两忘，由有限而进入无限的奇妙境界：

洞庭青草，近中秋、更无一点风色。玉鉴琼田三万顷，著我扁舟一叶。素月分辉，明河共影，表里俱澄澈。悠然心会，妙处难与君说。　　应念岭海经年，孤光自照，肝胆皆冰雪。短发萧骚襟袖冷，稳泛沧浪空阔。尽吸西江，细斟北斗，万象为宾客。扣舷独笑，不知今夕何夕。

在与自然的单独相处中，词人实现了对世事的遗忘。在这一刻，他是无我的，又是唯我的，自然把个体的有限的生命带到了一个无限的境界之中。词人在物我交融中体味到自然的永恒，而在这永恒面前，人世间的时间又有什么意义呢？词人沉浸于这样充满哲理又超越了人类理性的境界之中，“扣舷独笑，不知今夕何夕”，这也正是陶渊明“此中有真意，欲辩已忘言”（《饮酒》）的心境。可以说，对于中国古代文人，自然的功用类似于宗教，有时甚至可以代替宗教。

庄子曾云：“天地有大美而不言”①，这种至大而无言的自然之美，给予古人多重的审美感受，也启发着他们对宇宙及人生的思索。山水诗词呈现给人们的不仅是山水自然令人目不暇接的形态美，更是诗（词）人崇尚人格、重视情感、深于思考的心灵脉动；展现的是自然之境，更是心造之境。道德企望、人格追求、情感投入、哲学探索，古人对自然山水的多层次解读，体现的是他们丰富而深邃的精神世界。诚如学者所谓：“根植于儒道佛深厚土壤的古代山水诗，突出地体现着中华民族人文精神的特质，这就是‘天人合一’的哲学观、宇宙观、自然审美观，其内涵是：人与自然、仁心与天地万物感应参合、和谐交融为一体。中国历代山水诗人普遍追求一种理想的人生境界，即人与自然山水形神相感相通，人以此参契天地万物之道，从而达到任情自适的精神境界。”②中国古代文人对自然山水的多层次解读，为今人把握人与自然关系提供了可资借鉴的视角和理念。

请思考

1. 刘勰的《文心雕龙·物色》以为文章有得于江山之助，你如何理解？

2. 在山水诗词中，中国古人展现了怎样的人与自然的关系？这种关系对我们今天有什么启发？

---

① 《庄子·知北游》。

② 陶文鹏、韦凤娟主编：《灵境诗心——中国古代山水诗史·导言》，凤凰出版社 2004 年版，第 5 页。

第二讲

唐诗金曲排行榜

侯迎华[①]

诗歌是中国人的宗教，林语堂在《吾国吾民》中说："如果说宗教对人类心灵起着一种净化作用，使人对宇宙、对人生产生一种神秘感和美感，对自己的同类或其他生物表示体贴的怜悯，那么依著者之见，诗歌在中国已经代替了宗教的作用。"而诗莫盛于唐，明代文学家袁中道认为："（诗）一出唐人之手，则览之有色，扣之有声，而嗅之若有香。相去千余年之久，常如发硎之刃，新披之萼。"（《宋元诗序》）唐诗正以这种独有的诗彩、诗韵与诗香，熏染、陶冶和抚慰一代又一代中国人的心灵，成为中国人的宗教。对唐诗的吟诵、欣赏、评点、比较，自它诞生之日起，就从未停止过。虽云"文无第一，武无第二"，但事实上，古往今来的读者们总是试图找到所谓的"压卷之作""孤篇之作"，来为唐诗的江湖排排座次。今天，我们就综合前人的选本收录情况、评点情况以及当今一些大数据的统计情况，来看看在大家的心目中，究竟谁能艳压群芳，成为伟大的盛唐诗歌中最为人称道的那一篇。

一、七绝压卷之作

绝句又称截句、断句，其篇幅只有律诗的一半。李泽厚《美的历程》

---

① 侯迎华，河南新乡人，毕业于南京师范大学文学院，获文学博士学位，现为华东政法大学文伯书院副教授，研究方向：古代文学。

中谈及绝句，称其为“盛唐之音的主要文学形式”。闻一多认为“七绝当是诗的精华，诗中之诗，是唐诗发展的最高也是最后的形式”。所以绝句尤其是七绝，成为唐代诗人们逞才使性，展现才华的主场，而“秦时明月汉时关，万里长征人未还”，“羌笛何须怨杨柳，春风不度玉门关”，“劝君更尽一杯酒，西出阳关无故人”等诗句更是成为千百年来脍炙人口的金句。至于哪一首能够力压群雄，成为唐诗七绝的压卷之作，也成为诗歌评点史上一桩热闹的公案，延续明清两代，争论长达数百年。下面我们就一起回顾一下这段公案，看看究竟哪一首诗能成为七绝压卷之作？另外，我们也通过赏析几首压卷之作，来看看压卷的标准到底是什么？唐朝名诗佳作辈出，何以它们被提名压卷呢？

（一）压卷之争

最早提出“唐人七绝压卷之作”这一问题的是明代的李攀龙。李攀龙为明代文学流派“后七子”的领袖，其文学主张继承“前七子”，文主秦汉，诗规盛唐，编有《唐诗选》，该选本在明清两代的影响超过《唐诗三百首》。在《唐诗选》中，李攀龙推王昌龄的《出塞》压卷，称为“唐绝第一”。

秦时明月汉时关，万里长征人未还。
但使龙城飞将在，不教胡马度阴山。

同为“后七子”领袖的王世贞在《艺苑卮言》中赞同李攀龙之说：“于鳞（李攀龙）言唐人绝句当以此压卷，余始不信，以少伯（王昌龄）集中有极工妙者。既而思之，若落意解，当别有所取。若以有意无意、可解不可解间求之，不免此诗第一耳。”

但王世贞的兄弟王世懋却提出了不同意见。王世懋《艺圃撷余》称：“于鳞选唐七言绝句，取王龙标‘秦时明月汉时关’为第一，以语人，多不服。于鳞意止击节‘秦时明月’四字耳。必欲压卷，还当于王翰‘葡萄美酒’、王之涣‘黄河远上’二诗求之。”认为王昌龄的《出塞》仅首句令人击节，若论全篇，则不如王翰与王之涣的两首《凉州词》：

《凉州词》(王翰)

葡萄美酒夜光杯，欲饮琵琶马上催。

醉卧沙场君莫笑，古来征战几人回。

《凉州词》(王之涣)

黄河远上白云间，一片孤城万仞山。

羌笛何须怨杨柳，春风不度玉门关。

除王世懋外，当时持不同意见的人还有很多，如明代胡震亨《唐音癸签》认为“发端虽奇，而后劲尚属中驷”，“于鳞遽取压卷，尚须商榷”。《唐诗绝句类选》的辑评者敖英虽不反对，并提出了并列作品：“‘秦时明月’一首，用修、于鳞谓唐绝第一，愚谓王之涣《凉州词》神骨声调当为伯仲，青莲李白‘洞庭西望’气概相敌。”敖英提出的伯仲之作，除王之涣《凉州词》外，还有李白的《游洞庭》：

洞庭西望楚江分，水尽南天不见云。

日落长沙秋色远，不知何处吊湘君。

到了清代，王士祯编选《唐人万首绝句选》时，除了王之涣的《凉州词》之外，又提出了三首新的压卷之作，分别为王维的《渭城曲》、李白的《早发白帝城》、王昌龄的《长信秋词》。其曰：“昔李沧溟推‘秦时明月汉时关’一首压卷，余以为未允。必欲压卷，王维之‘渭城’、李白之‘白帝’、王昌龄之‘奉帚平明’、王之涣之‘黄河远上’，其庶几乎？终唐之世绝句，亦无出四章之右者矣。”

《渭城曲》(王维)

渭城朝雨浥轻尘，客舍青青柳色新。

劝君更尽一杯酒，西出阳关无故人。

《早发白帝城》（李白）
朝辞白帝彩云间，千里江陵一日还。
两岸猿声啼不住，轻舟已过万重山。

《长信秋词》（王昌龄）
奉帚平明金殿开，且将团扇共徘徊。
玉颜不及寒鸦色，犹带昭阳日影来。

继王士祯之后的诗坛盟主沈德潜在《说诗晬语》中又增加了五首：“愚谓李益之‘回乐烽前’、柳宗元之‘破额山前’、刘禹锡之‘山围故国’、杜牧之‘烟笼寒水’、郑谷之‘扬子江头’，气象虽殊，亦堪接武。”认为李益的《夜上受降城闻笛》、柳宗元的《酬曹侍御过象县见寄》、刘禹锡的《石头城》、杜牧的《泊秦淮》、郑谷的《淮上与友人别》五首七绝，可与各家推出的压卷之作并列。

《夜上受降城闻笛》（李益）
回乐烽前沙似雪，受降城外月如霜。
不知何处吹芦管，一夜征人尽望乡。

《酬曹侍御过象县见寄》（柳宗元）
破额山前碧玉流，骚人遥驻木兰舟。
春风无限潇湘意，欲采蘋花不自由。

《石头城》（刘禹锡）
山围故国周遭在，潮打空城寂寞回。
淮水东边旧时月，夜深还过女墙来。

《泊秦淮》（杜牧）
烟笼寒水月笼沙，夜泊秦淮近酒家。
商女不知亡国恨，隔江犹唱后庭花。

《淮上与友人别》（郑谷）

扬子江头杨柳春，杨花愁杀渡江人。

数声风笛离亭晚，君向潇湘我向秦。

继后，管世铭的《读雪山房唐诗序例》又提出了不同的看法：“王阮亭司寇删定洪氏《万首唐人绝句》，以王维之‘渭城’、李白之‘白帝’、王昌龄之‘奉帚平明’、王之涣之‘黄河远上’为压卷，韪于前之举‘葡萄美酒’、‘秦时明月’者矣。近沈归愚宗伯亦效举数首以续之。今按：其所举杜牧‘烟笼寒水’一首为当，其柳宗元之‘破额山前’、刘禹锡之‘山围故国’、李益之‘回乐烽前’虽佳而非其至，郑谷‘扬子江头’不过稍有风调，尤非数诗之匹也。必欲求之，其张潮之‘茨菰叶烂’、张继之‘月落乌啼’、钱起之‘潇湘何事’、韩翃之‘春城无处’，李益之‘边霜昨夜’、刘禹锡之‘二十余年’、李商隐之‘珠箔轻明’，与杜牧《秦淮》之作，可称匹美。”管世铭与沈德潜均不同于前人只选盛唐之音，而是从中晚唐作品中提名，但管世铭只赞同被沈德潜的《唐诗别裁》推为“绝唱”的《泊秦淮》一首，其余七首分别为张潮的《江南行》、张继的《枫桥夜泊》、钱起的《归雁》、韩栩的《寒食》、李益的《听晓角》、刘禹锡的《与歌者何戡》、李商隐的《宫妓》。

《江南行》（张潮）

茨菰叶烂别西湾，莲子花开犹未还。

妾梦不离江水上，人传郎在凤凰山。

《枫桥夜泊》（张继）

月落乌啼霜满天，江枫渔火对愁眠。

姑苏城外寒山寺，夜半钟声到客船。

《归雁》（钱起）

潇湘何事等闲回，水碧沙明两岸苔。

二十五弦弹夜月，不胜清怨却飞来。

《寒食》（韩翃）
春城无处不飞花，寒食东风御柳斜。
日暮汉宫传蜡烛，轻烟散入五侯家。

《听晓角》（李益）
边霜昨夜堕关榆，吹角当城汉月孤。
无限塞鸿飞不度，秋风卷入小单于。

《与歌者何戡》（刘禹锡）
二十余年别帝京，重闻天乐不胜情。
旧人唯有何戡在，更与殷勤唱渭城。

《宫妓》（李商隐）
珠箔轻明拂玉墀，披香新殿斗腰支。
不须看尽鱼龙戏，终遣君王怒偃师。

至此，从诗话点评情况来看，唐诗七绝之中共有 18 篇作品被提名压卷，其中王之涣《凉州词》获提名次数最多，共三次（王世懋、敖英、王士祯）；王昌龄《出塞》次之，共获两次提名（李攀龙、王世贞），但其胜在获得首次提名，“压卷之作”的提法自它而始；另外杜牧《泊秦淮》获两次提名（沈德潜、管世铭）。其余作品均被提名一次。从这个评比角度来看，《凉州词》与《出塞》似乎难分高下，《泊秦淮》稍逊一筹。

从选本入选情况来看，据武汉大学文学院王兆鹏教授的统计，他梳理了唐宋金元明清以及现当代有代表性的 70 种诗歌选本，得出王之涣《凉州词》入选次数为 37，王昌龄《出塞》入选次数为 35，而杜牧《泊秦淮》入选次数为 33 的结果。[①] 选本作为一种特殊的批评方式，其重要性毋庸置疑。鲁迅先生在《集外集·选本》中早就指出：“凡选本，往往能比所选各家的全集或选家自己的文集更流行，更有作用。”方孝岳在《中国文学批评·导言》中亦云：“许多诗话文话，都是前人随便当作闲谈而写的，至

① 参见王兆鹏、孙凯云：《寻找经典——唐诗百首名篇的定量分析》，载《文学遗产》2008 年第 2 期，第 42—44 页。

于严立各人批评的规模，往往都在选录诗文的时候，才锱铢称量出来”。由此可见，哪首诗入选次数更多，就更能说明它的经典程度。从这个角度来看，毫无疑义王之涣的《凉州词》又赢一局。

唐代薛用弱《集异记》记载的《旗亭画壁》的故事，虽然不能作为评判依据，但也从一个侧面反映了唐代民间对王昌龄与王之涣诗歌的喜爱程度，在这个故事中，王昌龄、高适、王之涣三人在旗亭饮酒听曲，王之涣就是凭借一曲“黄河远上白云间”一举夺魁的。故事是这样的：

唐朝开元年间，诗人王昌龄、高适、王之涣三人齐名，有一次他们一起到酒楼买酒畅饮。忽见有乐官十几个人，漂亮的歌女四人，原来是梨园掌管乐曲的官员率十余子弟登楼宴饮。三位诗人回避，躲在黑暗的角落里，围着小火炉，且看她们表演节目。一会儿又有四位艳丽的歌伎，登上楼来。随即乐曲奏起，演奏的都是当时有名的曲子。王昌龄他们私下互相约定说：“我们这些人都享有诗名，到底谁好谁差，我们无法定高下，今天就看各歌女所唱的诗，被谱作歌词多的就算优胜。”过一会儿一歌女唱“寒雨连江夜入吴，平明送客楚山孤。洛阳亲友如相问，一片冰心在玉壶。”王昌龄伸手在壁上画一道，说：“一首绝句”。不久又一歌女唱“开箧泪沾臆，见君前日书。夜台今寂寞，犹是子云居。”高适伸手在壁上画一道说：“一首绝句。”又一歌女唱“奉帚平明金殿开，且将团扇共徘徊。玉颜不及寒鸦色，犹带昭阳日影来。”王昌龄又伸手画一道说：“两首绝句。”王之涣自觉得久有诗名，就对王昌龄、高适说：“这几个都是失意的乐官罢了，唱的不过是‘巴人下里’之类不入流的歌曲，那‘阳春白雪’之类的高雅之曲，哪是她们唱得了的呢!”接着指着所有歌女中最漂亮的一个说：“这个人所唱的如果不是我的诗，我就永远不敢和你们争高下了。如果是唱我的诗的话，二位就拜倒于座前，尊我为师好了。”于是三人边说笑边等着。过一会儿，那个女子开始唱了，唱的果然是“黄河远上白云间，一片孤城万仞山。羌笛何须怨杨柳，春风不度玉门关。”王之涣立即翘起拇指得意地对两人说：“乡下人，我没有胡说吧!”三位诗人开怀大笑。

那些歌手们听到笑声，不知道发生了什么事情，纷纷走了过来：“请问几位大人，在笑什么呢?”王昌龄就把比诗的缘由告诉她们。歌女们施礼下拜：“请原谅我们俗眼不识神仙，恭请诸位大人赴宴。”三位诗人应了她们的邀请，欢宴一天。

以上，我们比较了专家点评、选家收录和民间传唱情况，综合起来，还是王之涣的《凉州词》更胜一筹。

（二）压卷标准

无论是王之涣的《凉州词》、王昌龄的《出塞》还是杜牧的《泊秦淮》，这些诗被提名压卷的标准到底是什么？杜甫作为一代诗圣，为何他的七绝没有一篇被提名？我们就以上文一些压卷提名诗为例，来讨论一下压卷七绝好在哪里。

1. 由“壮采”到“深情”：客体景物向主体情绪的转变

俞陛云在《诗境浅说》中评王之涣《凉州词》：“此诗前二句之壮采，后二句之深情，宜其传遍旗亭，推为绝唱也。”可知绝唱之诗，当由“壮采”至“深情”，能从眼前之景，转到心中之情。

我们先看杜甫的几首为人广为传颂的绝句：“两个黄鹂鸣翠柳，一行白鹭上青天。窗含西岭千秋雪，门泊东吴万里船。”（《绝句》其三）“黄四娘家花满蹊，千朵万朵压枝低。留连戏蝶时时舞，自在娇莺恰恰啼。”（《江畔独步寻花七绝句》其六）“糁径杨花铺白毡，点溪荷叶叠青钱。笋根雉子无人见，沙上凫雏傍母眠。”（《绝句漫兴》其七）这几首诗，所写景物不能谓之不美，“青天白鹭”“千秋雪岭”也有一定意境；还有动静的转换，“满蹊花朵”转为“蝶舞莺啼”；修辞手法也用了，有“白毡”“青钱”的比喻和“留连”“自在”的拟人；在格律上，“留连戏蝶”二句更是历代公认的属对极工，但这几首倘被提名压卷，确是任谁也不服。再转过头来看王之涣《凉州词》等诗，印证了“壮采”“深情”之说，我们发现，杜甫的这几首绝句，之所以缺乏重量，在于四句全是单纯的写景，前两句到后两句，没有客观景物到主观情感的转变，未将客观之景转为主观之情。反观“但使龙城飞将在，不教胡马度阴山”“羌笛何须怨杨柳，春风不度玉门关”“劝君更尽一杯酒，西出阳关无故人”“醉卧沙场君莫笑，古来征战几人回”等，均是在第三句开始，由景转情。

做到客体之景转为主观之情，仅仅是完成了第一步。要想达到压卷的标准，还须景有“壮采”，情为“深情”。何为“壮采”之景？“黄河远上白云间，一片孤城万仞山”，俞陛云的《诗境浅说》评曰：“首二句笔势浩瀚，次句尤佳。再接再厉，有隼立华峰之概。”这两句描绘了西北边地广漠壮阔的风光。首句写“云间黄河”，抓住自下（游）向上（游）、由近及远眺望黄河的特殊感受，描绘出汹涌澎湃波浪滔滔的黄河竟象一条丝带迤逦飞上云端，真是神思飞跃，气象开阔。次句写“塞上孤城”，在高山大河的环抱下，一座地处边塞的孤城巍然屹立。在远川高山的反衬下，益见此城地势险要、处境孤危。起于山川的雄阔苍凉，承以戍守者处境的孤危，当真当得起“壮采”也！再如王昌龄的《出塞》首二句：“秦时明月汉时关”，皓月当空，照耀着万里边疆的关塞，显示了边疆的寥廓和景物的萧条。在“月”和“关”的前面用“秦汉”加以修饰，使意境更加高远，把我们引到了遥远的古代，这是从时间上描写边塞的悠久。“万里长征人未还”中的“万里”，又从空间角度点明边塞的遥远。这一幅冷月照边关的苍凉景象，在时间的久远和空间的辽阔中，达到了“壮采”的标准。李益《夜上受降城闻笛》的首二句“回乐烽前沙似雪，受降城外月如霜”亦是如此，它写出了边塞月夜的独特景色。烽火台前一片无垠的沙漠，在月光的映照下如同积雪的荒原。高城之外月光皎洁，如同深秋的寒霜。烽火台前沙漠似雪，受降城外月光如霜，寒气逼人，空寂惨淡之景渲染了心境的愁惨凄凉与身处边塞绝域的孤独感。

当然了，“壮采”不一定全是浩瀚、雄阔，一望无际，大开大阖，它也可以是柔和幽静的“烟笼寒水月笼沙”。杜牧的《泊秦淮》同样有月有沙，但它不是受降城外的寒寂孤绝之月与沙。烟、水、月、沙四者，被两个“笼”字和谐地溶合在一起，绘成一幅极其淡雅的水边夜色。它是那么朦胧幽静，而又隐含着微微浮动流走的意态，笔墨是那样轻淡，可那迷蒙柔净的气氛又是那么浓。它还可以是清幽寂远的“月落乌啼霜满天，江枫渔火对愁眠”，张继的《枫桥夜泊》描写了秋夜江边之景，落月、啼乌、满天霜、江枫、渔火、不眠人，密集的意象造成一种意韵浓郁、幽暗静谧、深永清寥的可为后世典范的审美情境。

严羽《沧浪诗话》认为“发句好尤难得”，在七绝体短短的二十八字之中，发句的“壮采”就尤为重要了。因此无论是浩瀚还是清幽，只要能创造出深远的意境，独特的环境，都属于这种“壮采”之景。此时再重读杜甫的“黄四娘家花满蹊，千朵万朵压枝低”，孰高孰下自可一目了然。

再来看“深情”。沈德潜《唐诗别裁》卷二十认为，绝句贵在“言微旨远，语浅情深”。所以“情深”当为绝句要旨。只有景没有情，或仅有泛泛之情，怎能敌羌笛芦管、乌啼钟鸣以寄愁，或龙城飞将、亡国商女以寄恨？白居易的《暮江吟》也是我们很熟悉的一首诗：“一道残阳铺水中，半江瑟瑟半江红。可怜九月初三夜，露似真珠月似弓。”这首诗给我们描画了两幅奇美的自然景观，一幅是夕阳西沉、晚霞映江的绚丽景象，一幅是弯月初升，露珠晶莹的朦胧夜色。景观充满了红与绿和弯与圆的在色彩与形状上强烈的视觉对比，当得上“壮采”之景。但可惜它与上文杜甫的几首绝句一样，都停留在视觉写景上，缺少感兴。仅有“壮采”而没有“深情”，这就是它们跟压卷之作的差距。而王之涣的《凉州词》，“羌笛何须怨杨柳，春风不度玉门关”，玉门关外，春风不度，杨柳不青，离人想要折一枝杨柳寄情也不能，这就比折柳送别更为难堪。戍边的征人怀着这种心情听曲，似乎笛声也在“怨杨柳”，不得还乡的怨情是强烈的，但意识到卫国戍边责任的重大，故而以“何须怨”的宽解语委婉出之，悲中有壮，悲凉而慷慨的情怀便呼之欲出了。这首诗充分表现出盛唐诗人的豁达广阔胸怀，丝毫没有半点颓丧消沉的情调，所以能成为“唐音”的典型代表，被称为“压卷之作”是当之无愧的。

王昌龄《出塞》的后二句“但使龙城飞将在，不教胡马度阴山”与王之涣“羌笛”二句相比，在“深情”上也差了一筹。明代胡震亨《唐音癸签》称其“发端虽奇，而后劲尚属中驷。”究其原因，便是直接发议论了。正如明代孙鑛《唐诗品》所说：“后二句不太直乎？……咦，是诗特二句佳耳，后二句无论太直，且应上不响。‘但使’、‘不教’四字，既露且率，无高致，而著力唤应，愈觉趣短，以压万首可乎？”王昌龄的另一首诗《从军行》中，也有“黄沙百战穿金甲，不破楼兰誓不还”，这样的一味豪言壮语，容易沦为口号化，倒远不如其另一首《从军行》“撩乱边愁听不尽，高高秋月照长城”来得情致深远。故而议论之情不如借景抒情，王之涣《凉州词》正是“壮采”与“深情”完美结合的代表。

2. 由“平直叙起”到“婉转变化”：主观情绪的反转

除了由景到情的转变，绝句若要压卷，还须情绪的反转。元朝杨载的

《诗法家数》曰："绝句之法要婉曲回环，删芜就简，句绝而意不绝，多以第三句为主，而第四句发之，有实接，有虚接。承接之间，开与合相关，正与反相依，顺与逆相应，一呼一吸，宫商自谐。大抵起承二句固难，然不过平直叙起为佳，从容承之为是，至如婉转变化，工夫全在第三句，若于此转变得好，则第四句如顺流之舟矣。"杨载指出，绝句之妙，在于"婉曲回环"，而"回环"多发生在第三句，要与前句的平铺直叙发生"开合""正反""顺逆"的变化，借此实现主观情绪的反转。

这种主观情绪的转变，有时在句式结构上有着比较明显的符号，多由陈述句变为了否定句、疑问句或感叹句。

我们用几首压卷提名之作来印证一下。"但使龙城飞将在，**不**教胡马度阴山""羌笛何须怨杨柳，春风**不**度玉门关""醉卧沙场君**莫**笑，古来征战几人回""劝君更尽一杯酒，西出阳关**无**故人""**不**知何处吹芦管，一夜征人尽望乡""商女**不**知亡国恨，隔江犹唱后庭花""日落长沙秋色远，**不**知何处吊湘君"以上诸句，均有否定词"不""莫""无"等，三四句是对一二句情绪的反转。如王翰《凉州词》，"葡萄美酒夜光杯"，开篇就是五光十色、琳琅满目、酒香四溢的精美盛筵，"欲饮琵琶马上催"，急促欢快的琵琶声，像是在催促将士们举杯痛饮，使已经热烈的气氛愈加沸腾起来。这是一个欢快宴饮的场面，表达的是豪放、开朗、兴奋的感情。但突然间情绪突转，"醉卧沙场君莫笑，古来征战几人回?"不接之以"乐"，却接之以"死"，这就是杨载所言"正反"的变化。以豪迈旷达之笔，写出战士心灵深处的忧伤与幻灭。

再如王维《渭城曲》，"渭城朝雨浥轻尘，客舍青青柳色新"，起首二句虽有客舍（羁旅者的伴侣）和杨柳（离别的象征）这两个意象，点明这是一首送别诗，但这两句不同于其他送别诗羁愁别恨、黯然销魂的情调，朝雨乍停，天气晴朗，道路显得洁净、清爽，而青青的客舍和翠绿的杨柳，构成了一幅色调清新明朗的图景。总之，这幅景象透露出一种轻快而富于希望的情调。但三四句"劝君更尽一杯酒，西出阳关无故人"，却打破了这种故作轻快，将依依不舍的惜别之情达到顶点。对友人西出阳关万里跋涉的担忧，以及再无故人的孤寂之情的体贴，使得诗人再也无法故作轻快，临行劝酒，将所有的深情与千言万语，全部化作这一杯酒。诗的情绪由清新明朗化作依依深情，也完成了情绪的转变。

反例则如李白的一首送别诗《闻王昌龄左迁龙标遥有此寄》："杨花落尽子规啼，闻道龙标过五溪。我寄愁心与明月，随风直到夜郎西。"首句杨花意象象征离散漂泊，子规即杜鹃，以其啼叫声悲哀凄惨著称。不同于王维将"客舍"与"杨柳"做"青青"与"新"的反转，李白遵循的是其原本的象征意，以"落尽"和"啼"，渲染出哀伤、惆怅的气氛。后两句也并未产生情绪的变化，直接用"愁心"点明与首二句一致的伤感之情。这首绝句虽因其寄心明月、跨越时空的浪漫情怀而成为友情诗中的名篇杰作，但终因其缺乏内在情感的瞬间"宛转变化"，故而也就不会有人把它当作压卷之作。至于另一首《赠汪伦》，就更沦为中下之作了。

二、五绝第一

五言绝句是绝句体裁中最早出现和定型的文体，一直到盛唐前期，它的创作数量及重要程度都要高于七言绝句。从盛唐开始，五绝的数量要少于七绝，至中唐，五、七绝间的主客关系真正易位。后来经过晚唐诗人的进一步发展，五绝的地位一落千丈，完全让位于七绝。无论是古人还是现代学者，对五绝的研究和品评要远远少于七绝，故而也乏人来搞一个五绝的压卷之评，更不要说激烈的论争了。至今有记载的唯有清人朱之荆在《增订唐诗摘抄》里，评王之涣的《登鹳雀楼》为唐人五言绝句的"第一首"。当代学者王兆鹏给唐诗名篇作了一个定量分析，从历代有代表性的唐诗选本、评点资料和当代唐诗研究论文等三个方面的数据进行统计并加权计算，排列出唐诗百首名篇的排行榜，从这百首名篇中单抽出五绝来，则排第一位的也是王之涣的《登鹳雀楼》。①

五绝以王之涣《登鹳雀楼》为冠，当是毫无疑义的。而七绝压卷也是王之涣的作品《凉州词》。王之涣仅有六首诗存世，却有两首分别为七绝

① 参见王兆鹏、孙凯云：《寻找经典——唐诗百首名篇的定量分析》，载《文学遗产》2008年第2期，第40页。

和五绝的压卷之作，这固然令人震惊，但也值得玩味。因为在唐诗的艺术领域，公认的成就最高的两位大家是李白和杜甫，其中李白更工于绝句，杜甫则长于律诗。高棅在《唐诗品汇》中说："盛唐绝句，太白高于诸人，王少伯次之。"认为盛唐绝句艺术，李白排第一，王少伯即王昌龄排第二。胡应麟在《诗薮》中也说："七言绝以太白、江宁为主，参以王维之俊雅，岑参之浓丽，高适之浑雄，韩翃之高华，李益之神秀，益以弘、正之骨力，嘉、隆之气运，集长舍短，足为大家。"认为七绝以李白和江宁即王昌龄为最高，接下来依次排到王维、岑参、高适、韩翃、李益等人。连韩翃、李益都出来了，也没有王之涣。叶燮《原诗》云："七言绝句，古今推李白、王昌龄。"而五绝中，胡应麟最为看重王维与李白，认为"五言绝二途，摩诘之幽玄，太白之超逸"。还说："太白……独绝句超然，自得冠绝古今。"又说"太白五言绝字字神境，篇篇神物。"所以在公认的绝句高手中，七绝推李白、王昌龄，五绝则举李白和王维。但王之涣作为"小家"，却以两首单曲两度荣登唐诗金曲排行榜榜首，其中原因值得玩味。

五绝在王兆鹏定量分析出的百首名篇中共占十首，另外九首按排序分别为柳宗元《江雪》（千山鸟飞绝，万径人踪灭。孤舟蓑笠翁，独钓寒江雪）、李白《静夜思》（床前明月光，疑是地上霜。举头望明月，低头思故乡）、王维《鹿柴》（空山不见人，但闻人语响。返景入深林，复照青苔上）、王维《鸟鸣涧》（人闲桂花落，夜静春山空。月出惊山鸟，时鸣春涧中）、孟浩然《春晓》（春眠不觉晓，处处闻啼鸟。夜来风雨声，花落知多少）、李白《独坐敬亭山》（众鸟高飞尽，孤云独去闲。相看两不厌，只有敬亭山）、卢纶《和张仆射塞下曲》（月黑雁飞高，单于夜遁逃。欲将轻骑逐，大雪满弓刀）、祖咏《终南望余雪》（终南阴岭秀，积雪浮云端。林表明霁色，城中增暮寒）、孟浩然《宿建德江》（移舟泊烟渚，日暮客愁新。野旷天低树，江清月近人）。我们就根据这些诗作，来分析一下五言绝句的艺术特点。

清代沈德潜《唐诗别裁》卷二十认为，绝句贵在"言微旨远，语浅情深"。元代杨载在其《诗法家数》中说，五绝以"句绝意不绝"为要。五绝在唐诗所有体裁中，字数是最少的，仅有二十字，"言微""语浅"是难以避免的，所以怎样以小见大，在短小的篇幅中现出"远旨"和"不绝"

之“意”，当是五绝的艺术追求。周啸天在《唐绝句史》中也说：“恰恰因为篇幅的短小，才使得绝句作者更须在概括凝练，在艺术典型性——对诗歌来说即意境的深化——方面作更大的努力，以求小中见大，计一当十。”著名词学家夏承焘也把绝句的审美个性概括为三个字：常、藏、长。其中“长”就是韵味悠长，留有想象的余地。可见古今学者在五绝的艺术特性上，都不约而同地概括为意旨的深远和意境的悠长。事实上，有时两者难以得兼，只需在其中一方面出彩，便可成为名篇了。以王兆鹏百首名篇中的这十首五绝为例，可发现它们也是有的胜于含有“远旨”，有的则强在意蕴无穷。

（一）高远之旨

王之涣《登鹳雀楼》可谓旨义高远的典型代表。沈德潜《唐诗别裁》评其为“四语皆对，读来不嫌其排，骨高故也。”李瑛在《诗法易简录》中称其“格力尤臻绝顶”。这里的骨和格力，均是从立意而言。“白日依山尽，黄河入海流。”前两句写出了景象的壮丽和雄浑，将落日、群山、黄河、大海这万里江山缩于咫尺笔下，给千载之后的我们铺设了辽远、宽广的画面。“欲穷千里目，更上一层楼。”后两句把诗篇推引入更高的境界，向读者展示了更大的视野。欲望远须登高，每一步的登临都会带来不一样的体验，艰辛的付出会有美好的收获，写出了生活中永恒的真理。与之相较，唐代畅当也有一首同题诗：“迥临飞鸟上，高出世尘间。天势围平野，河流入断山。”这首诗也属于描写鹳雀楼风光的上乘之作，前二句写楼高以寄怀，后两句写景象以抒情。宋人沈括称赞这首诗和王之涣的诗都“能状其景”，都写出了景象的雄浑、壮观，但畅当的《登鹳雀楼》仅满足于“高出世尘间”的高高在上的感觉，和王之涣的不满足于当下，寄望于更上一层楼的积极进取的观念，在旨义高远上显然不可同日而语。

再如李白的《独坐敬亭山》，清代吴烶《唐诗选胜直解》评：“言浅意深，人所不能道”。其“相看两不厌，只有敬亭山”两句，将敬亭山看作了自己的投射，为其赋予了人格化的属性。体现了人与自然相互抚慰、永不相弃的天人一体的中国传统观念。所以钱钟书在《谈中国诗》一文中认为李白的《独坐敬亭山》是“公认为洋溢着中国特具情调”的诗作之一。

反例如王勃的《江亭夜月送人二首》其一："江送巴南水，山横塞北云。津亭秋月夜，谁见泣离群。"沈德潜认为此诗"意虽未深，却为正声之始"，虽然主要目的是赞扬这首诗为五绝体制的正声，但"意虽未深"四字，却不无遗憾地指出了此诗在立意上的局限，情感不脱送别之属，且除却悲哀之外，再无其他更深层次的感慨。

（二）不绝之意

意境深远，意脉悠长，句绝而意不绝，这是五绝名篇里常能看到的艺术化境。王维的五绝即以意境的幽深静谧、余音悠远见长。其《鸟鸣涧》《鹿柴》等山水五绝在整体上呈现出洞彻清明的意境，具有空灵幽远的风格。《鸟鸣涧》以花落、月出、鸟鸣，这些动的景物，更加突出了春涧的幽静。虽极写春山的静谧，但整个意境并不幽冷空寂，素月的清辉、桂花的芬芳、山鸟的啼鸣，都带有春的气息和夜的安恬。《鹿柴》一二句是以有声反衬空寂，三四句是以光亮反衬幽暗，带有冷寂清幽的色彩。每一首所传达的意境，并不随着诗篇的终结而结束，反而将读者长久的带入其中，令人沉浸其中，难以自拔。唐诗若缺少王维，雄浑、阔大、壮丽、瑰丽、沉郁、顿挫、清丽、浪漫等诸多评价都可以有，但独缺一个幽字，至王维山水诗一出，清幽静谧的意境算是补齐了。

李白的《玉阶怨》虽未名列上述十首五绝，但也是一篇意境婉转，余韵如缕的佳作。诗云："玉阶生白露，夜久侵罗袜。却下水晶帘，玲珑望秋月。"呆呆的独立于玉阶之上，以致冰凉的露水浸湿罗袜；可见夜色之浓，伫待之久，怨情之深。夜凉露重，罗袜知寒，不必写人而已见罗袜主人的幽怨如诉。这么晚了，看来等待的人是不会来了，于是放下帘子准备就寝。可就在放帘子的瞬间，看到了玲珑秋月，不禁再次发呆出神。这次的发呆又会持续多久呢？二十言已毕，但留下的幽怨之情却已溢出诗外。俞陛云《诗境浅说续编》称其"不言怨而怨自深矣"。这是背面敷粉的写法，不正面写怨，却以呆立玉阶和呆看月亮这不知不觉的两次发呆，写出了无限幽怨。对比下南朝诗人谢朓的《玉阶怨》："夕殿下珠帘，流萤飞复息。长夜缝罗衣，思君此何极。"同样写宫人望幸，谢朓便过于写实了，直接出现"思君"的字眼，言尽自然意也尽。而李白却只是让他的主人公一味发呆，思也好，怨也好，只字不提，但从玉阶伫立到抬头望月，不管做什么全是心不在焉，幽怨之情反而溢于言表。

三、律诗第一

律诗是唐代才出现的一种全新的诗歌样式，在辞藻、意境和声律方面都有较高的要求，是唐诗独有的贡献。唐诗的成熟是以律诗的确立与完成为标志的。律诗尤其是七律，自产生以来，渐渐得到人们的接受和喜爱，在诗集中的比重愈占愈大，晚唐时许浑、刘沧等，几乎尽是七律。若说唐以前，人们爱写绝句，洪迈《唐人万首绝句》云“唐三百年以绝句擅场”；则唐以后，人们乐写七律，清代宋荦《漫堂诗话》中有七律占文集之半的说法。

唐朝七言律诗做得最好的诗人，公认当属杜甫。杜甫是唐代第一个大力创作七律的诗人，数量上超过前人七律总和的一半，内容上开拓七律的表现领域，成为七律风格和题材的集大成者，确立了七律在诗歌体裁中的重要地位。作为七律圣手，明清时人对他有过很多中肯的评价。如明代王世贞《艺苑卮言》把杜甫七律列为唐人第一，云：“唐人七言律，老杜外，王维、李颀、岑参耳”，“五言律，子美神矣；七言律，圣矣。”并推举《登高》《秋兴》（二首）、《九日蓝田崔氏庄》为唐人七律压卷的候选作品。清代翁方纲《石洲诗话》认为，杜甫七律成就前无古人后无来者，为独立第一人：“至七律则雄辟万古，前后无能步趋者，允为此体中独立之一人。”那么，七律第一之作是否出自杜诗呢？

（一）七律第一，杜诗落榜

令人遗憾的是，在七律第一的争夺赛中，杜诗再次无缘。杜甫被人接受的较晚，在其生前活动的盛唐时期，虽也有一定文名，但与后世“李杜齐名”或“杜实胜李”评价还是有着很大差距的，诗名与当时享誉天下的李白、王维难以比肩。究其原因，很大程度上在于杜甫的诗歌成熟期恰处于安史之乱前后。杜甫在盛唐诸位诗豪之中年辈较晚，他比王之涣、高适、王昌龄、孟浩然、王维、李白等人要小一二十岁，当这些诗坛牛人们名动天下，处于巅峰状态之时，杜甫还是一个后生小子。当这些名人划分诗坛领地，形成各自风格之时，杜甫在艺术上还不成熟，还未形成自己的特点。杜甫艺术上成熟之时，恰逢安史之乱前后，而这时由于战乱，阻碍了杜诗的传播，前辈诗人们也或凋零或迁居，难以看到成熟后的杜诗，妨碍了其声名的鹊起。另一个原因则是杜诗的风格跟当时诗坛的风尚有着较大差异。开元、天宝时期，诗坛提倡意象高华、秀丽深融，是王维、王昌龄、李白的天下，王维精致澄淡，李白天才超逸，与盛唐气象是一致的，属于盛世的锦上添花。及至安史乱后，统治者仍需要繁声锦节、富丽堂皇的风格来装点，这都非杜甫擅长。这种风尚一直延续到大历时期，又转而以一种绮靡婉丽的面目出现。杜甫的沉郁顿挫，“三吏”“三别”，感世伤时，又有多少人能欣赏呢？杜甫的价值在他生后才逐渐被人挖掘，至中唐开始扬杜之风，元稹首次提出李杜比肩，白居易也多次李杜并提，二人甚至抑李扬杜。接着是元和时期文坛领袖韩愈的盛赞：“李杜文章在，光焰万丈长。”坚持李杜并重，二人地位不可撼动。到有宋一代，尊杜达到高潮，被推为“古今诗人之首”。

杜诗虽从中唐开始即被推崇，但由于种种原因在唐诗选本中却极少被纳入。他的名篇如《登高》（风急天高猿啸哀，渚清沙白鸟飞回。无边落木萧萧下，不尽长江滚滚来。万里悲秋常作客，百年多病独登台。艰难苦恨繁霜鬓，潦倒新停浊酒杯），在整个唐五代、宋、元都不受人关注，直到明代高棅的《唐诗品汇》才选入此诗。诗评类的著作中，前期也无人提及此诗，直到南宋罗大经才发现其艺术价值，在《鹤林玉露》中赞“万里悲秋常作客，百年多病独登台”这两句，“十四字之间，含有八意，而对偶又极精确”。真正将此诗价值推到顶峰的是明代的胡应麟，其《诗薮》曰：“（此章）五十六字，如海底珊瑚，瘦劲难名，深沉莫测，而精光万丈，力量万均。通章章法、句法、字法，前无昔人，后无来学……。此诗当为古今七言律第一，不必为唐人七言律第一也。”但可惜的是，胡应麟说得太晚，七律第一的名头已经被另一首诗强先注册了。

（二）《黄鹤楼》上榜原因

抢占七律榜首的便是崔颢的《黄鹤楼》："昔人已乘黄鹤去，此地空余黄鹤楼。黄鹤一去不复返，白云千载空悠悠。晴川历历汉阳树，芳草萋萋鹦鹉洲。日暮乡关何处是？烟波江上使人愁。"南宋诗论家严羽《沧浪诗话·诗评》曰："唐人七言律诗，当以崔颢〈黄鹤楼〉为第一。"明代高棅的《唐诗品汇》又再次把《黄鹤楼》列为唐诗七律正宗的第一。清代吴昌祺的《删定唐诗解》批语亦云："不古不律，亦古亦律，千秋绝唱，何独李唐。"直到清人孙洙编选的颇有影响的《唐诗三百首》，还把崔颢的《黄鹤楼》放在"七言律诗"的首篇。至此，"七律第一"的宝座，《黄鹤楼》可说是坐稳了，他人难以翻案。其实还不仅仅是七律第一，王兆鹏定量分析后还发现，崔颢的《黄鹤楼》在唐诗所有经典名篇中也排第一！

再次出现"小家"打败"大家"。崔颢在《全唐诗》中仅有 42 首诗，且除《黄鹤楼》外再无名作，却能以此一首超越诸多经典，成为唐诗第一，其原因，当然诗作本身品质过硬是首要条件，另外一个不可忽视的因素在于这首诗是站在巨人的肩膀上，它得到了唐朝第一大诗人李白的高度认可和赞誉。元朝《唐才子传》载：李白登黄鹤楼，豪情满怀，诗兴勃发。正欲即兴赋诗，却见同代诗人崔颢已先于他，题写了《黄鹤楼》一诗。李白读此诗后连称"绝妙"，并写打油诗感叹"眼前有景道不得，崔颢题诗在上头"，自以为难以企及和超越。李白不同于杜甫，在世时诗名已达极限，被称为"谪仙人"，是盛唐第一大诗人。正如前人吴汝纶所言："太白尚心折，何况余子？"唐代唯有崔颢得到过诗仙李白如此的首肯和心服，此诗的知名度因此而飙升。在古代，作家或作品要想出名，得到名流巨擘的誉扬印可，是一个很重要的渠道。主动拿自己的诗稿文集给名人去看，这叫行卷制度，也叫温卷。比如，白居易曾拿自己的"野火烧不尽，春风吹又生"给当时的大诗人顾况看，得到顾况的极力推荐。李贺曾因一首《雁门太守行》（黑云压城城欲摧，甲光向日金鳞开。角声满天秋色里，塞上燕脂凝夜紫。半卷红旗临易水，霜重鼓寒声不起。报君黄金台上意，提携玉龙为君死）得到大文豪韩愈的认可。年轻的诗人或诗作因此而声名鹊起的例子很多。杜甫在其生前诗名不盛的原因之一，也是因为为其点赞的韦迢（赞其“大名诗独步”）和郭受（赞其“春兴不知凡几首，衡阳纸价顿能高”）两人皆为诗坛声名寂寂的小人物，他们的评价并没有产生广泛的影响。《黄鹤楼》还不同于主动行卷，乃是李白在此诗面前承认自己力有不逮，主动点赞。借诗仙李白的东风，《黄鹤楼》直上青云。后来历代的诗评家也都给予此诗高度评价，让《黄鹤楼》的影响力持久不衰。而唐宋以来的选本，也都高度关注此诗。唐代 3 种、宋代 6 种、明代 2 种、清代 6 种、现当代 24 种选本选过此诗，在 70 种选本中，入选率超过了 59%。[①] 在唐诗名篇中，其入选率是最高的。这一切，成就了《黄鹤楼》七律第一的地位。

虽然崔颢的《黄鹤楼》排名七律第一，但其除此之外再无名作，其余作品不值称道。而杜甫对七律的贡献是任何人也无法抹杀的，七律的最终成熟及最高成就都是在杜甫手中完成的。

（三）七律前十

根据王兆鹏的百首名篇的定量分析，七律前五除了崔颢的《黄鹤楼》、杜甫的《登高》外，另三首是：

《登柳州城楼》（柳宗元）
城上高楼接大荒，海天愁思正茫茫。
惊风乱飐芙蓉水，密雨斜侵薜荔墙。
岭树重遮千里目，江流曲似九回肠。
共来百越文身地，犹自音书滞一乡。

《闻官军收河南河北》（杜甫）
剑外忽传收蓟北，初闻涕泪满衣裳。
却看妻子愁何在，漫卷诗书喜欲狂。
白日放歌须纵酒，青春作伴好还乡。
即从巴峡穿巫峡，便下襄阳向洛阳。

① 参见王兆鹏、孙凯云：《寻找经典——唐诗百首名篇的定量分析》，载《文学遗产》2008 年第 2 期，第 45 页。

《西塞山怀古》(刘禹锡)

王濬楼船下益州，金陵王气黯然收。
千寻铁锁沉江底，一片降幡出石头。
人世几回伤往事，山形依旧枕寒流。
今逢四海为家日，故垒萧萧芦荻秋。

后五首分别为杜甫的《蜀相》(丞相祠堂何处寻，锦官城外柏森森。映阶碧草自春色，隔叶黄鹂空好音。三顾频烦天下计，两朝开济老臣心。出师未捷身先死，长使英雄泪满襟)、李商隐的《锦瑟》(锦瑟无端五十弦，一弦一柱思华年。庄生晓梦迷蝴蝶，望帝春心托杜鹃。沧海月明珠有泪，蓝田日暖玉生烟。此情可待成追忆，只是当时已惘然)、李商隐的《隋宫》(紫泉宫殿锁烟霞，欲取芜城作帝家。玉玺不缘归日角，锦帆应是到天涯。于今腐草无萤火，终古垂杨有暮鸦。地下若逢陈后主，岂宜重问后庭花)、李商隐的《无题》(相见时难别亦难，东风无力百花残。春蚕到死丝方尽，蜡炬成灰泪始干。晓镜但愁云鬓改，夜吟应觉月光寒。蓬山此去无多路，青鸟殷勤为探看)、沈佺期的《独不见》(卢家少妇郁金堂，海燕双栖玳瑁梁。九月寒砧催木叶，十年征戍忆辽阳。白狼河北音书断，丹凤城南秋夜长。谁谓含愁独不见，更教明月照流黄)。

前十之中，杜甫独占三首，也可看出杜甫在七律创作中的独特地位。另外，从以上几首七律可看出，其在意境的营造、主旨的宏远、词采的壮美、情致的深切等诸方面，跟绝句的要求是一样的。唯不同的是，律诗之所以叫律诗，突出了它的声律特点，要求在平仄、对仗、粘对等形式上，声律谐婉、句调流畅。它是声律美与形式美圆满结合而形成的新的美学风范。有不少文辞、意境俱佳之作，因其某些字眼不合格律，因而失去压卷的机会。如王维七律中有一首《出塞作》，诗云：“居延城外猎天骄，白草连天野火烧。暮云空碛时驱马，秋日平原好射雕。护羌校尉朝乘障，破虏将军夜度辽。玉靶角弓珠勒马，汉家将赐霍嫖姚。”王世贞云：“‘居延城外猎天骄’一首佳甚，非两‘马’字犯，当足压卷。”唐汝询云：“王元美欲取此为盛唐第一，唯其垒二‘马’字；余复恨其连连失粘。然骨力雄浑，不失为开、天名作。”评论俱从“两马相犯”“失粘”等不够入律的现象来指责，认为若非如此，则可当压卷。而杜甫则是强于格律，太牟的《淡园诗话》言："子美之诗以格律胜。"

(四) 五律第一

唐诗中，五律名家有李白、孟浩然、王维、岑参、高适，明代高棅的《唐诗品汇》选此五人为五律名家，但认为杜甫一人为正宗，其地位还在五家之上。明代胡应麟的《诗薮》曰："杜五言律，自开元独步至今。""五言律体……唯工部诸作，气象嵬峨，规模宏远，当其神来境诣，错综幻化，不可端倪。千古以还，一人而已。"对律诗贡献最大的杜甫，错过了七律第一，但在五律第一上，终于还他公平。杜甫以一首《登岳阳楼》，毫无争议地荣登榜首，被前人称为盛唐五律第一。宋代强幼安《唐子西文录》评价云："过岳阳楼观杜子美诗，不过四十字，气象宏放，涵蓄深远，殆与洞庭争雄，所谓富哉言乎者。太白、退之辈率为大篇，极其笔力，终不逮也。杜诗虽小而大，馀诗虽大而小。"其后陆游的《老学庵笔记》称其"妙绝古今"，刘克庄《后村诗话》称其"独步千古"。当代学者王兆鹏做的唐诗百首名篇统计结果表中，《登岳阳楼》也以被历代选本选入37次，历代诗话评点23次的成绩，称为百首第七，五律第一。以下依次是百首名篇中的五律前十名：

杜甫《登岳阳楼》（昔闻洞庭水，今上岳阳楼。吴楚东南坼，乾坤日夜浮。亲朋无一字，老病有孤舟。戎马关山北，凭轩涕泗流）、王勃《送杜少府之任蜀州》（城阙辅三秦，风烟望五津。与君离别意，同是宦游人。海内存知已，天涯若比邻。无为在歧路，儿女共沾巾）、王湾《次北固山下》（客路青山外，行舟绿水前。潮平两岸阔，风正一帆悬。海日生残夜，江春入旧年。乡书何处达？归雁洛阳边）、孟浩然《临洞庭湖赠张丞相》（八月湖水平，涵虚混太清。气蒸云梦泽，波撼岳阳城。欲济无舟楫，端居耻圣明。坐观垂钓者，徒有羡鱼情）、王维《终南山》（太乙近天都，连山接海隅。白云回望合，青霭入看无。分野中峰变，阴晴众壑殊。欲投人处宿，隔水问樵夫）、王维《观猎》（风劲角弓鸣，将军猎渭城。草枯鹰眼疾，雪尽马蹄轻。忽过新丰市，还归细柳营。回看射雕处，千里暮云平）、孟浩然《过故人庄》（故人具鸡黍，邀我至田家。绿树村边合，青山郭外斜。开轩面场圃，把酒话桑麻。待到重阳日，还来就菊花)、王维《山居秋暝》(空山新雨后，天气晚来秋。明月松间照，清泉石上流。竹喧归浣女，莲动下渔舟。随意春芳歇，王孙自可留)、常建《题破山寺后禅院》(清晨入古寺，初日照高林。曲径通幽处，禅房花木深。山光悦鸟性，潭影空人心。万籁此俱寂，惟余钟磬音)、杜甫《春望》(国破山河在，城春草木深。感时花溅泪，恨别鸟惊心。烽火连三月，家书抵万金。白头搔更短，浑欲不胜簪)。

十首五律名篇中，杜甫两首，孟浩然两首，王维三首，其余三首分别给了王勃、王湾和常建。从上榜名诗占有率来看，杜甫、孟浩然、王维三人占了70%的名篇，这和文学史上肯定的五律名家是一致的。

人们经常拿杜甫的《登岳阳楼》和孟浩然的《临洞庭湖赠张丞相》放在一起品评，因为这两首都是写洞庭湖的名篇。尤其是孟浩然“气蒸云梦泽，波撼岳阳城”两句，写出了洞庭湖的壮观景象和雄伟气势，与杜诗气象相侔，同推绝唱。元代方回《瀛奎律髓》批：“予登岳阳楼，此诗（指孟诗）大书左序毬门壁间，右书杜诗，后人不敢复题也。”反映了宋元时代的评价。但就整首诗而言，孟诗却是难以比肩杜诗的。南宋刘克庄《后村诗话》云：“岳阳楼题咏多矣，须推此篇（杜诗）独步，非孟浩然辈所及。”清代王夫之、毛先舒、张谦宜、查慎行等人进一步具体指出孟诗的同一毛病：“上截过壮，下截不称”，“力尽于前四句”，“后半全无魄力”。孟浩然着力描绘了洞庭湖一望无际、气蒸荆楚、波振岳阳的壮观之后，转而描述自己不甘隐遁，希冀从政的意愿，希望张丞相能援引提携。后四句反复表达的是望求举荐的个人需求，气格卑弱，难以与前四句相称。反观杜诗，虽也由“亲朋无一字，老病有孤舟”转入个人身世，但让其“凭轩涕泗”的却是“戎马关山”，老病漂泊却仍然忧怀国家，书写的不是身世之感，而是家国之悲，这种襟抱，岂是孟诗干乞之意能敌？所以沈德潜《杜诗偶评》称杜诗“比襄阳诗更高一筹”。

四、孤篇压全唐

在唐诗的诸多经典名篇中，还有一首号称是“孤篇压全唐”之作，这便是张若虚的《春江花月夜》。

这首诗属于七言乐府，在其诞生的时代并不为人瞩目，甚至在诞生后近400年都无处寻觅，到宋代借郭茂倩的《乐府诗集》方重现诗坛，而在其诞生后1300年才真正进入接受史的黄金时代，享得“孤篇横绝，竟为大家”，“以孤篇压倒全唐”的令名，20世纪以来才最终被确定为名篇，由此可以看出诗的审美具有强烈的时代性特征。

这首诗从默默无闻到走向顶峰的过程，当代学者程千帆、陈文忠等先生有过详细解读。① 概括而言，在明代以前，除了宋人郭茂倩在《乐府诗集》中选录此诗，其他现存的唐宋元文献中都不见此诗踪影。而《乐府诗集》的选录标准又是只要属于乐府诗，不论优劣一概收录的，所以可断定明代以前没有人注意过此诗。直到明初高棅的《唐诗品汇》才选入此诗，选择即评价，所以从明代开始，这首诗进入了人们的视野。特别是16世纪中叶后七子领袖李攀龙的《古今诗删》再选此诗，至此之后百年左右，康、雍、乾三朝的重要唐诗选本，无不选录此诗。而到了清末，王闿运《湘绮楼论唐诗》评价“张若虚《春江花月夜》用《西洲》格调，孤篇横绝，竟为大家。李贺、商隐挹其鲜润，宋词、元诗尽其支流。宫体之巨澜也。”将张若虚在诗坛上的地位空前地提高了。尤其是“孤篇横绝，竟为大家”八个字，成为后人经常引用的评语。到了抗战时期，闻一多在昆明写了几篇《唐诗杂论》，其中《宫体诗的自赎》一文，尽情歌颂了《春江花月夜》，称“在这种诗面前，任何的赞叹是饶舌、几乎是亵渎”。“这是诗中的诗，顶峰上的顶峰”，是中国“抒情诗的最好标本”（郑临川《闻一

① 参见程千帆《张若虚〈春江花月夜〉的被理解与被误解》，载《文学评论》1982年第4期，第19页；陈文忠：《唐人青春之歌走向顶峰之路——〈春江花月夜〉1300年接受史考察》，载《东方文丛》2008年第1期，第146页。

多论古典文学》)。《春江花月夜》至此被彻底经典化。到了现当代，凡是唐诗的综合选本，都不会漏选张若虚此诗。

《春江花月夜》的文学价值自然不容低估，但若当真让其担起全唐诗之首的地位，还有待商榷。毕竟“孤篇压全唐”，也仅是近人的一家之言，而从整体评价看，将张若虚作为“大家”研究的，20 世纪以来的文学史著作尚不多见。据王兆鹏教授按照定量分析得出的结果，唐诗的十大名篇(因为后三篇量化得分相同，所以实际上是十二篇)依次是：崔颢《黄鹤楼》、王之涣《凉州词》(黄河远上白云间)、杜甫《登高》、王之涣《登鹳雀楼》、张继《枫桥夜泊》、李白《蜀道难》、杜甫《登岳阳楼》、柳宗元《登柳州城楼》、王勃《送杜少府之任蜀州》、白居易《琵琶行》、杜甫《闻官军收河南河北》、王湾《次北固山下》。[①]《春江花月夜》并不在其中。在百首名篇的排名中，仅列第 36 位。

行文至此，我们发现，唐诗七绝、五绝、七律、五律等各体作品，排第一的除了杜甫的一首五律，其余的往往不是我们心中认可的大家之作，甚至诗仙李白都没有一首作品占过头榜，反而是仅有几首诗传世的一些小家占尽了榜首。前面我们也分析过，每一首诗都有它上榜的理由，本身质量过硬的基础上，加上“旗亭画壁”之类诗坛佳话的助唱或文坛巨擘的认可揄扬，而其他佳作却与时代风格错位，有了接受上的延后等种种原因。钱钟书在《宋诗选注》的序中也说过：“在一切诗选里，老是小家占便宜，那些总共不过保存了几首的小家更占尽了便宜，因为他们只有这点点好东西，可以一股脑儿陈列在橱窗里，读者看了会无限神往，不知道他们的样品就是他们的全部家当。”所以如果不只看“橱窗”里的，也去看看“仓库”的话，你会发现，就唐诗百首名篇的占比而言，前十位诗人是杜甫(16 首)、李白(13 首)、王维(8 首)、李商隐(7 首)、杜牧(7 首)、王昌龄(5 首)、孟浩然(4 首)、刘禹锡(4 首)、白居易(4 首)、岑参(3 首)。[②] 果然，大小李杜还是名不虚传啊！

---

① 参见王兆鹏、孙凯云：《寻找经典——唐诗百首名篇的定量分析》，载《文学遗产》2008 年第 2 期，第 44 页。

② 同上书，第 46 页。

其实，唐诗名作桃李争妍，绝句、律诗、乐府、歌行各有翘楚，我们今天不必执意于到底哪篇是第一，谁人排榜首，只管徜徉于伟大而灿烂的诗歌遗产之中，欣赏那芳草萋萋，昭阳日影，海上明月，长沙秋色；聆听那夜半钟声，千里莺啼，弹琴长啸，芦管羌笛。这是何等的享受，又是何等的幸运啊！

请思考

1. 你认同历代对最佳唐诗的排名吗？请说出理由。

2. 你最喜欢哪一首唐诗，为什么？请写出一篇不少于2000字的鉴赏。

第三讲

乡土中国与鲁迅的启蒙：以《阿Q正传》为中心

朱宏伟[①]

进入鸦片战争以后中国历史的方式通常是：战争，条约，割地赔款，变革，革命，战争，战争，战争，解放，新中国成立……这一系列的事件形成的点勾连而成一条粗阔的线索。这条线索看起来将今天的我们与一百多年前的先人们连接起来。但是我们能够由此便触及与自己相隔并不久远的人们甚至中国，进而理解今日中国的由来以及自己血液里某些特质吗？

历史除了有粗大的笔画线条之外，还存在着许多细碎的片段。擅长聚焦具体人物的文学，无疑为我们进入历史提供了一个便利的通道。就我们所要论及的时间段而言，鲁迅的小说无疑是明智的选择。我们在有限的时间里，将面对由古代中国向现代中国跨越的艰难历程，将会面对近代的乡里空间复杂的社会结构，将会看到传统社会结构中的人们如何向我们转变，或许，我们也能从中找到一些可以帮助理解自己生活时代与个人命运的方法。我们的论述将集中以鲁迅的《阿Q正传》为中心展开。

鲁迅（1881—1936），浙江绍兴人，中国现代著名的文学家、思想家，是中国现代文学的奠基人。他通过文学的形式表现其对近代中国社会的观

---

① 朱宏伟，浙江杭州人，毕业于华东师范大学中文系，获文学博士学位，现为华东政法大学传播学院讲师，研究方向：中国现代文学与文化。

察与思考，在他的为数并不丰富的小说创作中，我们可以看到大量旧中国的人与事。当然，《阿 Q 正传》[1] 是其中的杰出代表。

一、阿 Q 与“正传”

《阿 Q 正传》最初发表在《晨报副刊》的“开心话”栏目，该栏目的定位是为读者提供一些有趣的短小故事，鲁迅应编辑孙伏园邀请，以“巴人”为笔名来写的这篇小说出现在这个栏目里，显然与“开心话”的定位有较大差距，而小说主人公阿 Q 的悲剧命运与有趣“开心”的读者预期构成了巨大的张力。

小说的《序》为小说做了基本定位。所谓“正传”与中国传统史学的体例既有联系又有矛盾。司马迁的《史记》基本奠定了中国史学的基本体例，“本纪”“世家”“列传”等基本构成了纪传体史学的体例。与此同时，中国文学从史学、哲学中获得独立后，小说构成了与史传相对应的关系，如蒲松龄《聊斋志异》的“异史氏”正是对正史中的“太史公”的回应。在《阿 Q 正传》里，鲁迅交代小说的题目：“孔子曰，‘名不正则言不顺’。这原是应该极注意的。传的名目很繁多：列传，自传，内传，外传，别传，家传，小传……，而可惜都不合。‘列传’么，这一篇并非和许多阔人排在‘正史’里；‘自传’么，我又并非就是阿 Q。说是‘外传’，‘内传’在那里呢？倘用‘内传’，阿 Q 又决不是神仙。‘别传’呢，阿 Q 实在未曾有大总统上谕宣付国史馆立‘本传’——虽说英国正史上并无‘博徒列传’，而文豪迭更司也做过《博徒别传》这一部书，但文豪则可，在我辈却不可。其次是‘家传’，则我既不知与阿 Q 是否同宗，也未曾受他子孙的拜托；或‘小传’，则阿 Q 又更无别的‘大传’了。总而言之，这一篇也便是‘本传’，但从我的文章着想，因为文体卑下，是‘引车卖浆者流’所用的话，所以不敢僭称，便从不入三教九流的小说家所谓‘闲话休

[1] 最初发表在北京《晨报副刊》，自 1921 年 12 月 4 日至 1922 年 2 月 12 日，每周或隔周刊登一次，本章引用均据《鲁迅全集》第 1 卷，人民文学出版社 2005 年版。

题言归正传’这一句套话里，取出‘正传’两个字来，作为名目，即使与古人所撰《书法正传》的‘正传’字面上很相混，也顾不得了。”

与《聊斋志异》等传统笔记小说不同的是，鲁迅强调了小说的文类特征，更准确地说是中国传统社会对小说的认知，即《汉书·艺文志》所言“小说家者流，盖出於稗官，街谈巷语，道听途说者之所造也。”而小说用的白话更是被传统文学鄙视的“引车卖浆者流”的口语。鲁迅在这里旗帜鲜明地对传统的史学发起了挑战。传统史学的官方背景，严格的等级制度，以及其后包含的礼治秩序都被鲁迅以不“立言”的出发点予以否决，他拒绝用所谓“不朽之笔”来传“不朽之人”。这对于中国传统的史学无疑是叛逆者的姿态，给他自信的是其对小说文体的理解。作为叙事体的文类，小说在现代市民社会中发挥着重要作用，它不仅是市民文化消费的重要对象，而且是市民文化的重要载体。现代小说承载着市民阶层对社会和人生的基本想象。因而，鲁迅努力将自己的小说从传统的史传叙事中挣脱出来，不仅是对小说文体独立性的声张，而且是新的市民姿态的展示。这在当时无疑是具有鲜明的现代性的。

这种与官方立场的对立姿态，无疑是指向市民或者平民阶层的。这个所谓“正传”所要写的正是一个速朽的人生，因为这个生物卑贱到连基本的姓氏都没有。一个人没有自己的姓氏，这在现实生活中可能发生吗？看似不可能，其实又具有可能性。在这个相对密闭的社会环境里，对于一个普通人而言，他的姓氏的重要性并不突出，尤其是在他并未能够“光耀门楣”的时候。当然，鲁迅是给过阿Q姓氏的，那是一个模糊的“赵”。然而这个赵姓因为赵太爷的反对而遭受否决，再没有人相信阿Q姓赵，阿Q自己也默认了这个现实。

然而，阿Q也没有名。没有文字记载过他的名字，他的名字存在于人们口语中，鲁迅借用赵秀才之口说这是因为《新青年》提倡洋字而导致国粹沦亡造成的。而鲁迅借用的是英语流行的拼音方法为他“取名”阿Quei，简称阿Q。这种处理方式显然是与《新青年》同调的。这也显示了阿Q在传统文化系统里已无处容身，被他生活的系统抛弃了的阿Q，被抛给了西方的近代文明。他最终成为一个符号。

一般传记通常要交代传主的籍贯，但是由于阿Q的姓氏已经被人为抹去，他的籍贯变得不再可靠。他生活在未庄，但是又时常去别处借宿，称他为未庄人也不准确。这个未庄可以视为未名之庄，因而它的坐落、方圆、产业乃至人口规模等都被隐藏起来。阿Q生活的环境，或者说他生活片段中主要的场景是在一个被抽去坐标的空间里，时间也并不准确，只有一个模糊的显示，约莫在清末前后。鲁迅在“序”的结尾强调阿Q身上唯一“非常正确”的那个“阿”字，“绝无附会假借的缺点，颇可以就正于通人”。鲁迅将这个人物的所有身份信息都抹去了，那个“阿”字只是显示他曾经在人们的口语世界里存在过。鲁迅还调侃了胡适等人提倡的现代历史学，这又显示出即便是《新青年》的集体内部，也并不一定有阿Q的生存空间，因为阿Q的身份信息不能够被现代历史学认可。阿Q的存在，只能躲到“引车卖浆者流”认可与欣赏的小说世界里。这也正好与从传统小说家常用的“言归正传”里借来的“正传”相统一。

因此，在小说的开始部分，鲁迅揭示了自己的写作立场：这是一个平民的、口语化的关于小人物的叙事。正如汪晖指出的，“‘正传’是一个反语，是正史及其系谱的反面。……没有‘正传’，就不能了解正史谱系及其规则是如何确立的。有传，就意味着有世家、有本纪；不仅如此，有传，也意味着一个更为广大的、被排除在这个谱系之外的谱系，但这个谱系之外的谱系只能以‘无’的形式存在。若没有由‘正传’所代表的、没有名分的世系，谱系及其名分就不可能成立；倒过来，若‘正传’破土而出，正史的谱系就面临着危机。在这个意义上，革命与‘正传’——亦即被压抑在正史图谱之外的世界——之间有着某种天然的关系。像‘我’这样一个实在不足道的人来给不足道的阿Q立传，那只能是‘正传’了——但‘正传’居然被写出，而且堂而皇之地登在报纸上，不就和辛亥革命之后‘阿Q究竟已经用竹筷盘上他的辫子了’一样，意味着一种秩序的变动、意味着革命并非全然地虚无吗？”[①] 它异于传统的史学叙事，也摆脱了传统小说对于史学的臣服姿态，又对现代历史学标榜的科学标准提出了挑战。这在当时显然带有一种先锋的革命性的色彩。

---

① 汪晖：《阿Q生命中的六个瞬间——纪念作为开端的辛亥革命》，载《现代中文学刊》2011年第3期。

小说的叙事以阿 Q 为绝对的核心，通过他的种种遭遇，来揭示晚清到民初中国乡土社会的深刻变革，以阿 Q 的人生悲剧，来揭示中国变革的关键所在以及农民可能的出路。那么，造就阿 Q 人生悲剧的乡土社会原初是什么样的，它又为何会造成阿 Q 的悲剧呢？

二、乡土社会及其变革

乡土社会是正史很少涉及的部分。而这部分恰恰是传统封建社会中权力的巅峰——皇权难以涉及的部分。所谓“率土之滨，莫非王土”，在现实生活中，更多是象征性的。皇帝通过委派县官管理每一个县，而使得皇帝的管理作用于平民的媒介正是绅士。换言之，真正治理乡土社会的是绅士，也可以将他们称为乡绅。绅士就是传统“士农工商”四民之首的“士”，他们是“一乡之领袖”。他们独特的生活方式尤其是礼仪使得他们区别于平民。《阿 Q 正传》中未庄的赵家、钱家、县城的举人老爷家，都属于绅士。平民见到这些没有官衔的绅士也要称呼老爷。他们平日进出往往坐轿子，这些都是身份的象征。

绅士在乡土社会里居于非常高的地位，我们从赵太爷剥夺阿 Q 的赵姓之后，阿 Q 不敢申辩，甚至还要去赔礼就可以看出来。那么，他们的权力又是从何而来的呢？原因其实很简单，绅士是封建官僚的社会基础，他们属于统治阶级。在官本位的社会里，绅士的这种社会属性必然会拥有特殊的凌驾于其他阶级之上的权力。阿 Q 或者说未庄的人们之所以对赵太爷和他的儿子心存畏惧，正是因为赵太爷的儿子是秀才，是有可能成为官僚的。至于城里的举人老爷，身份更是高贵。这些绅士的身份，与中国古代社会的一项重要的制度紧密相关，那就是科举制度。科举制度造就了绅士阶层的社会地位，反过来，绅士阶层又是在乡土社会里唯一享有教育和文化特权的社会集团。

科举制度考察的是个人的学问成就，要求参加科举的成员需要长时间地脱离经济生产活动，将主要精力集中在对“八股”为代表的考试的准备。他们必须具备两个基本生活要素：一是充足的经济基础，这可能是土地或者其他的经济来源；二是家庭有一定的文化教育背景。在漫长的科举制度历史中，一些寒门子弟刻苦攻读，获取功名的事例，常常会被人提及甚至赞颂。但是从现实来看，能够在科举制度中获益的绝大多数还是士绅阶层的子弟。在《阿 Q 正传》里，未庄仅有赵家、钱家才有可能将自己的子弟送去参加科举考试。农民子弟通过科举制度实现自身与家庭阶层的转换，在事实上非常艰难与罕见。

在阿 Q 得罪赵太爷，由地保带着去见赵太爷，被打之后，又谢了地保二百文酒钱。可见未庄的地保在形式上负责基层的治理，但又听命于士绅阶层。地保是中国古代社会中一项重要的管理制度——保甲制的执行者。保甲制起源于商鞅在秦国推行的新法之一——十五连坐法，历代有所沿袭与变更，至清代初年，制度更趋完善，分为保甲制和里甲制。保甲制重在对乡村居民的监督控制，里甲制则侧重对人口的统计和赋税徭役的落实保障。乾隆之后，保甲制与里甲制逐渐合一。就制度设计而言，保甲制是希望对士绅阶层在乡土社会中的权势予以一定束缚，实现皇权对乡土社会的渗透。但是作为制度的执行者，保甲长都是平民出身，在遭遇士绅阶层的抵制之后，根本无力真正落实诸如人口登记等保甲制的管理内容，在实践中往往成为士绅阶层管理和控制乡土社会的工具。因此，在赵太爷觉得阿 Q 大言不惭自称姓赵之后，可以轻易地调动地保来干预此事，地保在此事的处理过程中，并未对事情原委作调查，而是落实赵太爷的要求，训斥了阿 Q 一番，还收取了后者二百文酒钱。在这个细节中，我们可以看到真正在维持未庄日常运转的是赵太爷为代表的士绅阶层，地保只是他们的工具。

回到阿 Q 的姓氏疑问。

有一回，他似乎是姓赵，但第二日便模糊了。那是赵太爷的儿子进了秀才的时候，锣声镗镗的报到村里来，阿 Q 正喝了两碗黄酒，便手舞足蹈地说，这于他也很光彩，因为他和赵太爷原来是本家，细细地排起来他还比秀才长三辈呢。其时几个旁听人倒也肃然的有些起敬了。哪知道第二天，地保便叫阿 Q 到赵太爷家里去；太爷一见，满脸溅朱，喝道：

“阿 Q，你这浑小子！你说我是你的本家么？”

阿 Q 不开口。

赵太爷愈看愈生气了，抢进几步说："你敢胡说！我怎么会有你这样的本家？你姓赵么？"

阿Q不开口，想往后退了；赵太爷跳过去，给了他一个嘴巴。

"你怎么会姓赵！——你那里配姓赵！"

阿Q并没有抗辩他确凿姓赵，只用手摸着左颊，和地保退出去了；外面又被地保训斥了一番，谢了地保二百文酒钱。知道的人都说阿Q太荒唐，自己去招打；他大约未必姓赵，即使真姓赵，有赵太爷在这里，也不该如此胡说的。

阿Q自称家里先前很阔，与赵太爷原是本家，自己更是比赵秀才长三辈。在经典的礼法制度的话语系统里，我们很难想象作为晚辈的赵太爷胆敢不认阿Q这位长辈，甚至剥夺他的姓氏身份。赵太爷为何可以做到这一点？他的行为为何会被未庄的人们接受？除了赵家的富有与阿Q的赤贫之外，还有一个原因值得关注，那就是宗族问题。在小说中，由于作者并未刻意交代未庄人口的姓氏分布，但是从赵太爷所在的赵家的社会地位略高于钱家可以推断，未庄的赵氏家族在规模上大于钱氏。中国的乡土社会往往是"聚族而居"，单姓村落和主姓村落非常多见。未庄很难跳脱出这个构成模式。在这样的乡土社会里，乡规族约往往比保甲制更为有效，而在宗族系统内部，士绅阶层处于绝对的主体地位，族长人选以有功名者优先，有功名身份的族人在宗族内部享有崇高的地位。这正是赵太爷广受尊重的原因之一。反观阿Q，在出场的时候，就是单身汉，没有家庭，居无定所，靠打短工为生，既无恒产，又无恒业，即便真的与赵太爷属于同一宗族，也不可能拥有血缘关系构成的长辈身份。赵太爷对阿Q身份的否决，也包含着族人对赵太爷意见的认可和对阿Q的鄙夷与唾弃，同时意味着以往依据血缘产生的诸如辈分等身份关系已经让位于财产的多寡与地位的贵贱。

乡土社会里这种严格的"士农工商"四民划分的社会结构，是否就是一成不变的呢？答案显然是否定的。随着外国资本的进入，本土工商业逐渐发展，商人改变自身社会地位的意愿日益强烈，而在20世纪初科举制的废除、新式学堂教育制度的建立，迫使士绅阶层也发生了大规模的结构性流动。他们在封建时代身上的"功名"还是保障了他们取得进入新式学堂的优先权。事实上，在中国社会的近代化过程中，士绅阶层的社会权力地位明显强化，他们对于社会生活的控制领域也有了较大的扩展，诸多新兴的事业，如教育、市政、报刊、工矿等都在士绅阶层的掌控之中。而这些都是在阿 Q 的生命周期之后发生的。阿 Q 是无法预期这一切的。

三、阿 Q 的人生规划及其破灭

对于阿 Q，人们往往习惯于关注其“精神胜利法”，阿 Q 遭受屈辱时常挂在嘴边的“儿子打老子”，更是为人们反复提起。但是，我们的思考是不是就到此为止了呢？我们或许应该结合他的人生规划，去寻找阿 Q 的“精神胜利法”的渊源。或许这样我们才可能更接近那个时代的阿 Q，也才更深刻地理解他的悲剧。

阿 Q“‘先前阔’，见识高，而且‘真能做’”，在出场的时候，他在未庄给人家打短工为生，收工之后会去酒店喝酒，偶尔还去押牌宝，然而这并不是他生活的全部。他在跟人发生争执受辱之后，觉得自己是“第一个能够自轻自贱的人”，这个“第一个”跟状元是一样的。他对赵家、钱家的秀才并不尊重，赵太爷钱太爷受人尊重无非也是家里儿子在努力博取功名。而阿 Q 认为自己的儿子会“阔得多”，至于他儿子“阔得多”的原因其实与状元原是出于一个系统，即他认为自己的儿子会在科举中获得成功，进而他自己也会拥有比赵太爷钱太爷更高的荣耀。我们可以看到，在阿 Q 的世界里，最高的价值正是士绅阶层霸占着的由科举制度保障的特殊的绝对的社会主体地位。前面我们分析过，事实上农民子弟是很少有机会参加科举的，阿 Q 的这个梦想没有实施的可能性。然而，他为什么会执着于这个念头呢？还是因为他在日常生活中低下的社会地位与他强烈的自尊心的矛盾，两者的对立使得他必须应用“精神胜利法”来缓解内心的压力。然而“精神胜利法”并不管用，只能短期麻醉，阿 Q 对自己有清醒的认识，所谓“自轻自贱”正是指的这个，因此他始终没有放弃对那个所谓“第一个”的追求。至此，我们可以看到，阿 Q 是在士绅阶层设定的游戏规则里拼搏，他幻想着通过这套规则来获得成功，改变自己和家庭的社会地位。正是因为像阿Q这样的农民，信奉这套规则，士绅阶层才能始终保持自己的社会地位，也保障了封建王朝的稳定。这也正是对皇帝依赖士绅阶层来维持对乡土社会的管理的具体展现。

我们没有看到小说中其他的农民有类似阿Q这样的想法。他们似乎每天就是在劳作、吃饭、休息，周而复始，看起来比阿Q麻木。在未庄的世界里，阿Q是一个异类。因为他有改变自己命运的冲动与幻想。那么，他比普通农民更信奉科举制度背后的那套礼法秩序的原因是什么？我们可以大胆地推断，因为他姓赵，而且先前阔过。士绅阶层在封建王朝中的统治阶级地位是稳固的，但并不意味着具体到某一户人家始终能够保持兴盛的局面。阿Q经历过家庭的由盛而衰，或者只是听说过，都是很有可能的。因此，阿Q的内心里甚至可能担负着振兴家庭的使命感。赵太爷否认阿Q姓赵的时候，其实也提供了另一个信息，即传统的礼法秩序已经开始崩溃了。

在传统宗法社会，人们依据儒家义理，要求他们对于同族之人予以扶助。四川丹棱县侯姓家谱规定："贫弱之一，富实者宜时周恤之。愚鲁之徒，贤智者时教导之。总以相扶、相助为念。"郑氏一门的族规对同族之中族人之间互相扶助有了具体的要求，但是正是因为郑氏一门在古代社会被人推崇的事实才印证了这一现实，即儒家的那套礼法制度在实践过程中并未得到严格的贯彻。如果赵太爷按照互相扶助的方式，给予阿Q以某种形式的帮助，阿Q还是有机会通过他设想的道路来改变自身命运的。但是在小说一开始，赵太爷就以士绅的身份剥夺阿Q的赵姓，这是在古代社会非常罕见的。这正是传统的乡里空间瓦解与崩溃的标志，士绅阶层开始将一些农民放逐出乡里空间，这些农民便成为一种游离的力量。

而让阿Q游离出未庄的是他的人生规划和肉体的需要。调戏小尼姑，并未能满足他的肉欲。小尼姑对他"断子绝孙"的咒骂，想起了"不孝有三无后为大"的教训，他想要成家了。阿Q对女人的想象，加上了儒家的教训之后，似乎有了合理性，但是在现实中很难实现。他对"男女大防"的理论，虽然坚守，但身体的需要，又迫使他有意无意冲撞这些律条。他找了小寡妇吴妈。他的一句"我和你困觉"被吴妈认为是公然调戏，他挨了赵秀才竹杠之后，丝毫没有意识到自己闯祸了，还回到舂米场舂米，直到看到赵太爷拿着竹杠找他算账才从后门逃走。因为在赵家的鲁莽举动，阿Q丢掉了在未庄的工作，没有人再敢雇他做短工。街上的女人们看到他都躲起来，土谷祠也不再收留他，他因为生计问题不得不离开未庄。

未庄的男女世界，在阿Q的认知里，“凡尼姑，一定与和尚私通；一个女人在外面走，一定想引诱野男人；一男一女在那里讲话，一定要有勾当了。”在他看来，小尼姑和吴妈都属于在外面行走谋生的，必然会在“男女大防”方面有缺，他向她们提出性的要求不会引来麻烦。而未庄街上的女人看到他就躲藏起来，是“娼妇们”在学“小姐”。可见，阿Q认为，在乡里空间，儒家的礼治秩序基本是由士绅阶层倡导和维护的，对于普通的农民而言，这些秩序代表着身份地位，是高不可及的。阿Q因为先前阔过，又心存夺“第一个”念头，才会在心里信奉这些律条，而在身上，他仍然只是一个农民，可以逾越这些规范的束缚。这种看似“知行分离”的价值观，正是乡里空间崩溃前在意识形态领域的表现。随着乡土社会各个阶层都主动或被动地脱离了原有的阶层，礼法秩序受到了空前的挑战。然而，如同士绅阶层的功名，保障了他们在乡里空间崩溃之后仍然能够顺利地扩展对社会生活各个方面的控制一样，士绅阶层倡导维护的礼法秩序仍然在形式上维持着运转。其结果就是将阿Q这个异类排斥出去。阿Q希望娶妻生子，培养儿子参加科举，从而改变全家和他自己的社会地位的梦想至此彻底破灭了。士绅阶层以科举为幌子来塑造自身的统治地位、安抚农民的旧有方式，因为如阿Q这样游离出去的力量而隐隐地遭遇到挑战。在这个意义上，阿Q的命运与乡里空间形成了共同前进的关系。

四、革命的冲动与可能

即便在被逐出未庄之后，阿Q到了城里，也不认可革命这种看起来可能改变他命运的方式。他回到未庄的时候吹嘘得最多的是自己看过“杀革命党的头”。当然他带回未庄的，除了这些在城里的见闻之外，还有身上的新夹袄、腰间的大褡裢，以及各种衣物。未庄的女人们不再因为阿Q以往的劣迹而躲避他，没有因为这些衣物来路的明显非法而拒绝购买，甚至追着他抢购。礼法和律法在物质的吸引力面前，变得微不足道——未庄的人们虽然没有看过“杀革命党头”，但是看来多少是听说过革命党和他们从事的革命。赵太爷一家对阿Q也因为敬畏而礼敬有加。在未庄人看来，阿Q做的偷盗生意与革命党的革命并无多大差异。阿Q对于自己偷盗活动的介绍，使得他无法再获得众人的尊重，他在偷盗过程中的胆怯又让他们恢复了对他的旧有态度。

真正给未庄带来革命的气息的是城里的举人老爷一家逃亡到未庄的赵家避难，赵家还收留了举人老爷家的箱子。而革命党人则是“个个白盔白甲：穿着崇祯皇帝的素”。举人老爷对革命党人的恐惧，未庄人的慌张，让重新失落的阿Q顿时对革命产生神往。在他看来，革命就是造反。在革命之中，他“要什么就是什么”，“欢喜谁就是谁”。阿Q对于革命的理解跟他之前的偷盗行为没有本质差异，只是在革命当中，他可以堂而皇之地拿走自己想要的东西包括女人。在土谷祠里，他盘算着在革命中间杀哪些未庄人，要抢赵家、钱家的哪些家具，至于未庄的女人们也被他在醉意中排了个高低。阿Q被压抑的欲望与本能，借着自己对革命的理解，在酒后得到了彻底的释放。阿Q对革命有本能的需求，但是如汪晖所言，“‘革命’只是作为偶然的或未经挣扎的本能的瞬间存在于阿Q的生命之中。”①他对于革命并没有了解，他认为自己有能力去实践的革命行为只有去尼姑庵抢东西，但是赵秀才和钱秀才早他一步去过了。阿Q这个农民被甩在了未庄的“革命”之后。

未庄的人逐渐了解了革命带来的变化。知县老爷还是原官，改了新的名号，举人老爷也做了什么官，带兵的仍然是先前的把总。唯一带来的变化是剪辫子，临村的航船七斤被剪了辫子，“弄得不像人样子了”。未庄人选择了在革命和“人样”之间的折中方案就是把辫子盘在头顶上。阿Q想要赶上革命党的队伍，把辫子盘在头顶也无助于赢得未庄人的尊重。他只能去找假洋鬼子这个比他早参加了革命的革命党人。只是他连开口的机会都没有就被赶走了。阿Q最终无法参加革命。假洋鬼子不许他革命。原本

---

① 汪晖：《阿Q生命中的六个瞬间——纪念作为开端的辛亥革命》，载《现代中文学刊》2011年第3期。

有革命冲动的阿Q被严厉地排斥在革命之外，而原本对革命充满恐惧的赵家、钱家不仅顺利地加入了革命队伍，而且继续着自己在未庄的社会控制。

鲁迅在描写阿Q被禁止革命的过程时，增加了一段带有寓意的描写。阿Q在土谷祠因为被排斥而感到气愤，但是却目睹了一次抢劫——赵家被抢劫了。同样，那些“白盔白甲”的强盗也没有叫他一起参加，赵家的家具财产被堂而皇之地搬走了。“白盔白甲”正是未庄人对革命党人的想象，“要什么就是什么”正是阿Q这样的农民对于革命的理解。然而无论革命也好，抢劫也罢，阿Q只是一个充满热情而又肤浅的看客。

而赵家财产的损失却以阿Q的生命作为赔偿了结了。这个结尾有些突兀，虽然没能参加革命，但是否就必须搭上生命，确实可以商榷。但是，可以预见的是，在所谓的“革命之后”，若没有真正的变革发生，即便没有死亡，阿Q的人生也不会有新的希望。鲁迅把阿Q生命的最后时刻的回目称为“大团圆”或许是由于阿Q不识字最后在状子上画的圈，也可能是因为他的人生在既有的环境中可能达到的最大的改变已经完成，即形式上的革命成功了。

汉娜·阿伦特在《论革命》(1963年)中指出，“革命”作为一种现代性的事物“与这样一种观念是息息相关的，这种观念认为，历史进程突然重新开始了，一个全新的故事，一个之前从不为人所知、为人所道的故事将要展开”，也即“革命”意味着“开端”：“这样的一个开端，一定与暴力具有内在联系。传说中我们的历史开端似乎证实了这一点，如圣经和典故所说：该隐杀亚伯，罗慕路斯杀雷穆斯。暴力是开端，同样，如果没有忤逆之举，就不能缔造开端”[①]。正如阿伦特指出的那样，革命要与抢劫相区别，应该具有“开端”的性质。

鲁迅作为亲历者，曾经对辛亥革命有过一个清晰的判断：“我觉得仿佛就没有所谓中华民国。我觉得革命以前，我是做奴隶；革命以后不多久，就受了奴隶的骗，变成他们的奴隶了。……我觉得什么都要从新做过。退

---

① 〔美〕汉娜·阿伦特：《论革命》，陈周旺译，译林出版社2007年版，第17、9、27页。

一万步说罢，我希望有人好好地做一部民国的建国史给少年看，因为我觉得民国的来源，实在已经失传了，虽然还只有十四年！”[①] 这里他谈的是两个层面的辛亥革命：“一个是作为全新的历史开端的革命，以及这个革命对于自由和摆脱一切等级和贫困的承诺；另一个是以革命的名义发生的、并非作为开端的社会变化，它的形态毋宁是重复。”因此，在“他的心目中也存在着两个中华民国：一个是建立在‘道德革命’基础上的中华民国，而另一个是回到历史循环的另一个阶段的、以中华民国名义出现的社会与国家。”[②] 即人们采取暴力手段实现政权的更替，若没有认识到革命的根本意义，则无法真正地实现革命的原初目的。而这个必然会召唤出启蒙的主题。

康德将启蒙定义为：“启蒙乃是人脱离其自我导致的不成熟状态。不成熟状态就是没有他人引导便无法使用自己的理智。如果不是因为缺少理智，而是因为在无人引导时缺少使用自己理智的决心和勇气，那么此种不成熟状态就是自我导致的。因此，‘敢于运用你自己的理智！’就是启蒙的座右铭。”对于革命而言，只有革命的主体真正能够理解革命的任务和意义，才能在重复的过程中实现新的“开端”。五四新文化运动正是由这个意义应运而生的。陈独秀认为“政治觉悟”必须根源于“伦理觉悟”，“儒者三纲之说为吾伦理政治之大原……。近世西洋之道德政治，乃以自由、平等、独立之说为大原，……此东西文化之一大分水岭也……。此而不能觉悟，则前之所谓觉悟者，非彻底之觉悟，盖犹在徜徉迷离之境。吾敢断言曰，伦理之觉悟为最后觉悟之觉悟。”伦理觉悟是最后的政治觉悟的基础。

鲁迅在《阿Q正传》中对辛亥革命进行了批判，站在民国的政治基础上，回顾与召唤民国的理想。阿Q作为一个社会底层的农民，有着革命的冲动，但是他在思想上无法真正理解革命，也在现实的层面中无法参加革

---

① 鲁迅：《华盖集·忽然想到之三》，载《鲁迅全集》第3卷，人民文学出版社2005年版，第16—17页。

② 汪晖：《阿Q生命中的六个瞬间——纪念作为开端的辛亥革命》，载《现代中文学刊》2011年第3期。

命。在他旧有的关于人生的梦想一次一次地破灭后，在他被驱逐出乡里空间后，他有了参加革命的冲动，他已经成为一个独立的个体。然而革命的机会从他身边划过，革命从理想滑落到重复的现实。一定程度上，我们可以说革命一脚踏空，回到了原点。然而，革命并非一无所得，它让作为最大多数的底层人民第一次听说了“革命”，也为后来的革命者提供了教训。而五四新文化运动，则是前一次革命的必然结果与补充，也为后一场革命提供了准备的时间与基础。

《阿Q正传》固然以阿Q为主人公，而读者大多聚焦在鲁迅对国民性的批判，然而这部“正传”也是在勾勒一个时代的轮廓，寻找其病症所在。我们并不能武断地将“后见之明”强加到鲁迅身上，然而一个准确的诊断，确实可以为医治时代的病症提供可靠的基础，为将来的出路描绘出一个粗略的方向：鲁迅在一场革命之后预言着另一场革命的到来。

请思考

根据本章内容，结合鲁迅其他小说，分析他对辛亥革命后的中国的认识。

第四讲

沈从文小说与中国儒道人格理想

杜素娟[①]

一

五四新文化运动以来，在如何推进民族文化发展的问题上，文化界和文学界做得最努力的一件事，是对传统文化展开反思和批判。从社会制度、文化模式、家庭结构、社会关系、伦理道德、价值观念等各个方面，全面盘点本土民族文化存在的弊端。于是，在这一时期的文学中，大家可以看到，鲁迅在揭示乡土的愚昧，冰心在批判家长制的罪恶，郁达夫在展示人性被压抑的痛苦……从总体而言，新文化运动是以揭示中国传统文化的弊端，作为新文化想象和新文化建设的前提的。五四时期对“新文化”的想象基本上是以西方文化理念和文化发展模式为蓝本的，而对于这种“新文化”的建设自然也是以移植西方文化理念和文化模式作为基本操作思路的。如果我们把五四新文化运动比喻成一辆马车，它就是靠着一根车轴上的两只轮子来推进的，一边是传播西方文化理念，一边是批判民族文化的弊端。

这里就存在很大的问题：

一方面，这样的新文化建设思路势必造成对于本土文化资源的否定、

---

① 杜素娟，山东济宁人，毕业于华东师范大学中文系，获文学博士学位，现为华东政法大学文伯书院教授，研究方向：现当代小说与社会伦理。

轻视甚至遗弃。批判民族文化的弊端这个思路并没有错，事实上，五四时期对于民族文化弊端的很多揭示，也的确具有永久的价值和意义。但我们也要看到，由于是用西方文化理念和文化模式作为参照系来辨认和确定本土文化的弊端，对本土民族文化的粗暴否定是相当普遍的。一些非常肤浅的观点，诸如“新文化”就是“西方文化”，而“本土传统文化”就是“旧文化”；“西方文化”是“先进文化”，而“本土传统文化”则是“落后文化”……类似的观念在当时被大面积传播和接受，事实上直到今天也没有完全从民族心理中消除。

另一方面，由于大面积否定本土传统文化的价值，五四时期的新文化建设思路就不可能把传统文化资源纳入新文化建设的使用范围之中，事实上，新文化运动设想的文化变革，不是寻求西方文化与本土文化的对接点，而是简单粗暴地做了一场外科手术，其设想就是把自身坏掉的器官找出来切掉，从外面移植一个新的器官进去。

虽然文化都是相通的，但毕竟一个民族的文化在漫长的生成和发展过程中，有着自己的土壤成分和气候特点，也有着自己的神经体系和血液循环，所谓“橘生淮南为橘，生于淮北为枳”，生硬地移植外来文化是很难真正成功的。新文化运动的干将胡适在1921年写过一首小诗名叫《希望》：“我从山中来/带着兰花草/种在小园中/希望开花好/一日望三回/望到花时过/急坏看花人/苞也无一个”，后来这首小诗被改编成了比较有名的台湾校园歌曲《兰花草》。这是颇有意味的一首小诗，表达着胡适的困惑，为何辛苦传播的新文化新理念，“希望开花好”，却“苞也无一个”呢？我们用外科手术的术语来描述，也许这就是文化“排异”。

1921年以后，新文化运动开始落潮。虽然新文化运动的有些成员开始意识到问题的存在，比如胡适后来转向国学研究，号召青年们“研究国故”，这个看似矛盾的转变，隐藏着的正是胡适个人对于新文化运动理念的反思。但是胡适的这种反思并没有得到明确的提倡，甚至他自己也没有做出明确的表达。在相当长的时间内，简单地把西方文化视为现代文化和先进文化，把本民族文化视为陈旧文化和落后文化的思想都十分普遍地存在。

民国时期，真正开始正视这个问题并且明确地用理论和创作同时对五四文化理念进行反思和批评，同时提出本土民族文化资源的重要性并把本土民族文化资源视为民族文化发展的真正基石的，是十几年后在文坛占据重要位置的一个作家，那就是沈从文。

二

沈从文不是在五四时期成名的作家，他是在五四新文化运动落潮以后才逐步在文坛崭露头角的。沈从文正式登上文坛是与徐志摩的欣赏和推荐分不开的；沈从文步入文学圈以后，接触最多的也是徐志摩所代表的“新月派”，跟胡适、林徽因等人都过从甚密。“新月派”成员大多曾留学欧美，推崇西方的文化理念和绅士风范；而沈从文是一个来自湖南湘西、地方行伍出身的、自学成长的青年，一句英文不会讲，对西方的东西也没有什么兴趣。沈从文自己说过：“我看外国小说不大受影响”①。他要好的朋友施蛰存也曾经这样描述他：“安于接受传统的中国文化，怯于接受西方文化。他的作品里，几乎没有外国文学的影响”②。沈从文还常常戏谑地自称为“乡下人”。

那么，新月社诸人特别是胡适、徐志摩和林徽因这些重量级人物，为什么会如此欣赏，并且积极扶植和培养一个文化理念跟他们并不相同的年轻人呢？

跟同时代作家相比，沈从文的文学理念和创作风格带有非常明显且出奇坚定的本土倾向。这种倾向体现在艺术上，是忠诚地遵循中国本土传统的艺术精神和美学精神，主张新文学必须“有个传统艺术的空气，以及产生这种艺术品的心里习惯”③；体现在社会发展上，是强调对本民族文化的

① 转引自王亚蓉编：《沈从文晚年口述》，陕西师范大学出版社 2003 年版，第 125 页。

② 施蛰存：《沙上的脚迹》，辽宁教育出版社 1995 年版，第 139 页。

③ 沈从文：《创作杂谈》，载《沈从文全集》第 16 卷，北岳文艺出版社 2002 年版，第 503 页。

尊重，认为必须“将这个民族的自尊心和自信心，用一些新的抽象原则，重建起来”[①]。沈从文跟同时代作家的最大区别，就是在对于传统文化评估上的区别。也正是沈从文这一特点吸引了新月派的注意和赞赏。

在新文化运动落潮以后，新月派是比较明确地意识到传统文化重要性的一个团体，胡适提出了“整理国故”，徐志摩、闻一多则在诗歌艺术上提出了“新格律诗”，这些努力都是意图把新文化运动未曾思考过的问题提上议事日程，那就是“新文化如何和传统文化接轨”，“新文学又如何利用传统的文学资源”？沈从文的出现，让他们看到了这一命题延续的可能性。对此，夏志清有过非常精辟的解释：“他们对沈从文感兴趣的原因，不但因为他文笔流畅，最重要的还是他那种天生的保守性和对旧中国不移的信心”[②]。

与五四新文化运动在西方文化资源中寻找“新文化”的构成因素不同，沈从文明确而坚定地提出，要更新民族文化，要实现“新文化”，必须以本土民族文化资源作为主要构成要素，即“把历史上积累的民族智慧来运用，走出光辉炫目的新路”[③]。沈从文主张进行文化寻根，倡导对本土民族文化的优点和弱点进行辨认。他曾明确说明，写作那部著名作品《边城》的目的，就是为了“认识这个民族的过去伟大处与目前堕落处”[④]。而展开这种本土民族文化优点和弱点的梳理和辨认，不是为了把本土民族文化资源从新文化建设的工地上清理出去，恰恰相反，是为了让那些优秀的本土民族文化资源成为最主要的原料和基石。如他在《〈长河〉题记》中所表达的，“拟将‘过去’和‘当前’对照，所谓民族品德的消失和重造，

---

① 沈从文：《绿魇》，载《沈从文全集》第12卷，北岳文艺出版社2002年版，第138页。

② 夏志清：《中国现代小说史》，复旦大学出版社2005年版，第137页。

③ 沈从文：《〈艺术周刊〉的诞生》，载《沈从文全集》第16卷，北岳文艺出版社2002年版，第467页。

④ 沈从文：《〈边城〉题记》，载《沈从文全集》第8卷，北岳文艺出版社2002年版，第59页。

可能从什么方面着手"[①]。正是基于这种理念，沈从文所有的作品中都贯穿着一条明确的主线，那就是民族优秀文化基因的发掘以及民族品德的重造。在他的作品中，对于民族文化优秀基因的发掘和展示，也是其小说叙事的深层内涵。

沈从文提出的这条通过激活本土民族文化优秀基因，从而推动民族文化更新和发展的道路，随着时间的推进，特别是在今天的社会发展中越来越显示出了重要的价值和深刻的意义。

那么，沈从文在他的作品中是如何实践他的这一文化设想的呢？

三

沈从文首先非常敏锐地看到了中国传统文化的核心理念：人的建设。

这是在漫长的古代时期中国所形成的具有自身特色的社会管理和文化建设的理念。以往我们不难听到对于中国传统社会"物的建设""制度的建设""法律的建设"等过于薄弱的指责和批判，并以此作为中国传统文化状况和传统制度模式都十分落后的证据。事实上，这种批判就是参考西方社会建设模式而做出的，完全忽略了中国传统社会在看似薄弱的"物的建设""制度建设""法律建设"等等后面，有着十分强大的自身社会和文化建设的独特模式与思路，那就是"人的建设"。

中国历朝历代都因循着一个最基本的社会认知——什么是社会中最重要的因素？不是物，不是制度，不是法律条文，而是"人"。"物的建设""制度建设""法律建设"等等，都是一种间接的建设，只有对"人"的建设，才是最直接的社会建设。这就是中国沿循几千年的社会文化管理智慧。正如孔子的设想，假如能够把"人"建设好了，就能做到路不拾遗、夜不闭户，何需严刑酷法呢？相反，如果"人的建设"荒废了，物质文明再发达，制度和法律建设再怎样细化和烦琐，也解决不了精神和道德的

① 沈从文：《〈长河〉题记》，载《沈从文全集》第10卷，北岳文艺出版社2002年版，第5页。

危机。

所以，中国自古以来重教化、重伦理，形成了一个“重人重德”的文化体系和传统。这个体系强调人在社会中的主体性，引领人去追求道德价值和精神境界，追求道德满足和精神愉悦，并在这个过程中教化人的自律能力，提升人格境界。因此中国传统的文化体系被视为“仁学”和“人学”。

在中国传统文化中，人自身的修养和人格境界，成为文化发展和道德建设的关键词。孔子提出“修德”“克己”“正身”“修己”；庄子提出“心斋”“坐忘”，都是专注于个人的主体修养问题，培养人的理性自觉。

沈从文认为，这种人格培养是中国传统文化的精华所在，也是社会发展和文化建设的重要资源。他认为中国民族文化发展的问题，在于传统人格理想的丢失，民族“性格灵魂被大力所压，失去了原来的朴质，勤俭，和平，正直的型范”①，因此要更新和发展民族文化，就应该以新的人格培养为重心，即“如何‘重新做人’，重新做什么样人”②。而要做到这一点，就需要把中国传统的人格理想重新挖掘出来，作为民族文化发展的总要资源。

沈从文对这种文化重建设想的实践，主要体现在他的小说中。沈从文的小说按照空间设置可以截然地分为两个类型：湘西空间和都市空间。沈从文的都市空间的小说毫不掩饰他对于都市物质文明的恶感，他笔下的都市是一个物质至上、拜金主义流行、务实功利的空间，在这个空间里，人们最专注的是搭建“人”与“物”之间的关系，形成了一个“琐碎，懒惰，敷衍，虚伪的衣冠社会”③，“一切皆显得又庸俗又平凡，一切皆转成为商品形式”④；而生活在这个空间里的人们难以逃避被物化的宿命，精神

---

① 沈从文：《〈边城〉题记》，载《沈从文全集》第8卷，北岳文艺出版社2002年版，第59页。

② 沈从文：《烛虚》，载《沈从文全集》第12卷，北岳文艺出版社2002年版，第6页。

③ 同上书，第16页。

④ 沈从文：《如蕤》，载《沈从文全集》第7卷，北岳文艺出版社2002年版，第337页。

追求难以存在，逐渐萎缩甚至消失，他们要么专注于追求名利(《来客》)，要么专注于追求西方式的物质生活方式(《记一个大学生》)，要么自私自利把社会责任流于清谈(《道德与智慧》)，沈从文把都市空间的众生相归纳为“阉宦人格”：物质、世俗、虚伪、懦弱、自私、空虚。沈从文认为，造成这种悲剧性畸变人格的原因，正是在西方物质价值观念冲击之下本土民族优秀文化基因和人格传统的丢失。

如果本土民族的优秀文化基因和人格传统得以保存下来，会是怎样的情形呢？沈从文提供的答案，就是他的另一组也是他最重要的一组作品，以湘西为空间背景的作品。

沈从文生长于湖南湘西地区，那里是苗族聚集地，由于地形偏僻、交通闭塞，受外界影响较小，形成了相对保守的地域文化。孔子说，“礼失求诸野”，也正因为湘西的这种相对保守性，使得它在空间文化特征上保留了更多的原始风味和传统色彩。

很多人都认为沈从文的湘西小说讲的是湘西地区的故事和风情，但严格来说这并不准确。沈从文早期的一些湘西小说的确刻意追求过湘西少数民族文化的风情和色彩，诸如《神巫之爱》《龙朱》等作品，所表现的也是带有巫术、原始色彩的苗族文化和习俗，但这样的篇目其实并不多。对于沈从文的大部分湘西小说而言，写的是湘西，又分明不是湘西；讲的是乡村，又分明不是乡村。湘西只是沈从文打造的一个带有“虚化”“象征化”“意蕴化”特点的空间，其中承载的思考绝对不是少数民族风情这么狭小，确切的说法，那不是“湘西地方风情画卷”，而是“传统文化风情画卷”。沈从文非常有野心地把中国传统文化的精华跟湘西空间进行了完美的融合和对接，把湘西空间变成了一种文化的理想空间，其中的每一个习俗都体现着中国传统伦理之美，每一个人物都带着中国传统优秀人格的风范。

沈从文的湘西从一开始就不是对故乡的纪实，而是对民族文化理想的演绎，尤其是对中国传统人格之美的演绎。因此，跟五四时期流行的乡土文化批判十分不同，沈从文笔下的“乡村”，不再是封建落后旧文化的代表，而是民族优秀文化基因的蕴藏地。

那么，沈从文到底给我们演绎了哪些传统文化理想，以及人格之美呢？按照他笔下所塑造的人物形象，我们可以很清楚地看到两个人物系列，即儒家风范的人格理想和道家风范的人格理想。我们可以通过这些人物形象，来分析一下沈从文对于儒道人格理想的理解和把握。

四

儒家的人格理想集中体现在“君子”理想之上。我们通常听到“君子”二字，常常感觉这是对于文化教养层次较高、社会身份也比较尊贵的人的称呼。事实上，儒家所言的“君子”在本质上是一种普世的道德理想概念。

孔子认为，君子的养成需要两个条件，一是“质”，一是“文”。“质”是生而具有的天性，儒家是性本善的学说，认为人生而为善，这种朴实的天性是人人皆有的。那么，为什么人在成长的过程中，会出现差异，有些人会遵循良善，有些人会走向丑恶呢？那就是还需要“文”，后天有意识的努力和追求。有意识的追求不够，会让天性变得粗陋；但孔子也强调，这种后天有意识的追求，假如携带了功利目的，是为了博得美名而有意为之，也是有害的，会导致虚伪，形成“伪君子”。所以，孔子说，“质胜文则野，文胜质则史。文质彬彬，然后君子”①。

可见，孔子提出的“君子”人格理想是一种基于自然良善的天性，没有功利目的，为了得到精神和道德的满足和愉悦，而展开的自我人格境界的不断提升和追求。用通俗的话说，大家都知道做好人很多时候会吃亏，但你为什么还会选择做一个好人？因为这么做你感到内心干净、宁静、问心无愧，并在这种干净、宁静、问心无愧中得到安宁和愉悦。

比起儒家最高人格理想的“圣人”，“君子”人格理想的实践可能性非常强，带有很强的普世意义。

在沈从文笔下，这些具有君子风范的人物并非名儒大家，而都是一些具有朴实天性和乡土情怀的普通人，乡民、农夫、渡工、船夫、小商小

① 《论语·雍也》。

贩……。这些人物命运各不相同，所处的生存处境也彼此有很大的差异，但他们依然在人格上显示出十分明显的共性。待人宽厚良善，有担当、讲义气，勇于面对现实，具有征服和挑战的精神。比较有代表性的如：《边城》中的爷爷、天保、傩送、顺顺，《丈夫》中的丈夫等。下面我们就来细细分析一下这些人物的人格特点。

（一）“仁”的精神：他人意识

儒家对于个人价值的理解与道家十分不同，儒家非常注重通过人与外在关系的搭建，来确立个人的生存价值和意义。也就是说，个人的价值体现在哪里，个人的价值体现在你对社会和他人具有什么价值。因此，人只有对外在环境产生影响，对他人和社会负担应有的责任和义务，个人的生存才具备价值和意义。这种个人价值的理解和认定，使得儒家特别推崇具有他人意识的人格，也就是儒家所言的“仁”的精神。

什么是“仁”？可以解释为“达人”“安人”“爱人”，说白了，就是对他人怀有尊重、仁慈和同情之心。在选择自身行为之前，先要衡量的是这个行为会不会对别人伤害，而不是只考虑到这个行为是否对自己有利。

他人意识是“仁”的核心基础，是儒家最核心的人格品质，我们经常认为忧国忧民、心怀天下是儒家最核心的品质，但其实忧国忧民、心怀天下的基础就是他人意识。只有出于最朴实的对于他人的同情、怜悯、尊重和仁爱的感情，这样的忧国忧民和心怀天下，才是真实而诚恳的。比如，有些人每天表现出忧国忧民的姿态，也有胸怀天下的气势，但对身边的人睚眦必报、冷漠无情，这样的忧国忧民和心怀天下实在令人感到疑虑。

沈从文在短篇小说《道德与智慧》中就写了一群大学教授，看上去每个都很有忧国忧民的情怀，高谈阔论，演讲著书，讲的都是天下的情怀。但是，他们住处附近有一个军营，每天早上需要起来吹号练兵，随时准备开赴前线。这些教授却因为那每早的吹号噪音大为光火，认为士兵吹号操练的声音太大，影响了自己的休息。冲突中，甚至嘲笑这些士兵不过是一群来日无多的预备死尸。

在这里，沈从文就揭示了一个尖锐的问题，没有对身边的具体人的仁爱和尊重之心，所谓的忧国忧民不过是虚伪的清谈和矫饰，是为了妆点自己刻意涂上的一抹口红。相反，他写到一位教授家里的女佣，因为想到自己的儿子也当兵，所以对这些士兵怀着柔软的感情，自己花钱做了鸡肉给士兵们吃。这个女佣并不懂得什么是忧国忧民，但她对待陌生士兵们的朴实行为，却正是忧国忧民的真正基础。至于那些标榜忧国忧民的教授们，在他们嘲笑花钱给士兵们买吃食的女佣时，就暴露了他人意识的欠缺，而这种欠缺他人意识的天下情怀就像空中的楼阁，除了走向虚伪，并没有其他的结果。因此，在沈从文的笔下，少有忧国忧民、心系天下的大人物形象，但那些生活在社会底层的小人物，却靠他们丰盈的他人意识，当之无愧成为他所书写的“君子”。

《边城》中写了一个偏远的名叫茶峒的地方，这里民风淳朴，人情温厚。这里的人们富裕程度和生活境遇并不相同，比如船总顺顺家十分富裕，而在渡口摆渡为生的老渡工家则家境贫寒。在一个存在贫富差距的社会空间里，如何会形成和谐温厚的民间风气？他人意识就是一个非常重要的因素。

船总顺顺看到爱面子的老渡工在街上请人喝酒，怜惜他家贫，就借口说也要老渡工请酒，夺走了老渡工的酒葫芦。然后等到傍晚，把酒葫芦装得满满的，让自己的儿子给老渡工送回去。顺顺的举动，不仅是对贫苦的怜悯，更是对穷苦人的尊重，是对老渡工自尊心的保护。这种旺盛的他人意识是顺顺最大的特点：“明白出门人的甘苦，理解失意人的心情，故凡船只失事破产的船家，过路的退伍兵士，游学文墨人，凡到了这个地方，闻名求助的，莫不尽力帮助”。作为一个地方上的“成功人士”，却能“明白出门人的甘苦，理解失意人的心情”，体现的正是儒家他人意识的美感。这里我们可以对比当下社会中存在的一些残酷的慈善，明明是慈善，却伤害着被救助者的自尊心甚至人格尊严。区别何在？他人意识。没有他人意识的慈善，就有伤害他人的危险。

不仅家境富裕的顺顺如此，家境贫寒的老渡工也是如此。端午节，老渡工很想陪自己的孙女翠翠去城里看热闹，但他绝对不能让渡口无人，让过河的人无路可走。后来找了个人帮忙看着渡口，但进了城，看到城里如此热闹好看，老渡工的第一反应不是凑过去看个过瘾，而是想到那个帮自己守渡口的人会错过这些热闹。于是，把自己的孙女安顿好，他就急忙返回让守渡口的人也去城里看热闹。翠翠久等爷爷不回，天黑了还等在河边，被顺顺的儿子傩送看到。傩送立刻派了自己的长工打着火把送这小女孩回家。在这一连串的情节中，正是他人意识在推动情节的发展。在茶峒，无论贫穷富贵，每个人把为他人考虑视为应当，这才会形成淳朴温厚的民风。

这种他人意识，让人们拥有旺盛的同情能力。有能力看到别人的苦难，也有能力尊重别人的情感，即便是陌生人之间也能保持默契的温情。老渡工死后，翠翠独自继承了爷爷的事情，每天默默地拉船渡人。摆渡的都是路人，但每个路人对翠翠都怀着一颗柔软的心："过渡人一看老船夫不见了，翠翠辫子上扎了白线，就明白那老的已作完了自己分上的工作，安安静静躺到土坑里去了，必一面用同情的眼色瞧着翠翠，一面就摸出钱来塞到竹筒中去。'天保佑你，死了的到西方去，活下的永保平安。'翠翠明白那些捐钱人的意思，心里酸酸的，忙把身子背过去拉船。"

对茶峒人而言，这并不是刻意的美德的追求，而是发自天性的行为习惯。当人们能够看到他人的存在，处处顾及他人的利益，并且把这种他人意识化为一种自然的行为习惯时，茶峒式的和谐空间就不会是一种虚幻的假象。有了他人意识为核心的仁爱精神，做到这些并不难。

（二）"礼"的精神：秩序和人伦意识

儒家所言的"礼"从本质上来说，是一种人际秩序，是以伦理秩序为基础的行为准则。《边城》中的茶峒是一个偏远的湘西小地方，封闭且保守，但这里民风朴实、秩序井然，其原因正是因为传统的优良伦理得到了完好的保存。无论是"父慈子孝"，还是"兄友弟恭"，或是"朋友之义"，这些人伦秩序在这里都得到了最自然的遵循，人们用自己朴实的行为演绎着传统伦理的美感。

翠翠非常孝顺自己的爷爷，但这种孝并不是盲目的服从，而是尊重和爱的真诚。顺顺的长子天保爱上了翠翠，托了媒人来说媒，翠翠爱的却是天保的弟弟傩送，虽然爷爷很看好天保，但翠翠不会因为爱自己的爷爷，就接受天保的求婚。同样，爷爷也表现出了一种通达而有平等意识的慈爱，虽然人人认为爷爷同意了这门亲事就可以，爷爷却执意说这事要听翠翠的主意。实际上，爷爷在这件事情上也一直尊重翠翠的选择。这就是具有平等意识的“父慈子孝”，不会用孝道绑架亲情，也不会用亲情扼杀自由。

同样，天保和傩送的行为也营造了“兄友弟恭”的伦理之美。这一对亲兄弟遇到了一个尖锐的矛盾，他们都爱上了翠翠。当他们发现了这个状况之后，不是虚伪地互相谦让，更不是彼此地敌视和仇恨。他们开诚布公地商议，用何种方式展开公平竞争，让翠翠自主地在他们中间作出选择。文中写道：“两人把事情说妥当后，算算日子，今天十四，明天十五，后天十六，接连而来的三个日子，正是有大月亮天气。气候既到了中夏，半夜里不冷不热，穿了白家机布汗褂，到那些月光照及的高崖上去，遵照当地的习惯，很诚实与坦白去为一个‘初生之犊’的黄花女唱歌。露水降了，歌声涩了，到应当回家了时，就趁残月赶回家去。”

最终，天保自认自己的歌声无法打动翠翠，更是因为意识到翠翠喜欢的是自己的弟弟，于是选择了离开，这是天保能够做到的对自己弟弟感情的最大尊重。不久，天保遇到船难落水溺亡。傩送不惜让翠翠做长久的无望的等待，执意要把哥哥的尸体寻找回来，这也是傩送对天保的尊重和付出。虽然造化弄人，但这份兄弟之间的伦理之美却并没有因为悲剧而变得冷漠或是扭曲。

老马兵和老渡工的友情也令人动容。他们并非生死之交，只是性情相投，平时常在一起喝酒聊天。但就是这样平淡如水的交往，却情义深厚。老渡工骤然去世后，翠翠变成了无依无靠的孤女。老马兵自觉自愿地代替老友担起了陪伴照顾翠翠的义务，“使翠翠仿佛去了一个祖父，却新得了一个伯父”。而且老马兵深深了解老友的心结，知道翠翠爷爷最大的心愿是希望翠翠嫁到她所喜欢的人，而不要重复她母亲的悲剧。老马兵对不停哭泣的翠翠说：“爷爷的心事我全都知道，一切有我。我会把一切安排得好好的，对得起你的爷爷。我会安排，什么事都会。我会要一个爷爷喜欢你也喜欢的人来接收这只渡船！……你放心，一切有我！”这种对友情的忠诚和义气的担当，实在令人动容。

沈从文并不回避茶峒也有人际冲突和矛盾。除了天保和傩送的矛盾，船总顺顺和老渡工也有矛盾。天保上门提亲，老渡工却一直支支吾吾，没有明确的回复。顺顺不知道这是老渡工在揣测翠翠的意思，并且要听取翠翠的决定，因此误会老渡工的态度暧昧，造成了两个儿子之间的矛盾，甚至最终导致了天保的悲剧。但虽然含着这种误会，顺顺也还是体谅了爷爷面对孙女婚事的手足无措。当老渡工在雷雨之夜去世之后，顺顺尽弃前嫌，帮助翠翠办理了爷爷的后事，又要把翠翠接到自己家里，以便照顾这个可怜的小孤女。

在这个令人惆怅的爱情故事中，所有人的行为都遵循和维护着人伦的秩序和温情，按照传统的人伦美德行事，在人与人之间，有竞争但没有冲突，有矛盾但没有伤害，虽然造化弄人，悲剧难以避免，这悲剧的背后依然充满着人性的柔软和良善。

（三）义利之辨：重义轻利的传统

趋利是人的本性，但这种本性如果没有得到有效的节制，就会带来人性的扭曲。沈从文曾经写过一篇《小砦》，里面就写到当趋利的本性被肆无忌惮地释放出来，而没有道德的约束和控制时，社会空间会上演什么样的灾难。名为小砦的这个地方，人与人之间情义荡然无存，一切以金钱来衡量和交易。商品充斥着各种假货，生意里全是欺骗。每个人都理直气壮地追逐着自己的利益，不惜伤害他人的利益。在这样的空间里，没有真正的赢者。

中国传统的重义轻利的人格要求，不是剥夺或压制人对于自身合理利益的要求和追求，而是培养一种从精神追求和美德追求中得到精神愉悦的能力。拥有了这种能力，会在“义”的恪守中得到比“逐利”更多的快乐和满足，从而提升个人面对利益诱惑时的自律能力。沈从文曾写过一部名为《丈夫》的小说，湘西某贫寒地方为生计所迫，家中无须急着生养孩子的妻子会被家人送到繁华码头做娼妓营利，赚了钱捎回丈夫家，成为家中最能赚钱的那一个。因为风俗如此，大家都觉得没有什么不妥。直到有一个丈夫到码头去看望自己的妻子，目睹了自己妻子所承受的各种羞辱，也亲身感受到了人格的折辱，他做出了前所未有的举动，毅然把自己的妻子带回了家。在这个故事中，金钱需求和来自个人尊严的精神需求发生了激烈的冲突，文中那个木讷的乡下丈夫能够有能力作出这种抉择，所依托的还是传统文化所提供的对于“利”的制约和对抗精神。

在《边城》中，无论出身如何、家境如何，人们都拥有这种在德行中得到满足的能力。“渡头为公家所有，故过渡人不必出钱。有人心中不安，抓了一把钱掷到船板上时，管渡船的必为一一拾起，依然塞到那人手心里去，俨然吵嘴时的认真神气：‘我有了口粮，三斗米，七百钱，够了。谁要这个!’”在这种传统气息浓厚的文化空间中，分外之财被视为一种不应得，得到不应得的东西无法给人带来愉悦，而是带来精神的负担和不快。因此，即便是一个普通的船工，也以得到不应得的钱财为耻。

如果拿了实在无法推脱的不应得的钱财该如何呢？作者写到，“不管如何还是有人要把钱的。管船人却情不过，也为了心安起见，便把这些钱托人到茶峒去买茶叶和草烟，将茶峒出产的上等草烟，一扎一扎挂在自己腰带边，过渡的谁需要这东西必慷慨奉赠。……茶叶则在六月里放进大缸里去，用开水泡好，给过路人解渴。”所谓陌生人之间的温情，就这样诞生了。

在《边城》这样的空间里，总有东西比“利”更能让人愉快和满足。做船总的满足于别人给予的声望和信任，钱财看得便不重，像顺顺，“一面从水上挣来钱，一面就这样洒脱的散去”；做渡工的也满足于别人对自己劳作的尊重，当路人对他客客气气地道辛苦，额外的小费就变得多余；卖酒的被人称道酒的醇厚酽冽，就会感到是最大的骄傲和喜悦，哪里会为了几个小钱，去掺水作假自毁名声；即便是吊脚楼上的娼妓，跟所熟的水手有了感情，“钱也在可有可无之间了”。这些人重义轻利、守信自约，自然会造就一方和谐温暖的风气。

（四）刚毅之态：进取与挑战精神

如果说《丈夫》中的丈夫敢于挑战贫寒，战胜物质的威胁，来维护精神的尊严，那么《边城》中的老渡工则是对命运挑战的勇士。

我们常常以为《边城》的主角是翠翠和傩送，事实上翠翠的爷爷老渡工却是整篇小说的核心精神所在。翠翠的母亲遭遇爱情的悲剧，并为之失去了生命。翠翠到了青春年龄之后，爷爷最担心的就是翠翠会重复母亲的悲剧，遭遇爱情的不幸。“他为翠翠担心。他有时便躺到门外岩石上，对着星子想他的心事。他以为死是应当快到了的，正因为翠翠人已长大了，证明自己也真正老了。无论如何，得让翠翠有个着落。翠翠既是她那可怜母亲交把他的，翠翠大了，他也得把翠翠交给一个人，他的事才算完结！交给谁？必需什么样的人方不委屈她？”一个穷渡工的孙女，能得到怎样称心如意的爱情呢？爷爷也知道这是一件他所无能为力的事情，但他并没有因此而消极被动地等待命运的降临，而是勇敢地主动地去挑战命运，努力要把翠翠的命运把握在祖孙俩的手中。

如果我们仔细分析就会发现，《边城》与其说是以翠翠的爱情为核心线索，不如说是以爷爷与命运的抗争为主要线索。从鼓励天保提亲，到发现翠翠不愿意，费力地去理解内中的原委，然后搞清楚翠翠爱的原是傩送，于是鼓励傩送为翠翠唱山歌。直到天保溺水而亡，顺顺对他表现出冷淡，爷爷依然没有放弃，一次次主动进攻，试图寻找让翠翠和傩送能够实现爱情的机会。对爷爷而言，这几乎是一个无法完成的任务，他不能强迫翠翠去嫁天保，他也改变不了天保溺亡的厄运，他更不能阻止傩送出门去寻找自己兄长的尸体，甚至就连顺顺对于他的怨气他也无从解释。爷爷能够做的，就是徒劳一样地挑战，徒劳一样地抗争。就像他对翠翠的告诫：“不许哭，做一个大人，不管有什么事都不许哭。要硬扎一点，结实一点，才配活到这块土地上！”直到有人误传了信息，告诉他傩送已经决定要娶团总家的女儿了，他才彻底倒下了。当天晚上，电闪雷鸣之中，爷爷走到了生命的尽头。即便如此，当翠翠说：“爷爷，我真吓怕！”老船夫说的依然是：“怕什么？一切要来的都得来，不必怕！”

这种敢于直面现实，勇于挑战命运的精神，也是儒家人格理想的核心部分。不仅老渡工如此，年轻一代的天保和傩送也是如此。他们的父亲顺顺刻意培养的就是他们刚强的生存能力：“教育的目的，似乎在使两个孩子学得做人的勇气与义气。一分教育的结果，弄得两个人皆结实如老虎”，“两兄弟既年已长大，必需在各种生活上来训练他们，作父亲的就轮流派遣两个小孩子各处旅行。向下行船时，多随了自己的船只充伙计，甘苦与人相共。”长大后的天保和傩送也成长为面对危险和挑战，绝不退缩的态度：“且佩了短刀，遇不得已必需动手，便霍的把刀抽出，站到空阔处去，等候对面的一个，接着就同这个人用肉搏来解决。帮里的风气，既为‘对付仇敌必需用刀，联结朋友也必需用刀’，故需要刀时，他们也就从不让它失去那点机会。”

沈从文所塑造的这些普通的乡下人形象，对于现实和命运有着挑战和抗争的精神，所谓“天行健，君子以自强不息”，这正是儒家“刚健有为”的人格理想的体现。

五

当然，只看到沈从文笔下对儒家人格理想的演绎，还只是看到他小说内涵的一个部分。因为毕竟在他的笔下，还有另外一个形象体系。他们要么拥有自然自由的天性，诸如虎雏(《虎雏》)、柏子(《柏子》)；要么拥有内心的和谐力量，内敛且坚韧，诸如翠翠(《边城》)、三三(《三三》)、夭夭(《长河》)、母亲(《菜园》)。在这些人物身上体现的则是沈从文对于道家人格理想的演绎。

儒家和道家虽然是中国传统文化中不同的思想派别，在社会思想和文化思想上有诸多不同，但在沈从文这里，却找到了二者的契合点，那就是都致力于“人的建设”。他们彼此的区别只是从不同的侧面和角度在思考和回答这一命题。

（一）内在和谐的营造

如果说儒家所致力思考的问题是“人如何与他人相处”，那么道家努力思考的则是“人如何与自我相处”，因此，儒家把理想人格定位在营造“外在和谐”的品质和能力，道家则把理想人格定位于“营造内在和谐”的品质和能力。

所谓“内在和谐”的理想人格，在沈从文这里基本上有三个层面的演绎。

其一，有能力保持自然天性的本真和自由。

沈从文特别喜欢写不谙世事的少女和淳朴且带有野性的乡村生命。前者如翠翠、三三、夭夭；后者如虎雏、柏子。他们都代表着沈从文对于

"自然人性"的向往。所谓自然人性，并非指向人性的原始性和动物性，而是指向对于内心愿望和感受的遵循和尊重，不以外在的价值标准塑造自己，也拒绝被外在的通行规范和模式所改变甚至扭曲。

沈从文《虎雏》中的主人公虎雏是来自湘西的一个小兵，被生活在城市的知识分子"我"带到了上海。在上海，他过上了更好的生活，还受到了教育，也羡慕大城市的繁华和物质便利。但是，当他发现要在城市里生活下去，就必须接受城市的生活方式、言行方式，甚至改变以往的价值观念，才能做一个城市人时，虎雏感受到被剥夺自由的深深痛感。他无法接受城市物质世界对他天性的压抑和异化，最终选择了出逃，逃回了让他自由自在的偏远山林。在这篇小说中，作者所赞赏的就是一种保持并维护自己天性自由的勇气。

《边城》中翠翠所生活的环境并非是真正的桃源，如前所述，茶峒也是有贫富分化的。贫穷的翠翠每天帮着爷爷摆渡为生，来来往往的人中不乏富人，特别是跟她同龄的富有人家的女孩。其中有一个女孩，穿着新的衣服和鞋子，手上带着麻花铰的银手镯，"闪着白白的亮光"，翠翠也会感到有点儿艳羡。但这种艳羡仅是出于一种女孩子天然的爱美之心，至于物质所携带的社会内容，诸如身份的尊卑，地位的高低，都被翠翠屏蔽在她的意识之外。因此，即便贫富悬殊摆在她的面前，她却不会受到精神的伤害。翠翠的这种屏蔽能力，正是来自她与社会世俗价值体系的疏离，是她更习惯于生活在远离尘嚣的自然之中、与自然对话与动物对话的结果。翠翠感到郁闷时，会坐到溪边看着绿葱葱的竹林沉思，会跟家中的黄狗对话；三三内心苦痛时，也会低头与溪中的鱼群交谈。这种在亲近自然中获得内心的平衡，从而能够与世俗观念疏离和抗衡的能力，是沈从文笔下一系列人物的共同特点。

而这也正是道家理想人格的首要特点，所谓"勿失性于俗"，保持不被世俗名利所扭曲的自然天性，遵循自由的天性而为，构建出内在和谐的人性之美。跟儒家一样，道家信任人的本性为善，但道家不信任社会通行的价值观念和规范。道家认为世俗流行的价值观念常常会激发、培养出背离人的本性的社会欲望，这些社会欲望携带着巨大的功利性，沉浸其中会令人忘记初心，迷失自我，即"五色令人目盲，五音令人耳聋"，"祸莫大于不知足，咎莫大于欲得”[1]。因此我们也就理解庄子所倡导的人生方式：“我宁游戏污渎之中自快，无为有国者所羁，终身不仕，以快吾志焉。”[2]对此不能粗暴解释为行为消极和社会冷漠。事实上，这是另一个艰巨的自我建设之旅，如何在社会功利诱惑面前，保持淳良、坚韧且和谐的内心世界，这个命题比起外在的奋斗进取，其实要更为艰难。

其二，以静制动的行为方式。

从翠翠、三三到夭夭，她们虽然拥有完整淳朴的自然天性，但是毫无疑问社会经验都极其不丰富。那么，当她们都面临着悲剧命运的考验和生活的磨难，她们靠什么在磨难中不崩溃、在挫败中不扭曲、在悲剧中不沮丧的呢？

那是一种特殊的顺其自然、静默无为的生存智慧。

面对生活中一系列的变故，天保的死，傩送的长久不归，翠翠没有像爷爷那样主动出击，相反表现得颇为消极，只是静静地守在原地，无言地看诸事变迁。《三三》中的三三也是如此，三三默默地爱着一个从城里到乡下来养病的年轻人，默默地感受着朦胧之爱的痛苦，也默默地接受那年轻人的死亡带来的创伤，在整个过程中，没有任何作为，没有任何言语，沉默且隐忍。《长河》中的夭夭面对故土的世事变迁，也只是默然以对。翠翠、三三和夭夭们面对苦难和挫败的态度，看上去十分消极，但这正是一种以巨大承受力为基础的以静制动、以柔克刚的生存智慧。

以静制动的逻辑就在于，我们无法确定能在多大程度上改变现实和命运，但我们可以确定能在多大程度上保持内心的强韧和完整。事实上，如果内心不崩溃，这个世界上并不存在能够把人毁灭的灾难。翠翠和三三们面对灾难，坦然地“顺其自然”，看似她们未曾冲入波涛展开搏斗，但她们的强大就在于没有任何波涛可以把她们摧毁。这种顺其自然的态度，虽然不是一种面向命运的冲击力，但却是一种难以想象的内心承受力。这种承受苦难和挫败的强大力量，让翠翠和三三们不会因为苦难的来临而崩溃，也不会因为挫败的打击而失去内心的安宁。这就是典型的道家生存

---

① 《道德经》。

② 《史记·老子韩非列传》。

智慧。

就像他的另一部短篇小说《菜园》中的母亲形象，这位母亲直接是以一个隐士的形象出现的。生活在自家的一处菜园之中，自种自吃，夏天种菜，秋天种菊，冬日守着暖炉赏雪，过着怡然自得的桃源生活。但灾难还是降临了，她唯一的独子在外求学，参加了学生运动，后来虽然和新婚的妻子回到母亲的菜园，但依然难逃厄运，最终夫妻双双被逮捕杀害了。面对这巨大的灾难，母亲没有哭泣，她镇定地打理着菜园里的事情，作者写道："办理善后，罚款，具结，她还有许多事得做"，出奇的平静。到了秋天，为儿子儿媳种的菊花开满菜园，和儿子儿媳相约赏菊的日子到了，但人却不在了。面对这样凄然的处境，小说淡淡地写道："秋天来时菊花开遍了一地。主人对花无语，无可计述"。"对花无语"四字有力地写出了母亲惊人的隐忍力和面对灾难的优雅态度。

（二）心灵成就的追求

从个人价值的理解上而言，道家的价值追求颇为不同。如果说儒家追求的是社会成就，道家追求的则是心灵成就。人性包括社会性和自然性，总体而言，儒家更注重人的社会性，而道家更注意人的自然性。发展人的社会性，需要人与外在环境搭建各种关系，发展自我，实现自我价值；而要保护人的自然性则是需要人维护和整理好人的内在世界，让内在的自我不要被外在的环境扭曲。因此，儒家强调人对于现实社会的介入度和影响度，并通过这种介入和影响的实现，构建自我价值；而道家则强调人要与社会功利因素或庸俗价值观念保持距离，从而保持自我的独立和精神的自由。

因此所谓"心灵成就"，通俗而言就是一种能力的提升。简单而言有两个方面：其一，有没有力量和勇气摆脱外在影响，遵循内心的愿望来生活。大部分情况下，出于功利的考虑，很多人都趋向于按照外在的社会价值观念来塑造自己，选择自己的生活，这种选择很多时候都违背了内心的愿望。像沈从文笔下的"虎雏"遵循自己的愿望和心性，作出了跟大多数人相反的选择，离开繁华的都市，奔向自由的山野；或是像他笔下的"丈夫"尊重个人尊严的需求，放弃了让妻子赚取钱财，而是携妻归家去过有尊严的贫寒生活，这些都是并不容易做到的，也因此成为作者笔下的理想人格。

其二，有没有力量和勇气敢于追求“无用之用”，不追求他人和社会的认可，致力于在自我认可中建立内心和谐与安宁。儒家式的个人价值需要用社会成就来证明，因此要得到外在和他人认可的愿望要更为强烈。这固然可以推动一个人的社会进取心，可是一旦受挫，就会陷入自我价值的迷失感和虚无感；相比之下，道家这种不求外在认可，只求自我认可的价值认定方式，会更能成就人的内在定力。无论外在认可是否存在，都动摇不了自己对自己价值的认定，从而拥有丰盈、自信、稳定的内心，而这种丰盈、自信、稳定的内心毫无疑问是促进一个人成长和发展的最有力的力量。

正如《边城》那个著名的结尾：

“到了冬天，那个圮坍了的白塔，又重新修好了。可是那个在月下唱歌，使翠翠在睡梦里为歌声把灵魂轻轻浮起的年青人，还不曾回到茶峒来。……这个人也许永远不回来了，也许‘明天’回来!”无论这个人回来还是不回来，都不影响翠翠坚定的等待，她不会因为期盼而焦虑，也不会因为无望而崩溃。这种强大且坚韧的承受力，让她面对外在的风云，能够有力量保持住纯良且平静的内心，把自己的人生坚持下去。

作为理想人格的象征，如翠翠一样的《边城》众生，平凡而且寻常，没有显赫的社会地位，也没有过人的身份和影响，但在作者笔下，他们个个都有着重要的成就，这就是道家所追求的心灵成就。

请思考

1. 沈从文对中国传统文化的评价与五四时期有何异同？
2. 沈从文对儒家理想人格进行了怎样的演绎？请尝试作出简略总结。
3. 道家人格理想对《边城》的影响，从哪些地方可以体现出来？

第五讲

汉字文化例说：从汉字构形看汉字的文化蕴涵功能

王智群[①]

一、凡解释一个汉字就是作一部文化史

文字与文化的关系非常密切。“文字是文化的产物，又服务于文化，促进文化的发展，它自身又是文化的一个部分。”[②] 汉字作为自源文字，是世界上唯一仍在使用的由象形文字发展而来的表意文字，传载了几千年的中华文明，在整个世界文化史上具有特殊地位。从汉字入手研究中国文化，对于文字学、文化学都具有重要意义。陈寅恪说：“依照今日训诂学之标准，凡解释一字即是作一部文化史。”[③] 这是对汉字与文化关系的精辟概括。

汉字本体承载文化信息无疑是通过其构成要素——形、音、义。音、义是文字记录语言时用有形的符号去反映的对象，文字的音和义能传递文化信息是文字的共性。而由于表音文字是以形记音，表意文字是以形表

---

① 王智群，江苏扬州人，毕业于华东师范大学中文系，获文学博士学位，现为华东政法大学文伯书院讲师，研究方向：汉语。

② 何九盈：《汉字文化学》（第 2 版），商务印书馆 2016 年版，第 34 页。

③ 沈兼士：《“鬼”字原始意义之试探·附录：陈寅恪先生来函》，载《沈兼士学术论文集》，中华书局 1986 年版，第 202 页；陈寅恪：《书信集》，载《陈寅恪集》，三联书店 2001 年版，第 172 页。

义，所以，作为世界上唯一仍在使用的表意文字，最能体现汉字特点的就是汉字字形的文化蕴涵。拥有悠久历史的汉字就如同历史文化的化石，追溯它的古文字字形，探索字形与字义的联系，就有可能揭示古代的自然与社会现象，反映古人的思维与认识。

以“臣”字为例：

“臣”的甲骨文字形是，这是一只竖着的眼睛，这样的字形如何来表示“臣”的意义呢？原来“臣”的本义是奴隶，地位低下的奴隶常处于俯首、跪拜的状态，此时，眼睛即呈竖形。“臣”后来所指的官吏，也常俯首、眼呈竖状。古人就是抓住了臣的这一姿态特征而选取竖着的眼睛作为“臣”的字形。所以，“臣”的字形就隐含了臣的身份地位。

再如“为”字：

“为”是繁体“為”草书楷化而来，小篆作，许慎在《说文解字》中解释为“母猴”，这是由于许慎没有见到甲骨文、金文而根据小篆字形作出的误释。“为”的甲骨文作，字形清晰地显示出一只手和一头象，如此具象的字形怎么跟表示抽象意义的“为”联系起来？这是挑战今人认知的古文字。难道是古人手牵大象表示“劳作”义？如果推测成立，那么这一定是普遍现象才能进入古人造字的视野。那么，大象一定大量地生活在中原一带。何以今天中原没有大象？是否中原一带曾经是适宜大象生存的热带气候，后来气候巨变，大象才消失了？如此一连串的推论下来，要想确证，必须有大量的历史文献论证，并涉及历史地理学、动物学等。所幸，所有的推论已得到证实。如《吕氏春秋·古乐篇》：“商人服象，为虐于东夷。”殷墟遗物中也有许多象牙和象牙祀器。历史地理学也已考证出远古时代中原地区气候温暖。“为”的古文字字形与字义的联系恰恰提供了如此丰富的历史文化信息。

无疑，“臣”“为”字的文化蕴涵功能是非常强的。说汉字是文化的化石，从它们身上看再明显不过了。当然这两个字是典型例子，并非所有的汉字都能承载如此丰富的有价值的文化信息。汉字字形的文化蕴涵功能有哪些不同表现，有何规律特点，就是我们想要讨论的内容。

二、从汉字的构形看汉字的文化蕴涵

汉字字形研究最受重视的就是汉字的结构，因为这和许慎开创的“以形析义”紧密相关，而且在汉字结构的分析中能够探求本义。那么，这样的形义探求正是汉字文化蕴涵功能分析所需要的。关于汉字的结构，最有影响的是“六书”说，尽管它存在不少问题，但它对认识汉字的形义关系是有帮助的，而且后人提出的“三书”说等也不尽完善。所以，我们依据戴震的“四体二用”说，取“六书”中的前四书，即象形、指事、会意、形声作为汉字结构的分类。

（一）象形字的文化蕴涵

许慎阐释象形字为“随体诘诎，画成其物”，基本上概括了象形字的构形特点，并且表明象形字对应的是客观事物。象形字的形与义是直接契合的，正因为此，一般来说，象形字蕴涵文化信息的机会就很小。如常见的描摹客观事物全貌的：自然界的事物“日”，甲骨文作；“水”，甲骨文作；植物“木”，甲骨文作；动物“鹿”，甲骨文作；人的身体部位“耳”，甲骨文作；人造物“门”，甲骨文作；都是“见形识物”“望文知义”。描画客观事物局部特征的：“牛”字甲骨文作，“羊”字甲骨文作，分别描摹牛角上弯和羊角下弯的特征。还有为了准确表示某一事物，将其依附物也一并画出的：“州”，甲骨文作，画了一小块陆地，也画了周边的水，以表示其本义“水中陆地”。“眉”，甲骨文作，画毛发及它下面的眼睛，以示眉毛。“瓜”字甲骨文作，“果”字甲骨文作，分别是圆瓜上附加与瓜类相关的藤蔓，圆果下附加与果子相关的树木，从而避免与同形事物相混淆，准确表示所对应的事物。这三类基本概括了象形字“画成其物”的不同方式，不管哪一种方式下的象形字都没能传递有价值的文化内容，因为它们的形与义直接对应，我们今天也很容易认识。这是绝大部分象形字在文化蕴涵方面的情况。

但是，也有少部分象形字能够传递有价值的文化信息，原因在于字形所描摹的事物或现象仅限于古代。比如，“册”字，甲骨文作，表示用绳线编结长条物，即竹简，字形记录了古代书籍的特有形态；“女”字，甲骨文作，表示女子敛手跽坐，这一形象反映了古代女子的身份地位低下。还有被借做他用的象形字，由于它原来所表示的事物湮灭了，那么该字形恰恰成了该事物的历史证明。比如，“我”字，甲骨文作，表示戈一类的武器，后来被借用表示第一人称，而原来所指的这种武器也渐渐消失了；“豆”字，甲骨文作，表示一种饮食器皿，“即”“既”两字中的左半部分即属豆类的食器，甲骨文作、，分别表示人靠近食器、人吃完头转离食器。“豆”后来被借指种植物大豆，本义没有再造字。那么，“册”“女”“我”“豆”四字就如同记录历史的化石，解读它们，就像是在解读历史。

（二）指事字的文化蕴涵

文字学上的指事字是指用抽象符号表示事物或概念，从构形来看，主要有两种：

一是由纯粹的符号构成，如许慎所举的例字“上”“下”。甲骨文“上”作，“下”作，长横表示参照线，一点或一短横指示方向位置，在上就表示“上”，在下就表示“下”。它们的字形是直接描摹字义的，也容易为我们认知，所以不具有文化蕴涵。同样由纯粹符号构成的数字也属此类。不过，数字可以从另一个角度反映出文化价值：“一”“二”“三”“四”“五”的古文字作一 二 三 亖 X，这是对远古刻符计数和算筹计数的描摹；“十”“廿”“卅”的金文作，这是对结绳记事的描摹。二者正可以对追溯先民的记数手段提供参证。不仅如此，后者还能对汉字起源问题作出补充，因为结绳是实物记事，“十”“廿”“卅”说明实物记事也产生了文字。

二是由象形字加上一个抽象的指示符号而构成指事字。如以象形字“木”为基础，在它的根部加一个指示符号为，即“本”，表示树根；在“木”的顶端加一个指示符号为，即“末”，表示树梢；在“木”的中间加一个指示符号为，即“朱”，表示树心为红色。以象形字“刀”为基础，在刀口加一指示符号为，即“刃”。这类指事字多是表示具体事物，基本不具备传载历史文化信息的功能。其中，“朱”的字形与字义的联系超出今人的认知，可以帮助我们了解古人的认知。

又如“寸”字，在象形字“又（手）”下加一指示符号即，指出“寸口”这个部位。“寸口”是中医诊脉的地方，距离手腕一寸长。用这个具体部位来表示长度单位“十分”，不得不佩服造字者的神来之笔，同时能看出中医在当时已深入人心，可见我国传统医学的悠久历史。“寸”字与“本”“末”相同的都是描摹具体事物，不同在于字义表示的是抽象概念，于是“寸”就有较多可能传载有价值的历史文化信息。

有几个字在结构分析中归入象形或指事存在不同看法，由于它们符合字形描摹具体事物、字义表示抽象概念这一特点，即与“寸”相同，姑且放在这里讨论。“大”字，甲骨文作，是正面站立的人的形象，可见在古人观念中，人顶天立地为大。“屰”，古“逆”字，甲骨文作，是头朝下的人，以之表示倒逆。“力”字，甲骨文作，是耕作农具耒，具象的字形与抽象的字义之间的联系比较曲折，原来造字者认为人的体力最能从农具耒上体现出来，而且为当时人们普遍接受。对今人来说曲折的形义联系恰恰是有价值的文化蕴涵，因为它反映了农业在造字时代的兴盛，并深刻影响了当时人们的生活和思想。前面所举的“臣”字从汉字结构来分析也属此类。

总的来说，指事字和象形字在汉字中的量都不多，指事字更少一些，它们的文化蕴涵功能也都不强。

（三）会意字的文化蕴涵

许慎对会意的解释是“比类合谊，以见指撝”，也就是并列物类（构字部件）拼合意义，由它们的某种联系来体现字义。如此，字形和字义之间是留了一定的空间供人们联想的。这样的构字特点已经决定了会意字有较多机会传载有价值的历史文化信息。当然还需要具体分析。

会意字从构字部件同异角度来划分有同体会意字和异体会意字。同体会意字如双“木”为“林”，三“木”为“森”，两人为“从”，三人为“众”，它们就不具有文化蕴涵，这是古今一致的物象，也符合今人常识。当然这只占会意字的一小部分，会意字中更多的是异体会意字。

异体会意字可以从另一个角度来分类。有图画式会意字：如“秉”字，甲骨文作，金文作，以手抓着禾表示秉持；“宿”字，甲骨文作，由三个构字部件合成，表示人睡在屋里的簟席上。有偏旁式会意字，与图画式的区别在于强调构字部件之间的方向性：如“莫”，“暮”的初文，甲骨文作，以日在丛林或草丛之中表示太阳将落下；“突”字，甲骨文作，用犬从洞穴中窜将出以示猝然义。有主从式会意字，一般由人或动物与其某种器官的形符构成，表示该器官的功能或行为：如“臭”字，“嗅”的初文，甲骨文作，以犬和鼻（“自”是“鼻”的初文）构成，选取狗的嗅觉特别灵敏这一特点来表示嗅觉义；“企”字，甲骨文作，人站在一只脚上，意为人踮起脚尖。有连读成义的会意字，如“小土”为“尘”，“不正”为“歪”，“山石”为“岩”。这些会意字基本不具备传载有价值文化信息的功能，至多反映古人独特的认知，如“秉”持的是禾而非其他、“突”是犬出而非其他，除此，没有更有价值的内容。

不过，以上所举的都是容易为人理解的会意字，不能代表会意字文化蕴涵的特点。而且会意字的文化蕴涵功能与其图画式或偏旁式等特征关系不大，而在于其需要意会的古人的造字思维是否与今人的思维规律相符合或者能够为今人所理解，古今差距越大，其文化价值越大。

如“取”字，甲骨文作，字形是以手取耳。取用手好理解，但为什么取的对象是耳呢？这不是今人仅靠发挥想象所能解决的。原来，古代打猎捕兽或者战争杀敌，一般需要割下左耳作为论功的凭据。《周礼》明确记载：“获者取左耳。”“取”字字形就是对此文献记载的确凿印证。汉字就是如此神奇，某一文化现象的图景转化为汉字字形，经数千年传承演变，直到今天，就如记载此文化现象的文物一般呈现在我们面前。

如“败”字，本义是坏，甲骨文作，手持棍棒打坏贝壳。字形体现字义很清晰，关键还得理解古人的造字思维。为什么选择贝壳作为被打坏的对象，而非其他事物？就如“取”一样，一定是关系到对古人相当重要

并为人们普遍接受的一种现象。确实，贝壳不只是贝壳，而是货币，象征着财富珍宝。造字者正是选择了人们珍视的贝壳来加强“坏”义。贝壳曾作为货币在历史上流通过，这一点文献中有记载，“贝”字本身是象形字，无法体现这一文化现象，但在会意字“败”中得到了间接呈现。

再如“男”字。前面说过与之相对的“女”字，是画出女子并突出女性地位特征。若说造字法与“女”相类的表示男子的字是“夫”，甲骨文作，是正面站立的人头上插一发簪类饰物表示束发的成年男子。当然也有学者认为插簪说为误，一横是为了与“大”相区分。要突出性别的“男”字，不同于“女”“夫”，而用了会意造字法，以田和力会意，力是耒，甲骨文作，这恰是一幅农耕图，图中缺少的主角正是字形所要表示的字义“男”。让今人费解的是，今天的农业生产男女都参与，为什么用农耕之事来代表男性呢？理解有困难、古今有差异，这正是“男”字的文化价值所在。“男”字的形义关系正反映了原始农业的情况，由于农耕对体力的特殊要求以及社会分工等原因，使得男性主要负担了农业生产任务，男耕女织文化也由此见端倪。

有些会意字的造字思维扑朔迷离，今人在理解时会有不同的结论，随着理解不同其文化蕴涵也就不同。

如“家”字，这是一个被关注得很多的字，因为它关系到社会组织结构的形成。何谓家？家是何时产生的？汉字“家”能提供什么样的信息呢？这个会意字由屋子下面有一头猪构成，甲骨文作。家需要有屋宇是自然的，无关乎茅屋还是楼宇。屋子下一头猪的意义可不一般，因为这不符合今人的常识，所以不同的理解主要围绕着这一点。有一种观点是说猪为祭品，因为平民百姓条件有限，没有专门的宗庙，所以在家中祭祀。另一种观点是说人猪共住，并举现在云贵一带苗族人所居的“栏干”为例，上层住人，下层养猪，所以猪在屋下确实是家的形式。也有认为“家”字是讹误，屋下一定有人。我们认为“家”字的构成肯定有其理据，除了第二种观点中的文化现象可做支撑，还在于猪可能是人类最早的畜养动物，这意味着人类最初渔猎生活方式的改变，并且“猪是上古家庭最先拥有的最主要的私有财产”[1]。不仅如此，“豕”还和女人联系在一起。因为负责畜养工作的是女人，而且是在家养，未必是在家中，但一定是在家的范围内，相对于男人外出耕作、狩猎，体现“男主外，女主内”的家庭分工。《左传·文公十八年》：“男有室，女有家。”《国语·勾践灭吴》：“生丈夫，二壶酒，一犬；生女子，二壶酒，一豚。”应该都是和家的形式、家庭男女分工有关。

再如“与”字，这是“與”字保留特征的简化。金文作，外围是四只手，像两人相交某物，交与物即中间部分，但是何物一直不甚明了。有人说是舟形，为盘，用以承物。朱芳圃提出“與，像两人用手钩牙之形”[2]，看似匪夷所思，其实背后蕴涵了极其独特的文化景象。陈松长在朱芳圃观点的基础上，结合于省吾对“礜、與古通”的论证，从民俗学的角度揭示了“两人用手钩牙之形”与“礜”义之间的关系，即其中所蕴含的先民意识中的特殊意念。[3] 首先是凿齿拔牙的习俗及理念在历史文献中早有记载，《山海经·海外南经》中有“羿与凿齿战于寿华之野”，《淮南子·地形训》中有“凿齿民”。《太平御览》卷七八〇：“夷州民，女以嫁，皆缺去前上一齿。”《博物志》卷二：“荆州极西界至蜀，诸民曰獠子。妇人妊娠七月而产，……既长，皆拔去上齿牙各一，以为身饰。”由文献记载可知，凿齿拔牙是在女子出嫁或男子成年的特定场合才举行的一种特殊礼仪，它是男女成年，步入社会的一个特定标志。其次，在现代考古发现中，凿齿拔牙的习俗也有遗存，如山东兖州王因、秦安大汶口、曲阜西夏侯、膺县三里河、江苏邳县大墩子、湖北房县七里河、福建昙石山、广东增城金兰寺村、佛山河岩以及台湾屏东县鹅鼻和恒春镇垦丁等，遍布南北各地。再次，在西方文献以及当代原始部落中，都记录或保存了凿齿拔牙的习俗。《当代原始部落漫游》一书记载：“奇怪的是，缺一颗牙，表示一位妻子的身价更高。一个南巴人的妻子又要想晋升到更高的等级，就必须

① 戴家祥主编：《金文大字典》，学林出版社 1995 年版，第 908 页。

② 朱芳圃：《殷周文字释丛》，中华书局 1962 年版，第 115 页。

③ 参见陈松长：《“與”字索源》，载《于省吾教授诞辰百年纪念文集》，吉林大学出版社 1996 年版，第 262—265 页。

心甘情愿地牺牲一颗门牙，在这种痛苦的仪式中，她的丈夫或是另外的男亲戚，用一根短棍顶住她的牙齿，用石头敲打这棍子，使牙齿松动，然后用手拔去。”这简直就是对“舆”古字形的生动再现。除此之外，笔者在儿时记事时，还能见到成年男女以镶金牙、银牙为美，并非龋齿后补牙，而是刻意为之；对一些长者来说，更是身份的象征。所以，凿齿拔牙是一种荣誉的标志。“舆”字以“两人用手钩牙之形”来会意，正是古人以拔牙为荣耀这种特殊文化现象在文字上的形象折射。

“家”字和“舆”字在揭示字形与字义关系时都使用了民俗文化作为重要凭据，而一旦揭晓形义关系，这凭据就成为字形的文化蕴涵。其实，这正是汉字与文化相互依附的辩证关系。汉字是文化的映射，将文化现象浓缩成字形，像化石一样封存流传；历数千年至今，需要对应的文化现象来解码，汉字形义得以准确诠释，“化石”的文化蕴涵价值也就得以发掘。

（四）形声字的文化蕴涵

形声字不同于象形字、指事字、会意字，它具有了表音的声旁，不是纯粹的表意字。字形中的一半不具有表意功能，剩下的只占一半的形旁很难完整地、明确地表达整个形声字的字义。比如，“拍”，形旁“手”表示用手拍打，但是不能描绘出拍打的动作；“河”，水体形式的一种，所以是“水”旁，只表示类属；“骑”，形旁“马”表示被骑的对象，同样不能表现骑行的动作。而且这些形旁构成的形声字有很多，依靠形旁并不能区分彼此的意义，如“打”“推”“扶”“摸”与“拍”有何不同，“江”“海”“湖”“溪”与“河”有何不同；“马”旁除了“驮”“驱”“驰”“驶”等表示动作的形声字，还有“骐”“骥”“骏”“骊”等同属马类的形声字，它们的字形都不能完整地表达字义。有人会说有些形声字能准确表意，如“浅”，“氵”旁表示与水有关，“戋”声旁往往表示细小义，所以合起来表示水不深。但这是“因声求义”，不是我们讨论的范围。

如此看来，一方面，形声字形旁表意功能削弱了，不能准确表意；另一方面，形旁表示类属、对象、工具等多种可能，形与义的关系比较复杂，也就是曲折间接。这样说来，形声字的文化蕴涵功能就呈现出两个特点：一是由于形义关系曲折，形声字比较有机会传载文化内容；二是由于表意功能削弱，形声字的文化蕴涵也就比较隐晦。比如：

上面说到的“马”旁，它组成的形声字中的“驿”字，它所指的驿站是古代供传递公文的人途中休息的地方。之所以用“马”作形旁，是因为驿站还具有更换马匹的功用，而且更换马匹是驿站的最主要功能。“驿”字所联系的是古代信息、物资运输组织状况。我国是世界上最早建立组织传递信息的国家之一，邮驿历史长达3000多年。不管是公文、情报还是物资的运输，最初的交通工具都是马。而马的耐力是有限的，在疾速奔驰了一定时间后，要么累倒，要么速度大大下降。所以为了保证运输物件及时送达，也为马匹休整以备后用，就需要在运输线路中的某一个地方设立马匹更换点，这就是最初出现的驿站，后来功能逐渐增加。“驿”字的构造正抓住了驿站的关键意义。我国邮驿历史悠久，但遗址、文物保存并不多，“驿”字恰好可以作为补充史证。

如“物”字，从“牛”“勿”声，《说文》解释“万物也”。表示天下万物的“物”为什么独独以“牛”作表意符号？《说文》还有一段解释：“牛为大物，天地之数起于牵牛，故从牛。”这句话已经表明牛不是一般的事物，是“大物”，但不是形体上的大物，而是“天地之数起于牵牛”，对人类社会有非同一般的地位和作用，我们会想到农耕对牛的依赖。看起来，“物”字从“牛”旁大概得到了解释，其实不然，这里面有着深刻的历史文化内容需要挖掘。刘志基先生对这个问题做过论述[①]，现略做转述。同样由“牛”参与构造的一个形声字和一个会意字能够部分说明牛的独特地位，即“犒”和“牢”。“犒”从牛，是因为犒赏军队所用的就是牛。春秋时著名的“弦高犒师”，弦高正是假借郑国国君之名，以12头牛犒劳秦军而智退秦军。“牢”字本义指圈养的专供祭祀的牲畜，包括牛、羊等。《礼记·王制》：“天子社稷皆太牢，诸侯社稷皆少牢。”注曰：“牛曰太牢，羊曰少牢。”可见牛是最高等级的牲品。而且，牛作为牲品和犒品，所关系的正是古代社会最重视的两件大事，“国之大事，在祀与戎”（《左传·成公十三年》）。牛的非同寻常，由此可见一斑。牛既然是非常之牲，它就不

① 参见刘志基：《汉字文化综论》，广西教育出版社1996年版，第14页。

能随意宰杀。古代律法中明确规定不得私自杀牛，如有触犯，要受到相应的刑罚。这一点在文学作品中都有反映，有人专门统计过明清时期的几部著名小说，发现极少涉及屠牛、食牛，唯独《水浒传》中稍多，占到全部屠宰、吃食活动的1/3，这恰是因为屠牛、食牛与该书“犯上作乱”的性质相吻合。以上是说明牛作为食物非同一般，另一方面，牛在农耕社会中有着重要作用。也有相应的汉字能说明这一点，如“犁”，本义“耕也”（《说文》），正体现了在农业耕作中，牛是人类最得力的帮手。联系前面说过的“男”字，人持耒耕田，由于对体力要求高，所以是由男人承担的。这是一份非常艰辛的劳作，后来牛帮男人分担了。这是现代人依然熟悉的画面，牛在前面拉着犁，承担主力，男人在后面手扶着犁，鞭指牛的方向。牛这一帮助，就是几千年。所以，汉语里都留下了“孺子牛”“老黄牛”这样的词语，代表勤勤恳恳、脚踏实地的形象。人们为了表达对牛的感激之情，特意设定了牛的生日，在四月八日这一天，让牛休息，给牛吃好的食物。牛对人类社会举足轻重的影响，自然赢得人类的重牛意识，这就是“物”字背后深刻的历史文化蕴涵。

再如“红”“绿”“紫”等表示颜色的形声字，都以“糸”作形旁表义。“糸”是束丝，是服装的材料，是染色的对象，所以取它作形旁。看起来形义关系已明了，也没有更多的文化蕴涵。但如果追问一下，为什么是服装的“糸”？而非同样是染色对象的房屋的“瓦”、橱柜的“木”？并且联系一下颜色词发生发展的轨迹：在甲骨文、金文中很少能找到表示颜色的字，唯有表示抽象概念的“颜”“色”，但其本义并非颜色，而是表示脸部、脸色；成书于东汉的《说文解字》一下子收录了几十个颜色字，如“红”“绿”“紫”“绛”“绯”“素”“缟”“绀”“緅”“綦”“缁”“缇”“缃”“缥”“緂”等；但是到了现代，这些颜色字又大多成为死字淡出人们的视线。这是为什么？如果把这个问题回答了，就自然能理解颜色与服装的密切关系以及对彼此的重要意义，那么，颜色字以“糸”为义符也就理所应当了。刘志基先生也专门讨论过这个问题[①]，原来，这与人类学家调查人类颜色概念产生发展的发现相一致，“色调的数量随着文化程度的增加而

① 参见刘志基：《汉字文化综论》，广西教育出版社1996年版，第119页。

增多……越复杂的社会所需要的颜色词可能越多，这是因为他们拥有更多的可以由颜色区别开来的装饰品，或者是因为他们拥有更为复杂的制备各种染料和涂料的技术。”① 当人们处在用兽皮羽毛草叶裹体的阶段，没有需求也没有条件去在服饰上着色，所以早期汉字基本无颜色字。当“糸”成为人工织物的原料后，服装染色就变为可能。与之同时，人们对服装颜色也有了复杂的需求，而且是与身份、地位紧密相连的。如“黄”是皇帝专用服色；“朱”是尊贵者服色；“紫”一开始是邪僻之色，后来日见得宠，“紫袍金带”“紫气东来”都可见其尊贵；“青”则前尊而后卑，由东方“青帝”到“青楼”女子，“青”的地位沦陷是因与之色近的“绿”的卑贱而祸及；同样卑贱的还有“皂”，即“黑”“黔”，从“黑衣”代称宫廷侍卫、“黔首”代称庶民可见一斑。如此，服色成为封建社会礼制的重要象征，这必然促进颜色概念的发展，体现在颜色字上就极尽可能地细致，如“绀（gàn）”，青而含赤色；“缲（zǎo）”，帛如绀色；“缇（tí）”，帛丹黄色；“縓（quán）”，帛赤黄色。今人对颜色具有的特定意义不陌生，如紫色象征高贵仍存在于大家的观念中，但对“绀”等众多颜色词肯定难以分辨其意义，也没有必要，因为它们不再有社会意义，这也是现代颜色词衰退的原因。如上，正是“糸”作为颜色字义符的文化蕴涵，简言之，就是以“糸”作为材料的服饰，染上颜色后承担了封建礼制中等级区分的社会职能，并与封建社会共盛衰。

“物”字和颜色字的文化蕴涵的深度挖掘，充分体现了形声字作为文化符号的总体特点：隐晦性强，而一旦发掘出来，就收获甚丰。不过，也有一些形声字的文化蕴涵相对浅显，也容易发现。如“镜”字，以“金”作义符，与今天的镜子材质不符，但记录了镜子发展史中的一个特殊形态——铜镜；“理”字，义符是“玉”，与今天梳理具体事物尤其是抽象事物的对象相去甚远，原来“理”的最初对象是玉石，玉藏在石中，剖理而得，和氏璧就是最好的注脚；“碗”字，以“石”作义符，显然表明远古时期人们使用的是石碗。这几个字的共同点是它们对应的事物或现象已随

---

① 〔美〕C. 恩伯、M. 恩伯：《文化的变异》，杜杉杉译，辽宁人民出版社 1988 年版，第 132 页。

着社会发展而发生变化，却还沿用造字之初的义符，于是就记录了该事物或现象最初的形态或特点。

三、汉字构形的文化蕴涵功能

以上的分类举例分析显示出，象形字、指事字的文化蕴涵功能较弱，会意字、形声字的文化蕴涵功能较强。这是从总体上相对而言，不是绝对的，因为象形字、指事字中也有一部分字蕴涵了某种历史文化信息，而且是比较直观和确定的；会意字、形声字中也有不少并没有传载历史文化内容。为便于对照，这里把上面所分析的例字及其文化蕴涵情况简单罗列于下：

汉字结构	文化蕴涵	例字	序号
象形字、指事字	无	日、水、木、鹿、耳、门、牛、羊、州、眉、瓜、果；上、下、一、二、三、四、五、本、末	(1)
	有	册、女、我、豆；十、廿、卅、朱	(2)
		寸、大、屰、力、臣	(3)
会意字、形声字	无	林、森、从、众、秉、宿、莫、突、臭、企、尘、歪、岩；拍、河、骑	(4)
	有	取、败、男、家、与、为；驿、物、红（等颜色字）、镜、理、碗	(5)

我们不难发现，汉字的文化蕴涵功能强弱与汉字的结构方式有关，但并不完全取决于结构方式。这需要进一步讨论。

一方面，汉字的结构方式影响汉字的文化蕴涵功能。主要表现为：象形字和指事字的字形与字义关系紧密，换句话说，象形字和指事字的字形多能直观地显现字义，相应的，它们少有机会传载有价值的历史文化信息，指（1）类例字；与此相反，会意字和形声字的字形与字义关系松散，换句话说，会意字和形声字的字形多曲折地表现字义，相应的，它们就有比较多的机会传载有价值的历史文化信息，指（5）类例字。“从理论上说，形义联系越松散，其联系的轨迹也就越是曲折迂回，而越多的曲折迂回，就有越多的机会旁及种种相关的历史文化内容及先民观念意识，进而将某种有价值的历史文化信息蕴涵于汉字中。"[①] 所以，汉字字形与字义联系的紧密性，是影响汉字构形的文化蕴涵功能的重要因素。而且，汉字结构分析有分歧的（3）类例字正是形义关系曲折，它们的字形描摹具体物象，但表达抽象字义，因而能够传载有价值的历史文化信息。

另一方面，汉字的文化蕴涵功能强弱不完全取决于汉字的结构方式。主要表现为：一些象形字和指事字的字形与字义关系紧密，但字形描摹的物象仅限于古代，那么，它们就有了历史文化价值，指（2）类例字；一些会意字和形声字的字形虽然曲折地表现字义，但是因为古今物象一致、容易为今人理解，那么，它们就没有包蕴文化内容，指（4）类例字。所以，字形所描摹的物象古今是否一致、是否容易为今人理解，是影响汉字构形的文化蕴涵功能的另一个重要因素。而且这个要素的决定性更强。前面说到，不具有文化蕴涵的（1）类例字是由于形义直接对应，同时，它们所描摹的物象也是古今一致的；具有文化蕴涵的（5）类例字是由于形义曲折对应，同时，它们所对应的物象大多是古今不一致的，今人就不容易理解。

总结起来，汉字字形的文化蕴涵功能取决于两个要素：字形与字义联系的直接性或间接性，以及对应的物象是否古今一致、今人是否容易理解。不过，对于汉字文化蕴涵功能的讨论，是站在今人的立场上，补充今人对历史文化的认知，它依赖于由时间拉开的差距，存在相对性；再者，对汉字形义关系的认识是见仁见智的，存在主观性。这都是汉字文化研究中需要注意的问题。

请思考

1．"凡解释一个汉字就是作一部文化史"，你怎么理解这句话？

2．汉字的结构方式对汉字的文化蕴涵功能有什么样的影响？

3．形声字"镜""理""碗"的义符比较直观地传载了历史文化信息，请再举出两三个这样的形声字。

---

① 刘志基：《汉字文化综论》，广西教育出版社 1996 年版，第 224 页。

第六讲

中国古代文化产业的历史脉络①

臧志彭②

请思考：下列三个案例是否属于文化产业范畴？

案例1：大书法家王羲之在1600多年前（东晋永和九年，公元353年），邀请了谢安、谢万、孙绰等众多天下名士齐聚会稽山（今浙江绍兴）。会稽山有一条小溪，美名兰溪，溪畔有一兰亭。文人雅士们一道在兰亭曲水雅集，好不快哉！

案例2：扬州八怪本来生活潦倒，在扬州结交当地盐商后，出门有车坐，吃饭有鱼肉。八怪中有多人都曾寓居在大盐商家中。盐商们为八怪提供了优越的生活，也提供了优越的绘画环境。八怪之首郑板桥曾诗："写来兰叶并无花，写出花枝没叶遮，我辈何能构全局，也须合拢作生涯。"

案例3：唐玄宗时期，李龟年、李彭年、李鹤年三人才华横溢，既善作曲，又善演唱，亦善舞蹈。一曲渭川，名传千古。当时的王公大臣常常请他们到府表演，并为他们精湛的演艺赏赐大量的金银珠宝。

---

① 关于中国文化产业发展历史的研究，目前国内最有影响的是李向民教授2006年所著《中国文化产业史》一书。本文在研究撰写过程中，借鉴参考了该书提供的大量的史料和历史演化逻辑体系，在此特别予以说明和感谢。

② 臧志彭，山东龙口人，复旦大学管理学博士后，美国杜克大学访问学者，现为华东政法大学传播学院副教授，研究方向：文化产业管理。

一、中国古代文化产业史概览

艺术品是最早的商品，文化产业是人类最早的产业（李向民，2006）。

纵览整个华夏文明的历史，文化产业其实一直都有体现，并且在每个历史阶段都发挥着不可或缺的重要作用。这里作者结合李向民（2006）等前人研究，将中国文化产业发展的历史脉络简要梳理如下表所示：

表 6-1　中国古代文化产业发展历史脉络

朝代	文化产业发展状况
上古时期	• 生产闲暇审美娱乐需求 • 文化艺术商品开始出现 • 文化生产工具开始产生
夏商周	• 青铜：最早的规模化艺术生产 • 玉：解不开的千里搬运之谜 • 俳优：第一批职业艺术工作者 • 采诗：文化内容生产在民间
春秋战国	• 物勒工名：艺术品生产责任到人 • 善贾而沽：艺术品交易市场确立 • 滥竽充数：艺术人才专业化分工 • 中山国：最早的艺人培养集聚区 • 街头卖艺：纯粹的艺术市场经济
秦汉	• 兵马俑：超大规模艺术品生产 • 金缕玉衣：遥远的“工匠精神” • 龙氏作竟：离谱的广告营销语 • 丝绸之路：国际文化艺术贸易 • 桑弘羊：巨额顺差源思大战略 • 昭君出塞：画工外快痛悔龙颜 • 职业画工：百姓人家雕梁画栋 • 职业书工：班超投笔弃砚从戎 • 外国艺人：宫廷民间百戏昌盛 • 文学开市：司马相如长门卖赋

朝代	文化产业发展状况
魏晋南北朝	• 书法市场：佣书法书赝品买卖 • 绘画市场：顾恺之创展览收费 • 演艺市场：职业艺人卖艺取酬 • 工艺品：高低市场均获得发展
隋唐五代	• 碑铭行业：韩愈润一字一匹绢 • 诗歌行业：心织而衣笔耕而食 • 书画行业：专职鉴定专业画商 • 书法行业：佣书法书润书写经 • 演艺行业：歌舞戏场随处可见 • 工艺品业：域外珍宝大量涌入
宋辽金夏	• 绘画行业：购销两旺黄金时代 • 书法行业：专业鬻书中介市场 • 文学行业：最早成文稿酬制度 • 演艺行业：形成商业娱乐中心 • 工艺品业：来样加工出口订单 • 出版行业：坊肆刻书遍布全国 • 制造行业：笔墨纸砚裱褙乐器 • 观光旅游：魏池花后门票十数
元	• 绘画行业：价格计量论价尺幅 • 书法行业：名家鉴定身价倍增 • 戏剧行业：勾栏鼎盛场地收租 • 歌舞行业：缠头卖笑日渐没落 • 文学行业：编剧散曲才子书会 • 工艺品业：产业链全商业化深
明	• 文学行业：日本安南上章乞文 • 绘画行业：严嵩千金购《清明》 • 书法行业：多层市场交易量大 • 戏剧行业：专业戏班收入稳定 • 工艺品业：艺精价高远至荷兰
清	• 戏剧行业：近代设备售票演出 • 文学行业：古代向近代的嬗变 • 绘画行业：量超史和画工组会 • 书法行业：市场成熟板桥笔榜 • 工艺品业：外向经营国际高价 • 古玩行业：商贩牙侩历代皆卖 • 唱片行业：洋行销售全新娱乐 • 电影行业：逐渐兴起落户茶馆

资料来源：作者根据李向民《中国文化产业史》（2006）整理提炼。

二、古代文学与出版业的历史脉络

（一）秦汉及以前：文学市场的萌芽

西周：采诗制度——文学市场化的萌芽

男年六十，女年五十无子者，官衣食之，使之民间求诗。乡移于邑，邑移于国，国以闻天子。

——后汉·何休《春秋公羊传解诂·宣公十五年》

采诗，可能是历史上最早带有市场经济性质的文学商业活动。中国历史上第一部诗歌总集《诗经》，其实就是来源于西周初年开始的采诗活动。

国政民情凝化为诗。在没有纸张书籍表达思想的先秦时期，老百姓对国家政策的看法、民间的生活状况都浓缩在一首首口口相传的诗歌中。重视体察民情的西周统治者专门设立了“采诗官”，即采集诗歌的职位，到民间去收集老百姓广泛流传的诗歌。有学者认为，采诗官实际上是中国历史上文化领域最为古老、最具文化品位的政府官职之一；同时还兼任了国家的舆情调查员、新闻记者等有关职能。

从文化产业的角度而言，采诗制度不仅仅是政府舆情监督的工具，同时还在一定程度上刺激了文学的市场化。在货币经济并不发达的先秦时期，物物交换是当时的主要市场交易方式。政府为年过半百且无子嗣的老年人提供衣服和食物，目的是换取他们从全国各地采集的诗词歌赋，实际上是一种以衣食换取诗歌的间接交易。这种间接交易客观上促进了当时以诗歌为主要形式的文学市场的萌动。

西汉：第一部市场化交易的文学作品

观陈皇后失宠于汉武帝，别在长门宫，闻司马相如天下工为文，奉黄金百斤，为文君取酒，相如因为文以悟主上，皇后复得幸。

——宋·王楙《野客丛书》

陈皇后为了获得汉武帝的宠幸，花费黄金百斤聘请当时文学大师司马相如为她写一篇赋，司马相如不负贵金，创作出历史上著名的《长门赋》。这一历史事件的背后实质上是作为货币的黄金购买文学作品的交换关系。宋代王楙的《野客丛书》和清代赵翼的《陔余丛考》都将司马相如卖《长门赋》赚得的百斤黄金视为“润笔”费用。

虽然从周朝、秦汉开始已经有了文学市场化的萌芽，但是也仅仅是萌芽状态。真正意义上的文学市场的形成始于隋唐。

（二）唐代：真正意义上的文学行业

上令内史令李德林立作诏书，高颎戏谓译曰：“笔干”。译答曰：“出为方岳，杖策言归，不得一钱，何以润笔。”

——《隋书·郑译传》

润笔的本意是指写字作画时，毛笔需要先用水泡一泡，使其开散湿软，便于吸收墨汁，用时比较圆润。从隋唐开始，润笔之意延伸为请人写字作文绘画的报酬，而文学作品也进入了真正意义上的市场化、产业化阶段。

碑铭市场繁盛

长安中争为碑志，若市买然。大官卒，其门如市，至有喧竞争致，不由丧家。

——《明史·李东阳传》

唐代文宗时期，每有高官职的人去世，便会有很多人主动上门争抢做碑文的生意，就像在市场上做买卖一样喧哗吵闹，由此可见碑铭市场已经繁盛。有记载说，唐代杰出文学家韩愈非常擅长写墓志铭，曾因撰写《平淮西碑》得绢 500 匹。

王勃：心耕为织、笔耕为食

勃属文绮丽，请者甚多，金帛盈积，心织而衣，笔耕而食。然不甚精思。

——《唐才子传·王勃》

诗人王勃依靠漂亮的作诗文字获得了衣食无忧、金帛盈积的滋润生活，并且成为中国历史上第一位著名的以销售文学作品为职业的人。而在王勃的成功案例示范下，唐代形成了一大批职业文学作家（李向民，2006）。

雕版印刷引致出版业与盗版同时兴盛

雕版印刷术的发明带来了唐代出版行业的质的提升，与此同时，也带来了盗版灰色产业的发展。著名诗人元稹在为大诗人白居易《长庆集》作序时谈到“二十年间，禁省、观寺、邮候墙壁之上无不书，王公、妾妇、牛童、马走之口无不道。至于缮写模勒，衒卖于市井，或持之以交酒茗者，处处皆是。”这里的模勒即指雕版印刷。可见印刷术的发明为唐代社会带来了文化向普通百姓的普及，也带来了盗版侵权的问题。

（三）宋代：商业价值观确立与规范化发展

最早的润笔费用规范化制度

凡草制除官，自给谏、待制以上，皆有润笔物。太宗时，立润笔钱数，降诏刻石于舍人院。

——北宋·沈括《梦溪笔谈》

作为皇帝的秘书班子，翰林学士、中书舍人和知制诰等虽然有才华有学识，但工资水平并不高。不过，他们有个赚外快的渠道：每逢秘书班子为皇帝起草任命官员的诏书时，凡是被提拔到给谏、待制以上的官员，都要给他们润笔费用，然而由于没有标准，难免混乱。宋太宗在位时对润笔费用进行了规范化、标准化，并且下旨在舍人院刻石为据。

虽然这是政府内部关于润笔费用的规范化制度，但实际上间接地也为民间的文学市场提供了润笔的价格参照标准，可以说在很大程度上促进了宋代文学行业的规范化发展。

挂牌卖诗：文学的商业价值观

曹道冲售诗于京都，随所命题即就，群不逞欲苦之，乃求浪花诗绝句，仍以红字为韵。曹谢曰：“非吾所能为，唯南薰门外菊坡王辅道学士能之耳！”不逞曰：“我固知其名久矣。但彼在馆阁，吾侪小人，岂容辄诣？”曹曰：“试持佳纸笔往拜求之，必可得。”于是相率修谒，下拜有请。王欣然捉笔，一挥而成，读者叹服。

——南宋·洪迈《夷坚志》己卷第八

拿文学作品卖钱在宋之前其实仍然不被社会主流所接受，甚至会被讥讽耻笑。然而到了宋代，随着市场化的逐步深入和官方的认可，人们的传统观念开始被商业价值观所替代，润笔取酬、卖文为业变得与其他传统产业一样，开始成为市场经济买卖双方正常交易的商业行为，由此可见宋代文学行业的发达程度。

最早的版权保护规范化体系

雕版印刷术带来文学出版行业盗版横行，针对这一状况，文学作家和出版商也不断增强版权保护意识和方法，到了宋代，逐渐形成了体系化的版权保护模式——牌记。

眉山程舍人宅刊行，已申上司，不许覆板。

——宋刻《东都事略》牌记

谨依监本，写作大字，附以释文。三复校正刊行，如履通衢，了无窒碍处，诚可嘉矣。兼列图表于卷首。迹失唐虞三代之本末源流，虽千载之下，豁然如一日矣。其明经之指南欤！以是衍传，愿垂清鉴。淳熙柔兆涒滩中夏初吉闽山阮仲猷种德堂刊。

——宋刻《春秋经传集解》牌记

宋代出版书，会在封面后面、序的后页、目录页的后页或封底等地方同时印有牌记，包括作者、出版商名号、版权声明等内容。牌记的发明在很大程度上遏制了盗版的猖獗。①

（四）元代：编剧职业化与行业组织成立

到了元代，随着新的表演艺术样式——杂剧的兴起和繁盛催生了大量的剧本创作需求；特别是元初科举制被废，大批读书人失去了科考的阳关大道，其中有很多的读书人以剧作家作为谋生之道，成为元代文学行业重要的职业化人才，也诞生了如关汉卿等一代大家。

随着编剧群体的职业化发展，一些职业剧作家便时常聚集在一起进行艺术交流和剧本研讨，由此便诞生了“书会”这一新生的行业组织。比较有名的书会有玉京书会和元贞书会等。书会一般具备一定规模，组织严密，分工明确，是典型的民间行业性组织。书会的形成对于元代戏剧行业培养戏剧人才、提高作品质量、不断发展成熟起到了非常大的作用。

（五）明代：文学行业发展日趋成熟

发展到明代，古代文学市场已日臻成熟。从作品形式上来看，传统的经典诗歌逐渐走向式微，而小说、戏曲等较为通俗的文学形式日渐占据上风，特别是《三国演义》《水浒传》《金瓶梅》《西游记》等多部名著相继问世，更是掀起了明代小说市场的繁荣发展。

“不炼金丹不坐禅，不为商贾不耕田。闲来写幅青山卖，不使人间作孽钱。”风华绝代的唐伯虎当年这首名诗在抒发文人傲骨的同时，也从一个侧面反映出明代售卖文学作品已成常态。

明朝王世贞的《艺苑卮言》卷八记载“洪武中，日本安南俱上章，以金币乞宋景濂碑文”，可见明代的文学生意已做到了番外邻国。

---

① 参见倪方六：《古人如何对付抄剽盗版之风》，载《北京晚报》2015年11月19日。

（六）清代：文学行业向近代嬗变

清代文学行业最大的、最根本性的变化在于由原来的润笔取酬、捉刀取酬转变为稿费回报，而且由原来的“C2C”（即作家个人到消费者个人）市场模式转变为“C2B2C”（即作家个人到出版商再到消费者个人）的市场模式。

上述模式的转变实际上基于一个产业基础，这个产业基础就是印刷出版业的供应链成熟化。在以往朝代，文学作品是直接由作家卖给消费者，价值链比较简单，仅仅是买卖双方的直接交易。而当印刷出版业发展起来后，作家的文学作品可以在大规模印刷出版后售卖给全国各地的消费者，换句话说，清代的出版商已经建立了比较成熟发达的遍布全国的图书印刷出版供应链网络，基于这个庞大的供应链网络，作家和出版商之间建立了一种近代的市场机制——书稿酬金机制，即通过大规模发行大规模销售获取文学作品的价值回报。

三、古代表演艺术业的历史脉络

原始艺术的起源在于对神灵的崇拜与敬畏。远古时期，在强大的自然力量面前，人类深深感受到靠“天”恩惠、受“天”惩罚的那种渺小，人类只能在努力劳动获得食物等基本生存资料的同时，通过各种祭祀活动希望能够令上天的神灵感到“高兴”进而“赐福”于弱小的人类。于是便诞生了各种娱神的祭祀歌舞活动。古代表演艺术便起源于此。

（一）夏商周：第一批职业艺术工作者

进入夏商周时代，人们大规模组织起来建立国家，生产能力也有了大幅度提升，已经能够正常地满足自身生存需要，对上天神明的敬畏心态逐渐减弱，原来那些能够与神灵通话、传达神灵旨意、懂得祭祀歌舞娱神的大规模的巫师群体社会地位大大削弱，很多中下级的巫师逐渐沦为专职艺人，称为“俳优”。俳优可以说是中国历史上第一批职业的表演艺术工作者。

在转行为表演艺人的中下级巫师中有一部分留在了宫廷，还有很大一部分流落到民间，成为原始表演艺术市场的主要力量，促进了中国古代表演艺术市场从此萌芽。

（二）春秋战国：表演艺术市场初具雏形

到了春秋战国时期，中国古代表演艺术市场开始逐渐成形：

市场已具备、人才有分工

齐宣王使人吹竽，必三百人。南郭处士请为王吹竽，宣王说之，廪食以数百人。宣王死，湣王立，好一一听之，处士逃。

——选自《韩非子·内储说上七术》

著名的滥竽充数的故事实际上反映出当时的表演艺术市场的发展程度——即已经初步形成了一定规模的表演艺术市场，而且在这个市场中有了一批专业的表演艺术人才，并且进行了专业化的劳动分工，已经具备初步的艺术生产供给能力；同时在王公贵族以及民间都形成了一定规模的市场需求。

表演艺术劳动力市场初具规模

中山地薄人众，犹有沙丘纣淫地馀民，民俗懁急，仰机利而食。丈夫相聚游戏，悲歌慷慨，起则相随椎剽，休则掘冢作巧奸冶，多美物，为倡优。女子则鼓鸣瑟，跕屣，游媚贵富，入后宫，遍诸侯。

——《史记·货殖列传》

中山国的故事说明在春秋战国时期有一定规模的群体，他们并不从事农耕活动，而是专门从事娱乐服务行业，已经形成了初步的表演艺术劳动力市场。

昔韩娥东之齐，匮粮，过雍门，鬻歌假食。既去，而馀音绕梁欐，三日不绝。

——《列子·汤问》

伍子胥橐载而出昭关，夜行昼伏，至於陵水，无以糊其口，膝行蒲伏，稽首肉袒，鼓腹吹篪，乞食於吴市，卒兴吴国，阖闾为伯（霸）。

——《史记·范雎蔡泽列传》

韩娥和伍子胥因为没有食物都卖艺假食的故事说明，在当时街头卖艺已经成为全国范围内的普遍存在的民间表演艺术交换关系，也就是说，在春秋战国时期已经初步形成了表演艺术的民间市场。

（三）秦、汉、魏晋南北朝：表演艺术市场已趋成熟

进入秦、汉和魏晋南北朝时期，表演艺术的需求旺盛、供给也更加专业化、规模化，甚至还出现了很多国外表演艺人的商业性演出，可见当时的表演艺术市场已经发展比较成熟。

表演艺术市场需求大

居宇器服，多存侈饰，常坐高堂，施绛纱帐，前授生徒，后列女乐。

——《后汉书·马融列传》

汉代经学家马融在绛纱帐里授徒的时候也要请女乐为伴，可见汉代对表演艺术的市场需求度之高。

外国艺人市场渗透范围广

民俗专家，西北大学教授韩养民在《秦汉文化史》一书中研究指出，山东嘉祥画像石中的人物头戴毛织物、穿紧身衣裤，口中吐火，应该是罗

马艺人，而且出现在当时交通并不发达的山东（李向民，2006），说明外国艺人艺术表演的市场渗透率已经非常之广了。

民间表演艺术靡盛

窃见京邑，爰及外州，每以正月望夜，充街塞陌，聚戏朋游。鸣鼓聒天，燎炬照地，人戴兽面，男为女服，倡优杂技，诡状异形。以秽嫚为欢娱，用鄙亵为笑乐，内外共观，曾不相避。高棚跨路，广幕陵云，袨服靓妆，车马填噎。肴醑肆陈，丝竹繁会，竭赀破产，竞此一时。

——《北史·柳彧传》

魏晋南北朝时期，民间对于表演艺术的需求已近过度，每逢春节、正月十五等节日便大肆狂欢，甚至不惜“破产”，可见当时民间社会表演艺术市场的发展程度。

（四）隋唐：表演艺术进入产业化

进入到隋唐时期，表演艺术市场开始真正实现产业化发展，寺庙、茶楼、酒肆，到处可见专业化的艺术表演团体和专业艺人。

表演艺术场所由流动转为固定

欲说昭君敛翠蛾，清声委曲怨于歌。谁家年少春风里，抛与金钱唱好多。

——唐·王建《观蛮妓》

诗人王建的这首诗侧面反映了当时表演艺术行业已经非常普遍了，同时也反映出菜单点菜式的收费模式是当时表演艺术市场交易的主要方式。除此之外，在唐朝还诞生了一种新的、近代式的设“戏场”收取门票的市场交易方式：

如此两日，稍稍人多，只在崇仁北街。居无何，信伯自省门东出，及景风门，见广衢中，人闹已万万，如东西隅之戏场。大围之。

——《乾𦠆子》

伶党：表演艺术行会的成立

因倦所役，舍主者而去，卷衣诣伶党，著《谑谈》三篇。以身为伶正，弄木人假吏藏珠之戏。

——清《钦定全唐文》

唐代表演艺术人员众多，经常以大大小小不同规模组织在一起活动，以讨论剧本、演艺交流、培训育人等为目的，逐渐形成了行业性的社会组织，称为"伶党"。

（五）宋金：产业集聚形成综合商业娱乐中心

唐代时期依托在佛教寺院内部和周围的戏场发展到宋代又衍生出"瓦子"这种综合性的商业娱乐中心。瓦子里会设置表演艺术场所，即勾栏。瓦子的规模很大，有的瓦子内部设有十几座勾栏，里面说书、唱戏、卖艺、杂耍等各种娱乐活动应有尽有，极其热闹。

如今见在勾栏里，说唱诸般宫调。每日有那一般打散，或有戏舞，或有吹弹，或有歌唱，赚得那人山海价看。

——《水浒传·第五十一回 插翅虎枷打白秀英 美髯公误失小衙内》

发展到金代，勾栏逐渐演变为封闭性的演艺场所，需要先交门票才能入内观看：

要了二百钱放过咱，入得门上个木坡，见层层叠叠团圆坐。

——金·杜善夫《耍孩儿·庄家不识勾阑》

(六) 元：杂剧推动表演艺术产业转型

元代蒙古族统治者和王公贵族由于文化积淀的不同，看不懂高雅含蓄的诗词歌赋和音乐舞蹈，他们更加偏爱通俗热闹的戏剧，推动了整个士大夫阶层的爱好转移（李向民，2006），也导致了整个表演艺术行业逐渐从歌舞为主向杂剧为主的产业转型。

> 俺这里不比别州县。学这几分薄艺，胜似千顷良田。
>
> ——《杂剧·汉钟离度脱蓝采和》

(七) 明：专业演出团体戏班“类公司化”运营

到了明代，戏剧的表演艺术市场非常成熟，艺术生产的组织也更加专业化、规模化，代表成熟演艺团体的“戏班”在明代已非常普遍，而且管理也逐渐规范，形成了类似于演艺公司化的运营模式：

班主类似于戏班这家公司的老板，需要有资金实力，能够有足够的资金做先期投入，包括购置行头、砌末等固定资产；还需要招聘演员、做好演艺人员的培训工作，特别是需要想方设法留住名演员，做好艺术生产工作；还需要具备经营头脑，懂得市场营销技巧，能够招揽观众，让观众愿意为演艺产品买单。

(八) 清：表演艺术行业的近代化、公司化升级

到了清代，随着西方工业革命带来的机器大工业的影响，表演艺术行业的经营场所和设备首先发生了变化，由原来简陋的戏园，逐渐升级为拥有近代化装备的剧场。

在上海十六铺老太平码头附近，京剧艺人夏氏兄弟（月恒、月珊、月润）、潘月樵与上海的大商人李平书、姚伯欣、沈缦云等共同组建公司，创办“新舞台”。新舞台装备了机械转台，安装了新式灯光照明设备，是中国人自己建设的第一座新式剧场。

在戏园戏班经营管理方面，正式建立了公司制的运营模式，表演艺人

需要经过应聘进入戏园，并与戏园签订雇佣合同，在合同期内即为戏园的雇员，艺人的表演收入全部归戏园所有，艺人按月领取薪水。

四、古代书法绘画艺术业的历史脉络

书法、绘画是中国古代艺术的核心精髓之一，凝聚了几千年的文明精华。纵观历史，中国古代书法、绘画艺术市场从秦汉时期开始萌芽发展不断发展成熟。

（一）秦汉：佣书佣画市场初步形成

秦汉时期的书法、绘画市场，主要是受人雇佣为人抄书、写字的佣书市场和受人雇佣为人描摹作画的佣画市场。

> 永平五年，兄固被召诣校书郎，超与母随至洛阳。家贫，常为官佣书以供养。
>
> ——《后汉书·班超传》

班超“投笔从戎”之前，做的工作就是受人雇佣的佣书匠。从《班超传》的记载可以看出，汉代当时的佣书市场已经初步形成，为人写字抄书已经成为比较常见的职业工种。

画像石与画像砖是中国秦代和汉代著名的绘画艺术，画工们用刀代笔在坚硬的石地和砖石上作画，开创了独具特色的绘画工艺。从遗留下来的画像石、画像砖等历史遗迹上可以发现孟孚、李丁卯、改卫等姓名，这些姓名都是当年从事建造工程的画工的名字。由此可见，汉代时期也已经形成了初步的佣画市场。

（二）隋唐：书画行业逐渐形成

书画市场经历秦、汉、魏晋南北朝时期，日臻成熟，发展到隋唐已经完成了初步的产业化发展。

绘画材料变革促进书画行业形成

南北朝时期绘画作品主要是大型的壁画和屏风画，不易移动和市场交易。到了隋唐时期，纸和绢的产业化规模迅速扩大，也为绘画行业带来巨大变革，绘画作品从大幅作品迅速向小幅作品转变，使得绘画的生产、交易和收藏变得更加轻便化。

专业书画商的批量形成

唐代朝廷不惜用重金和加官晋爵来在全国搜寻名人字画，还任命了专门的书画搜访大臣（李向民，2006）。

> 翼便驰驿南发，至都奏御。太宗大悦。以玄龄举得其人，赏锦彩千段，擢拜翼为员外郎，加五品，赐银瓶一，金镂瓶一，马脑椀一，并实以珠。内厩良马两匹，兼宝装鞍辔，宅庄各一区。
>
> ——《太平广记·购兰亭序》

正所谓“上有所好下必甚焉”，在皇家朝廷的强力刺激下，民间出现了一批专门以鉴别书画、买卖书画、进献书画为主业的书画商，从而在很大程度上促进了唐代书画行业的快速发展。

（三）宋：书画行业进入黄金年代

宋代是书画行业发展的黄金年代，从高高在上的皇室贵族到普通的平民百姓，都非常喜爱书画，书画在宋代进入了购销两旺的高速发展期。

书画行业大量集聚

北宋最为有名的书画行业集聚区是大相国寺。在大相国寺聚集了各式各样的艺术品、古玩字画及其配套行业。

> 都城相国寺，最据冲会，每月朔（初一）、望（十五）、三（初三、十三、二十三）、八（初八、十八、二十八）日即开。伎巧百工

列肆，罔有不集。四方珍异之物，悉萃期间。

——宋·王得臣《麈史》

京师诸笔工，牌榜自称述。累累相国东，比若衣缝虱。

——宋·欧阳修《圣俞惠宣州笔戏书》

在大相国寺附近，由于书画作品的集聚，也带来了配套行业的发展，如书画裱褙业、雕版雕刻业、纸墨笔砚业等，特别是文房四宝更是大量聚集在其中，形成了较为完善发达的书画行业集聚区和生态区。

书画中介人——牙侩出现

书画行业的发达使得分工进一步细化，宋代还出现了书画交易的中介人——牙侩。牙侩在宋代书画市场交易过程中充当了重要的中介人角色。

张侍郎典成都时，尚存孟氏有国日屏扆图障，皆黄筌辈画。一日，清河患其暗旧损破，悉令换易。遂命画工别为新制，以其换下屏面，迨公帑所有旧图，呼牙侩高评其直以自售。

——宋·郭若虚《图画见闻志·张氏图画》

书法市场的中间商——鬻书者

除了绘画市场，宋代的书法市场也出现了中介人的专业化分工，被称为“鬻书者”，这些商贩专门从事书法作品的收购和销售，而且在宋代生意做得都很好，可见宋代书画行业市场经济的发达。

时蔡君谟为《四贤一不肖诗》，布在都下，人争传写，鬻书者市之，颇获厚利。

——宋·王辟之《渑水燕谈录》

（四）元：书画艺术家商业意识浓厚、价格体系更为健全

元代基本上承袭了宋代书画行业的繁荣昌盛，而且书画行业也已经形

成了较为普及式的书画作品交易市场，与此同时，书画艺术家们的商业意识也变得非常浓厚。

雅趣吟兴，每发挥于缣素间，苍劲妍润，尤得清致，奉币贽求之者无虚日。

——元·倪瓒《清閟阁集》

以元初著名书法家赵孟頫为代表的元代书画艺术家们都树立了浓厚的商业意识，常常"写字必得钱然后乐为之书"。

元代在绘画定价方面比前朝有很大的创新，特别是引入了绘画作品面积指标作为评估艺术作品市场价值的重要依据。

善画梅，不减杨补之，求者肩背相望，以缯幅短长为得米之差。人讥之，冕曰："吾藉是以养口体，岂好为人家作画师哉！"

——明·宋濂《宋学士文集》

（五）明：书画行业流量大、繁荣超两宋

虽然明朝建国伊始，民生凋敝，书画市场并不景气，但是经过恢复和发展之后，明代的书画市场高速发展，其繁荣程度甚至超过了两宋时期。

在朝为官兼职卖画

在明朝，在朝为官的大臣是可以卖字卖画的，而且有很多的书画精品就恰恰出自于这些文官大臣之手。

夏卿一个竹，西凉十锭金。

——明·王稺登《吴郡丹青志》

形成多种书画经营方式

明代书画行业已经形成了多种书画经营方式，例如有的是通过艺术家与买家的直接交易，而有的是通过裱褙店等进行寄售，还有的是先卖给画商，由画商再卖给消费者等，而且明代越来越普遍地采用画商作为中间商的经营模式。

久困诸生，遂弃去，隐居西湖岳坟侧，携一奇丑女奴供爨，开小肆，杂置书籍、画卷并盆花竹石，索价颇贵。

——清·姜绍书《无声诗史》

（六）清：书画行业明码标价、繁荣空前

进入到清代，中国古代书画市场迎来了发展的最繁荣时期：一是书画艺术作品生产者众多，据统计，清代书画作品数量超过了之前所有朝代的总和；二是在市场营销环节有了重要创新，书画作品开始“明码标价”，彻底颠覆了“艺术耻为商业”的旧有观念。

大幅六两，中幅四两，小幅二两，书条、对联一两：扇子、斗方五钱，凡送礼物食物，总不如白银为妙。

——清·郑板桥《板桥润格》

报纸在清朝末年出现以后，还出现了一些书画艺术家在报纸上刊登“鬻书润例”，为自己的书画作品定价格、登广告、做宣传。

随着明码标价的市场机制发展，书画艺术家、中间商、买家等各类相关人员都在书画市场上活跃起来，书画行业迎来了史上最大的市场交易量，清代的书画行业也迎来了史上最大的繁荣。

参考文献

1. 李向民：《中国文化产业史》，湖南文艺出版社 2006 年版。

2. 张廷兴、董佳兰、丛曙光：《中国文化产业史》，经济日报出版社 2017 年版。

请思考

1. 请梳理中国古代文学与出版业的历史脉络。
2. 请梳理中国古代表演艺术业的历史脉络。
3. 请梳理中国古代书法绘画艺术业的历史脉络。

第七讲

从抒情到叙事：中国传统文学结构的衍变

钱　伟[1]

一

明代以来就有一些敏锐的批评家注意到了文体代迁的现象。李贽、汤显祖、袁宏道等人把时文与先秦文、六朝诗等并列，指出只有时文才是代表了他们那个时代的文体。清代的焦循在此思路下更明确提出了“一代有一代之所胜”：

> 一代有一代之所胜，欲自楚骚以下，撰为一集。汉则撰专取其赋，魏晋六朝至隋则专录其五言诗，唐则专录其律诗，宋则录其词，元则录其曲。[2]

其后的王国维据此又在《宋元戏曲史》中提出了著名的“一代有一代之文学”：

> 凡一代有一代之文学：楚之骚，汉之赋，六朝之骈语，唐之诗，

---

① 钱伟，江苏常熟人，毕业于复旦大学中国古代文学研究中心，获文学博士学位，现为华东政法大学传播学院副教授，研究方向：文化创意产业政策与社会创新。

② 《易馀籥录》，转引自黄霖：《中国文学批评通史·近代卷》，上海古籍出版社1996年版，第852页。

宋之词，元之曲，皆所谓一代之文学，而后世莫能继焉者也。[①]

在《人间词话》中又对造成这种文学体式代迁现象的原因作了解释：

四言敝而有《楚辞》，《楚辞》敝而有五言，五言敝而有七言，古诗敝而有律绝，律绝敝而有词。盖文体通行既久，染指遂多，自成习套。豪杰之士，亦难于其中自出新意，故遁而作他体，以自解脱，一切文体所以始盛终衰者，皆由于此。故谓文学后不如前，余未敢信。但就一体论，则此说固无以易也。[②]

按王国维的解释，任何一种文学体裁到后来都会成为陈套，诗人想要避免为其所缚就要创造出一种新的体裁。而在这些解释的背后，是对诗——这一在唐代达到了其艺术顶峰的形式——从中世文学的末期（宋）[③]开始逐渐衰颓的焦虑。如果撇开这些解释背后的心理焦虑，注意到在诗歌衰落的同时另一种形式的文学作品正悄悄繁荣起来——其标志便是自金、元开始出现的，以《西厢记》《牡丹亭》《红楼梦》等为代表的叙事作品，那么这种文体代迁的现象，尤其是诗歌的衰落，放在文学史发展的长时段中，呈现出来的便是文学结构的调整。新近的《中国文学史新著》已经注意到了这一点：

这一时期（指近世文学萌生期，即金元时期。——引者）文学较之前代的一个明显的不同，就是从抒情文学向叙事文学的转化。可以说，从先秦到宋代的文学是以抒情作品——特别是其中的诗歌——为主，但从金、元开始，就变成以叙事文学——杂剧、小说等——为主了。[④]

---

① 王国维：《宋元戏曲史》，东方出版社1996年版，第1页。

② 王国维：《人间词话》，上海古籍出版社1998年版，第13—14页。

③ 关于中世文学的划分，参见章培恒、骆玉明主编：《中国文学史新著》，复旦大学出版社、上海文艺出版社2007年版。

④ 章培恒、骆玉明主编：《中国文学史新著》，复旦大学出版社、上海文艺出版社2007年版，第518页。

从文学发展来看，在一段时期内总有一种特定的体式[①]成为当时人表达、探寻自我最有效的工具，占据了文学主流的位置，并与其他处于边缘的体式构成一种文学结构。这种结构一旦形成，就必定是相对稳定的，往往会持续相当长的时间。中国文学自形成伊始，就形成了以抒情诗为中心的文学结构。而到中世文学的末期，叙事的重要性逐渐在文学中凸显出来，原来的这一结构开始了漫长的调整。这是一个明显而又隐晦，突出而又漫长的过程。说它明显、突出，是因为从金、元开始一下子出现了很多优秀的叙事作品，从《西厢记》《牡丹亭》一直到《红楼梦》；隐晦、漫长则是说叙事虽然已经开始介入到文学的核心位置，很多敏锐的诗人也早已认识到叙事的作用，但即使在元杂剧中，其曲词的重点仍在抒情，[②] 而诗歌在相当长的时间内在表面上仍占据了中心的位置。直到20世纪初，叙事无论在理论上（以梁启超等人的“小说界革命”为代表）还是在实践上（以鲁迅、茅盾等人的小说创作为代表）都取代了抒情成为文学结构的中心。

那么，自中世文学末期开始的文学结构的调整是由什么引起的呢？下文打算从作家探寻自我的要求与文学形式之间互动的角度来考察这一问题。

二

我们通常把文学形式理解为表达的工具。《毛诗序》中早已指出：“诗者，志之所之也，在心为志，发言为诗，情动于中而形于言，言之不足，故嗟叹之，嗟叹之不足，故咏歌之，咏歌之不足，不知手之舞之足之蹈之

① 按照西方文学概念，文学有三大体式（mode）：抒情诗、戏剧、叙事文（lyric，drama，narrative）。mode一般译为“文类”，这里的“体式”参照了浦安迪的用法。参见〔美〕浦安迪：《中国叙事学》，陈珏整理，北京大学出版社1996年版，第6页。

② 王国维已经看到了这一点。他在《元剧之文章》中说“然元剧最佳之处，不在其思想结构，而在其文章。其文章之妙，亦一言以蔽之，曰：有意境而已。”参见王国维：《宋元戏曲史》，东方出版社1996年版，第102页。

也。”如果搁置关于“志”之内涵的争议，[1] 这里所说的不过是一个朴素的观点：诗是心志的表达；虽然也承认了语言表达的不足。关键是这个所谓的“志”从何而来。

情感、思想的确需要借助特定的语言形式表达出来，但同时人类的内心世界也并不是先在的，它同样也是人类通过语言建构出来的。[2] 一个民族在语言上的探索和积累实际上也就是一个民族的精神世界不断积累、扩大加深的过程。所以，文学形式绝不仅仅是简单的表达工具，它同时也是作家探寻自我，建构精神世界的途径。正是在这个意义上尼采说出了那句令人难忘的警句，“一个人如何成其所是”（Wie man wird, was man ist）；也正是在这个意义上可以把文学史称为一个民族的心灵史。文学中汇集了千百年来所有依靠语言去蠡测个人内心世界，试图以手中的笔来探索自我的真实面目的尝试。他们试图在帝王圣贤规定了的性情、道德、伦理、制度之外，把捉、理解自我情感的丰富世界，探索世俗生活与心灵世界的可能边界。正是在这一代代人的努力之下，我们的感觉才日益敏感精锐，我们的精神才逐渐复杂和深邃。可以说，作家对形式的选择取决于他探求自我、探寻存在的要求。

在汉语文学传统中，诗歌在表达、宣泄情感之外，也早已成为探索、揭示、创造自我的首要途径，并使抒情诗成为早期文学结构的中心。

诗人在诗歌中探寻自我的主要手段在个体写作的第一部标志性作品《离骚》中就已清晰地呈现出来了。具体来说就是回溯与象征，屈原正是借助这两个因素完成了他的自我探求之旅。

首先是回溯的手法。刘知几在《史通·序传》中说：“盖作者自叙，其流出于中古乎？案屈原《离骚经》，其首章上陈氏族，下列祖考，先述厥生，次显名字。自叙发迹，实基于此。”[3] 如果不仅仅局限于通报名姓祖考，那他所说的实际上就是《离骚》前半段屈原对自己过往生活的回溯性

---

① 参见朱自清：《诗言志辨》，华东师范大学出版社 1997 年版。

② 参见〔美〕理查德·罗蒂：《反讽、偶然与团结》，徐文瑞译，商务印书馆 2003 年版。

③ 转引自浦起龙：《史通通释》，商务印书馆 1935 年版，第 70 页。

陈述——基本上以写实的风格自述生平大略，表白自己的心志："纷吾既有此内美兮，又重之以修能"，通过香草美人来展露自己为了实现政治理想而遭受挫折的过程；"余既不难夫离别兮，伤灵修之数化"，说明自己真正感到忧心的并不是个人的际遇；"忽驰骛以追逐兮，非余心之所急。老冉冉其将至兮，恐修名之不立"，为了坚持自己的理想，思所以自处之道，最后的结论是"伏清白以死直"。通过这种回溯性陈述，屈原在书写中反省自己的生平往事，并通过反省使自己的理想更加明确，自己坚守理想的决心更为坚定。

不难看出，在回溯性的陈述中，作者开始自觉地和自我保持一定的距离，通过对自己往事的追述，使自我成为反思的对象。这种手法当然还只是作者在书写过程中探寻自我的一个比较简单但绝不是不重要的方法。简单，是说它具有一种自发的性质；重要，是因为它是使自我成为审思对象的第一步。由于《离骚》中的这种回溯往往需要占有大量的篇幅，而汉语诗歌在形式上越来越趋向于简洁整齐，于是我们在后来的诗人那里看到了对这一手法的改造。大多数诗人在探寻自我的形式中，即使没有放弃回溯，回溯也由历史性（时间性）的改为空间性的了。[①] 而继承了《离骚》这种历史性回溯的，是刘知几早已点出了的"序传"类的文。[②]

《离骚》第二个值得注意的因素是象征。刘勰在《文心雕龙·辨骚》中讲到屈原的影响的时候说："故才高者苑其鸿裁，中巧者猎其艳辞，吟讽者衔其山川，童蒙者拾其香草。"[③] 可见香草美人早已成为《离骚》中最易于辨识的特征。屈原正是用这些美好的东西，最易于使人联想到美善的事物，来作为自己理想的象征。但仅仅看到这一点是不够的，那要像刘勰所讥的那样成为童蒙了。而且这样的象征在《诗经》当中我们也能找到例子。《离骚》里的象征超出前人的地方就在于屈原使它成为探寻自我的工具，成为一个动态的心灵历程。刘勰告诉我们"才高者苑其鸿裁"，《离

---

① 虽然也还有一些诗人不断在尝试写作较长篇幅的回溯性的自述诗，但从总体上来说所占的比例并不大。

② 关于"序传"类的文，可以参见〔日〕川合康三：《中国的自传文学》，蔡毅译，中央编译出版社 1998 年版。

③ 转引自范文澜注：《文心雕龙注》，人民文学出版社 1958 年版，第 48 页。

骚》里的象征如果离开了“鸿裁”的视域，那就成了童蒙手里死的词汇，静态的比喻。只有放在整个文本的框架中，放在屈原探寻自我上下求索的过程中，我们才能看到这里面的象征是动态的，屈原通过想象来驱使象征，最终使象征成为探寻自我的形式。以《离骚》的后半部为例，屈原通过自己与女嬃的对话来解释，同时也是说服自己为什么一定要坚持“伏清白”。但他通过历史的考察找到的“善”“义”这样的理由只是些抽象的道理，这些道理的合理性是通过理性可以晓明的，但理性只能证明道理本身的合理性，而不能说服自己为什么要执着于此。于是，下面三次求女的象征性过程就成为屈原要找出道理之外的理由，为自己找到精神依托的历程。在这个过程中，情感驱动着想象，想象驾驭着象征，使诗人在象征的结构中完成了对自我的探寻。所以，《离骚》里的象征是动态的；和回溯性手法一样，象征也是时间性的。

回溯与象征，屈原在《离骚》中所借助的这两个因素为诗歌成为汉语文学传统中寻求自我的首要途径奠定了基础，而在后来的发展中又逐步走向空间化的呈现并最终凝定在典故之中。下面就分别以阮籍、李商隐作为诗歌发展不同阶段的例子来略作说明。

三

六朝诗人借助于诗歌在内心复杂性的探索上更有所推进。《文心雕龙》称“阮旨遥深”，钟嵘《诗品》说阮诗“可以陶性灵，发幽思”。所谓“遥深”“幽思”，他们都看到了阮籍诗里呈现出来的诗人对自我内心探索所达到的深度。以其《咏怀》中的第十七首为例：

独坐空堂上，谁可与欢者？出门临永路，不见行车马。登高望九州，悠悠分旷野。孤鸟西北飞，离兽东南下。日暮思亲友，晤言用自写。[①]

① 转引自陈伯君校注：《阮籍集校注》，中华书局1987年版，第274页。

由于五言诗的发展，诗人现在可以用更为经济的笔墨，更为紧凑的结构来探索自我的心灵世界了。和《离骚》相比，这首诗虽然仍沿用了回溯与象征的手法，但在具体的表现上已经有了很大的差异。第一句当然仍可看成是回溯性反思，但它并不是对自己整个一生的回顾，而是对自我当下某个行为、某种心绪的反省。这也就是前文所说的，由历史性的回溯转为空间性的回溯。这一转向的意义在于，它使诗人在反思自我把自我对象化的时候，使对象更复杂更丰富了。原来的对象是较为笼统化的自我一生的出处离合，与外在世界的政治、人事等具体因素有着较多的关涉。现在当回溯的焦点转向空间性以后，诗人开始更多地关注于自我的情感世界，专注于人生当中某一点的自我的心绪，以在对此心绪的反省关照中求得自我的实相。阮籍这一句诗所关注的就是自己独坐空堂的那一刻。诗里面的这一刻把自我从自己的历史中抽离出来，使自我摆脱了现实人生的束缚限制，处在纯粹的个体存在的层面。这不仅使作者在后面的反省探索中摆脱了具体现实因素的干扰，得以从个体存在的角度来观省自我，也削弱了因文本中作者个人具体的历史信息过多而使读者产生的隔膜感，使诗的情感更具有普遍性，更能为读者所接受。

“出门临永路”一句以下，自然可以视为写实，是诗人在交代自己因为不堪独坐空堂而出门排遣时的所见；但也不妨把它看成是《离骚》后半段上下求索的缩影。由于作者关注的是当下的心绪，在运用象征的时候，诗人放弃了在时间性中展开象征而代之以空间性的展示。[①] 所以在下面的诗句中，我们看到的并不是诗人借助于象征而展开的行动，而是一副副象征性的场景——不见车马的漫漫长路、无边无际的旷野、离群的鸟兽。诗人希望能以这些场景来展示自己当下孤独荒僻的心绪。[②] 这些象征性场景虽然在指向上是统一一致的，但各个场景之间并不存在时间上的联属关系，而呈现出空间上的独立性。在这里，诗人正是用这些空间上各自独立

---

① 篇幅的限制还在其次。当时的五言诗并没有定律，如果需要的话可以加以延长。这从《咏怀》八十二首各长短不一就可以见出。

② 参见章培恒：《自我的觉醒与悲哀——阮籍诗四篇简析》，载章培恒：《灾枣集》，山东友谊出版社 1998 年版，第 148—157 页。

的象征性场景的反复叠加，来强化、放大自我当下的这种心绪，最终既使情感得到宣泄（“晤言用自写”的“写”可作倾泄解），重新获得心理上的平衡，也在强化情感的过程中使自我得到了确证。

我们在阮籍诗中所见的对处身于时空之中某一点的自我所作的回溯性反思与象征的手法在近体诗里得到了更充分全面的展现。[①] 唐诗作为中国传统诗歌发展的最高峰，不仅是指它在美学上取得的效果，也包括诗作为一种艺术形式在探索自我的过程中所能达到的最大值。回溯、象征这两个因素在诗人手里得到了最大限度的运用。不妨以李商隐那首谜一般的优美诗歌《锦瑟》来说明这一点：

锦瑟无端五十弦，一弦一柱思华年。庄生晓梦迷蝴蝶，望帝春心托杜鹃。沧海月明珠有泪，蓝田日暖玉生烟。此情可待成追忆，只是当时已惘然。

如果说在阮籍的诗里，主体和反思的对象还清晰可辨——“独坐”“出门”“不见”这些词在在提醒我们诗人反省的姿态——那么，到了李商隐的这首诗里，主体和他的对象已经分辨不清了。诗人所面对的事物（锦瑟）和他自己瞬间的情绪、感悟融和起来，这实际上就是把回溯性反思和象征这两个因素融和到了一起。“一弦一柱”既是对锦瑟五十弦的描述，一个“思”字也点出了主体和对象的联系与距离，凸显了主体的姿态。接下来的两联又充分运用律诗的特点，在对仗的结构下列置了一系列的典故：庄生梦蝶、望帝化杜、珠有泪、玉生烟。也正是这一系列的典故使这首诗产生了众多歧义与它独特的美学效果。

庄生梦蝶的故事出于《庄子》，用我与蝴蝶、人生与梦境界限的模糊来展示人生的空幻，也正紧扣了“无端”二字。望帝一联用了杜宇失国身死，魂魄化为杜鹃的传说，凸显了两种身份（望帝/杜鹃）之间的转换。

---

① 参见吕正惠：《形式与意义》，载刘岱主编：《中国文化新论·文学篇一：抒情的境界》，三联书店1992年版，第15—66页。

不管这种转换是自愿还是被迫,[①] 从一个"托"字当中还是能深深感觉到其中的无奈。"沧海月明"一句按众家的解释乃糅合了从《大戴礼记》"蚌蛤龟珠，与月盈虚"、《博物志》"南海外有鲛人，水居如鱼，不废织绩，其眼能泣珠"，到《新唐书·狄仁杰传》"沧海遗珠"的一系列典故，重新构造出一幅以明月照耀下的沧海为背景的含泪之珠的图景。关键是这一幅图景传达出了什么？庾信《思旧铭》中"月死珠伤"一句能给我们些许提示。[②] 现在既已月明，那珠泪是月未明时因伤心而流的，还是因见月明感动而落呢？无论何种情况，月未必有情于珠，而珠泪终也是"无端"。"蓝田日暖"一句一般认为是用了司空图《与极浦书》所引戴叔伦的话，"诗家之景，如蓝田日暖，良玉生烟，可望而不可置于眉睫之前也。"其是非我们姑且不论,[③] 而就前一句的结构来看，"沧海月明珠有泪"强调的是"月明"和"泪"的关系，那这一句的关键自然就在"日暖"和"烟"上。珠之泪取决于月，玉之烟同样也取决于日。泪乃无可奈何之物，烟属虚无缥渺之域。即使美如蓝田之玉，在暖日下生成蒙蒙烟色，对日、对玉本身仍属无谓。两联的这一系列典故既是对锦瑟所奏出的音乐的描写，点出了音乐易逝的属性，也写出了诗人对此乐的感受；而这种迷幻、哀怨也已经超出了音乐，成为对诗人面对锦瑟时那一刻心绪的反省。在此我们看到了典故的作用，它实际上是回溯和象征这两个因素的高度融和。

尾联"此情可待成追忆，只是当时已惘然"，把人们的思绪又从这些象征性场景中抽出来，或者说造成一定的距离，把颔、腹两联由典故构成的象征性场景放置在由首联和尾联构成的框架之中，重新回到一开始就已经定下的"思"的姿态，并点出在这一姿态中所能找到的——"惘然"。

从上面对《锦瑟》的简单分析可以看出，结合了回溯与象征这两种手法的典故，已不再需要像阮籍的诗那样靠写实或对心像的摹写来构成象征

---

① 据《华阳国志》卷三《蜀志》，杜宇乃禅位于开明，然后隐于西山。由历史上的诸多实例来看，此"禅让"可能也是文饰之辞。

② 参见高步瀛选注：《唐宋诗举要》下，上海古籍出版社 1978 年版，第 622 页。

③ 徐艳在《关于从文学形式角度研究中国古代文学的思考》一文中已表示了怀疑。参见《中国文学研究》第三辑，江西教育出版社 2000 年版，第 40—66 页。

性场景了。沉聚了丰富意蕴的典故使诗中的象征性场景具有多重意蕴，并在其间保持了张力，① 使诗人对自我的探寻更具历史文化的深度。

四

从上文的简略分析可以看出在探索自我的过程中，以回溯和象征为主要因素的诗歌，发展到后来，由于近体诗在字数上的限制以及以单音节为主的汉字在修辞上的特点，典故所起的作用越来越重要。高友工、梅祖麟曾在唐诗研究中指出了典故的作用：

> 典故的运用使本来不可能的事成为不必要的事：由于环境、动机、人物关系等背景材料都已蕴含于典故之中，详细的解释就被简略的暗示所取代了。当提到某个历史人物或地点时，所有与之相关的意义和事件都会随之俱出；而当典故运用于现实的题材之中时，就为道德行为提供了活动的环境。
>
> 简言之，如果诗人想在近体诗中表现某个人的道德行为，他就必须借助于典故；诗人若把自己局限在隐喻的范围内，他将无法表现人类行为的主题。②

可见典故实际上是期望可以用一个历史符号来包容作者想要传达的所有信息。但在选择、运用典故的时候，作者首先要把自己或自己的行为纳入到历史人物、事件的某一类型中。典故在其中所起的，实际上是一种类比的作用。③ 而当作者运用这种类比，完成对自我的归类（认同）时，他

---

① 关于《锦瑟》中典故的多重意蕴之间的张力作用，参徐艳文。

② 〔美〕高友工、梅祖麟：《唐诗的魅力》，李世耀译，上海古籍出版社 1989 年版，第 162—163 页。

③ 井波律子曾指出典故类型化的特点。她说："所谓典故，就是从外部，通过所据的事件，把该文章的意味内容类型化，用过去来证明现在的技法。"见井波律子：《中国人的机智——以〈世说新语〉为中心》，李庆、张荣湄译，学林出版社 1998 年版，第 57 页。

也同时阉割了自我，把处身于复杂现实情境中的自我经验简单化了。结果，借助于诗的写作，作者呈现在自己面前的只是一个自我的幻象，是诗中所呈现出的历史中同一类型的一个个空间性画面的叠加。自《离骚》以后，人们在诗歌中对自我的探索就逐渐由时间性的回溯与象征转向空间性的。这一发展自然符合了探寻自我的过程中加强探索的深度和对情感普遍性的理解的需要。但脱离了时间性（历史性）的自我也往往会因为失去了现实支撑点而沦为自我的幻象。因此，摆脱像典故那样简单化、类型化的类比，引入以时间性为主要特征的叙事性因素，通过叙述来自我描述，把处身于具体的历史时空中独一无二的自我情境化，就成为探索真实自我的现实要求。

此外，就世界近代化的过程而言，这个世界也已远非原先的“抒情境界”所能涵括的了。“抒情境界”是高友工在对《红楼梦》与《儒林外史》的解读中提出的概念，实际上指的是人与外部世界的一种稳定的关系，在这样一种稳定的关系中，生命取得了意义。它不仅存在于诗词中，也表现在叙事作品中，即所谓的“中国叙述传统中的抒情境界”。在这个概念中我们可以看到三层含义：第一，在汉语文学发展的历史中，人和世界的关系首先是在抒情模式中奠定的；第二，在这样一个传统中，叙事模式只有依附于此才能获得意义；第三，抒情作品中，主体包容涵盖了世界，主体和世界统一，而在叙事作品中，是以主体和世界（他人）的分离为前提的。于是，叙事本身就具有颠覆“抒情境界”统治的可能性，就像我们在小说中所看到的：

《红楼》与《儒林》在许多层次上实为二充满矛盾之作。但这些矛盾中，最具威胁性的莫过于对抒情境界有效性的基本怀疑——无论此抒情境界是就一单独经验或综合一生而言。虽然曹吴皆判知时间必然的侵蚀与乎对真实的怀疑将严重动摇生命的整个境界，他们仍愿意有保留地依附于此一破损的生命境界；在危难中此境界仍慰他们以抒情的喜乐。当此二作者给出片段的境界或幻象，二人同时也对我们真诚地表白了他们破裂的希望。[①]

就中国文学的历史发展来看，当人与世界的关系变得越来越复杂，越来越不稳定（也就是近代化过程），人与人的关系也难以用儒家那一套简单的人伦模式来涵盖了，代表了传统的、稳定的“抒情境界”对整个文学领域统治的崩溃也开始了。而它在形式上的表现，则是叙事取代抒情。[②]

叙事性作品的增多，叙事性因素的不断渗入，从宋元的话本小说中就可以看到：人们的道德、情感、行为、动机等各方面在这里都呈现出远比前代复杂的面貌。这当然与宋代以来日趋丰富的城市生活有密切关系，《金瓶梅》成为此一趋势的集大成者。

甚至魔怪小说也逐渐摆脱了简单格局，呈现出人世的复杂面貌。大家熟悉的《西游记》即为一例。即使简单地把《西游记》看作一个取经故事，它也隐含了一个“动力”问题，即唐僧师徒为什么要走上取经之路。这个问题的重要是因为《西游记》的故事不是从唐僧，而是从石猴出世开始的。对唐僧来说，立志取经是一个相对简单的问题，也因为如此在取经路上他是立场最坚定的一员。但另外几个徒弟的情况就复杂得多。如果猪

---

① 〔美〕蒲安迪：《中国叙事学》，陈珏译，北京大学出版社1996年版，第201页。

② 实际上，叙事取代抒情并不仅仅局限于汉语文学的领域，许多西方诗人在自己的写作实践中看到了同样的现象。伍尔芙在写于1927年的一篇重要文章《狭窄的艺术之桥》（原题为《诗歌、小说与未来》）中冷静地指出：“诗歌未能像它曾经为我们的前辈的许多代人服过务那样来服务于我们。……那种曾倾注了如此多的精力、如此多的天才的伟大表达渠道，似乎已缩小了它自身的范围，或者转向了一边。”诗歌不再能服务于我们的原因就在于“现代头脑的情感”——冲突、不和谐、嘲笑、对照、好奇、“在各自的小房间里所酿成的迅速、古怪的情感”“文明所讲授的广泛、普遍的思想”“更容易听从于散文而不是诗歌的摆布”。正像她那个美妙的比喻所说的：“一首抒情诗的纤巧的结构并不能胜任于包含这种观点，正如玫瑰的一片叶子并不能胜任于包含一块高低不平的巨大岩石一样。”（《伍尔芙随笔全集》，中国社会科学出版社2001年版，第1552页。）而帕斯捷尔纳克在晚年甚至激烈地否定了自己早期的诗作，他说：“我相信抒情诗已不再可能表现我们经历的广博。生活变得更麻烦，更复杂。在散文中我们能得到表达得更好的价值……”（转引自北岛：《时间的玫瑰》，中国文史出版社2005年版，第194页。）

八戒、沙僧是为了赎罪，希冀恢复之前的美好生活，那么这样的理由对孙悟空来说根本无法成立。作为天地化育的产物，石猴几乎是自足的，在花果山为王过着无忧无虑的生活。他为什么要去学艺？

美猴王享乐天真，何期有三五百载。一日，与群猴喜宴之间，忽然忧恼，堕下泪来。众猴慌忙罗拜道："大王何为烦恼？"猴王道："我虽在欢喜之时，却有一点儿远虑，故此烦恼。"众猴又笑道："大王好不知足！我等日日欢会，在仙山福地，古洞神州，不伏麒麟辖，不伏凤凰管，又不伏人间王位所拘束，自由自在，乃无量之福，为何远虑而忧也？"猴王道："今日虽不归人王法律，不惧禽兽威服，将来年老血衰，暗中有阎王老子管着，一旦身亡，可不枉生世界之中，不得久住天人之内？"众猴闻此言，一个个掩面悲啼，俱以无常为虑。

只见那班部中，忽跳出一个通背猿猴，厉声高叫道："大王若是这般远虑，真所谓道心开发也！如今五虫之内，惟有三等名色，不伏阎王老子所管。"猴王道："你知那三等人？"猿猴道："乃是佛与仙与神圣三者，躲过轮回，不生不灭，与天地山川齐寿。"猴王道："此三者居于何所？"猿猴道："他只在阎浮世界之中，古洞仙山之内。"猴王闻之，满心欢喜，道："我明日就辞汝等下山，云游海角，远涉天涯，务必访此三者，学一个不老长生，常躲过阎君之难。"①

如果仅仅就字面来看，孙悟空下地府勾销生死簿，偷吃王母的蟠桃和太上老君的仙丹就足以做到"不老长生"了，故事在《西游记》前七回就讲完了，可见没有这么简单。只有在石猴身上，取经的动力学才是一个普遍性的问题。即一个凡人，为什么不满于现世生活，他还需要追求什么。这样的问题不是抒情所能解决的。

固然，这些叙事性作品也夹杂了大量的抒情，甚至本身就是由一首首抒情诗构成的，如《西厢记》《牡丹亭》里那些吸引了宝玉、黛玉这样的

---

① （明）吴承恩著、（清）张书绅评：《西游记》（注评本），上海古籍出版社 2014 年版，第 7—8 页。

少男少女的优美的抒情诗。但值得注意的是，这些诗句恰恰是被安排在叙事之中的。汤显祖如果只是为了写这些诗句，如果只是要说明天下之至情，那还要设计出一个杜丽娘出来干什么？这正说明，在这里，抒情诗句实际上是为叙事服务的。《红楼梦》的情况也是如此，书中穿插了大量的诗词。脂砚斋曾有评语说："只此一诗便妙极。此等才情自是雪芹平生所长。"（甲戌本第二回夹批）可见诗词正是曹雪芹所自负的。甲戌本第一回的一条夹批甚至说："这是第一首诗。后文香奁闺情皆不落空。余谓雪芹撰此书中亦为传诗之意。"① 认为曹雪芹撰写这部大书就是为了流传自己的那些诗作，这未免有些倒果为因了。试问，他是为了《葬花辞》而设计出一个林黛玉，还是为了林黛玉而创作了《葬花辞》？而如此擅长于诗词的汤显祖、曹雪芹恰恰选择了叙事，正可以见出文学史上的大消息。

可见，无论是形式发展的自身要求，还是个人在面对世界变化时的因应，都促成了叙事作品逐渐取代抒情作品的趋势。

五

在日趋纠结复杂的世界面前，诗歌这种形式已经不再像以前那样游刃有余了，显然也不再是作者探寻自我的适合形式了。抒情不得不让位于叙事，反映了中国文学结构自近世以来的深刻调整。但诗的美学境界——更确切地说应该是诗的美学—伦理理想——仍不断地吸引着踽踽于探索自我之途上的灵魂，使这一过程更显曲折与复杂。废名在《莫须有先生坐飞机以后》中所展示的莫须有先生的困境就颇能揭示这种复杂程度。

小说中的莫须有先生对庾信与莎士比亚作了一个有趣的比较：

> 我读莎士比亚，读庾子山，只认得一个诗人，处处是这个诗人自己表现，不过莎士比亚是以故事人物来表现自己，中国诗人则是以辞藻典故来表现自己，一个表现于生活，一个表现于意境。

---

① 朱一玄：《红楼梦脂评校录》，齐鲁书社 1986 年版，第 26 页。

……

> 莫须有先生说他说一句决不夸大的话，他可以编剧本与英国的莎士比亚争一日的短长，但决不能写庾信的两句文章。庾信文章是成熟的溢露，莎翁剧本则是由发展而达到成熟了。即此一事已是中西文化根本不同之点。因为是发展，故靠故事。因为是溢露，故恃典故。莫须有先生是中国人，他自然也属于溢露一派，即是不由发展而达到成熟。但他富有意境而不富有才情，故他的溢露仍必须靠情节，近乎莎翁的发展，他不会有许多典故的。[①]

在这段文字中引起我们兴趣的是废名对中西文学不同表现方式的体认：西方文学用故事人物来表现自己，中国文学则借助于辞藻典故。不难看出，两者之间差别的实质就是叙事与抒情的差异。我们且不管莫须有先生把叙事与抒情的差异归之于国族文化的不同有什么问题，因为在他看来这两者本身就是有着高下之别的："成熟的溢露"的庾信自然要比更需人为努力"由发展而达到成熟"的莎士比亚高出一头了。问题是，莫须有先生非常确定地把自己归之于"溢露一派"，但同时又不得不承认他离不开故事。他认为自己和庾信一样，也是当下就有了一个意境，只是没有合适的语言（典故）来表达，最终只能用叙事。所以莫须有先生把自己的困境诊断为掌握语言工具的问题。事实真是这样吗？只是他在语言的海里找不到合适的"鱼"（典故）来表现吗？他找不到的原因究竟是没有能力，还是在这海里根本就没有他要找的东西？我们不能忘了，虽然属于同一国族，庾信和莫须有先生之间到底隔了一千多年。即使是自认为和庾信同属一派，其"溢露"的意境恐怕也会和一千多年前的有所不同吧。否则即使才情不如庾信，也不至于一无所获——文学史上那么多平庸的诗人不都摸到了自己所要的"鱼"（典故）了吗？所以，莫须有先生的难题是，他想要认同于传统的抒情意境，但事实上他已经做不到了。

莫须有先生的困境使我们看到作家探寻自我的要求与其对形式的选择、文学结构的变化之间的复杂关系。如果承认文学结构的变化（从抒情

---

① 废名：《莫须有先生传》，上海开明书店 1932 年版，第 176、272 页。

到叙事）是为了满足作家探寻自我的需要，叙事成为近代化过程中最能体现作家独特自我，帮助作者探寻自我的工具，那我们同时也要认识到作家个体的美学偏好同样也会影响到他对形式的选择。而个体美学偏好与最有效工具之间的矛盾冲突，也造就了文学形式的多样性，形成了文学结构内部的张力，也成为促使文学结构发生调整的内在动力。

请思考

1. 抒情与叙事各自的功能是什么？
2. 挑选一首你喜欢的抒情诗，分析其结构与效果。
3. 挑选一部你喜欢的叙事作品，分析其结构与效果。
4. 当代中国文学作品中抒情与叙事分别是如何表现的？试举例说明。

第八讲

审美教育与大学生人文素质培养

张　弓[1]

一、审美教育的含义

美育一词，是由德文“Asthetische Erziehung”翻译而来。从理论上讲，它包含美学与教育学两个学科，但从其实践品性来看，它又与社会学、伦理学、心理学、文化学密切相关。就美学的一般理论而言，在人对现实的审美关系之中，美的客体与审美主体之间总是相互作用的，不仅审美主体能够感受客体的美与不断创造美的物质产品和精神产品，而且美的客体（不仅是自然美、社会美、还包括艺术美）还能发展和提高人感受美和创造美的能力。因此，人们很早就懂得这一辩证法规律，把美的对象运用到对人本身的培养和教育方面，就形成了美学与教育的结合，即形成了整个人类教育的一个极其重要的有机组成部分——美育。那么，作为研究人对现实的审美关系的科学，美学必须探讨美育的问题，而作为培养人和教育人的教育工作者以及凡是从事与人类精神世界相关的工作者，也必须了解和研究美育问题。我国近代的著名教育家、美学家蔡元培认为：“美育者，应用美学之理论于教育，以陶养感情为目的者也。”[2] 由此而论，所

---

① 张弓，江苏南京人，毕业于复旦大学中文系，获文学博士学位，现为华东政法大学传播学院副教授，研究方向：马克思主义美学和文化理论研究。

② 转引自《教育大辞书》上册，商务印书馆 1930 年版，第 7 页。

谓美育，即审美教育，它是以美的对象，特别是各门类艺术为主要手段，寓教于乐，培养和提高广大社会成员，尤其是青少年的审美能力和审美趣味，潜移默化地塑造健全心灵，培养全面发展人才的教育。

德国启蒙运动时期的著名思想家、美学家席勒在其美学著作《美育书简》中，首先明确地提出、运用了“美育”概念。席勒之所以提出美育概念，是因为他认为他看出了资本主义时代的最大问题，即以分工为标志的工业社会对人的性格发展带来了严重的后果：人性分裂，自由丧失。在他看来，要恢复人的完整、和谐的个性，提倡美育是唯一的方法。“我们为了在经验中解决政治问题，就必须通过美育的途径，因为正是通过美，人们才可以达到自由。”①

由此，《美育书简》的宗旨是：人必须通过审美状态才能由单纯的感性状态达到理性和道德的状态，达到自由。“事实上人随着自己进入各种被规定状态而丧失了这种人性。如果人能够过渡到一种相反的状态，那么他就能够通过审美的生命力而重新恢复这种人性。”② 毋庸置疑，席勒过分夸大了美育的作用，但是，他对审美教育促进个人的全面发展的积极作用的论述，当有重要的现实意义，同时也是他对美学史的一大贡献。

尽管美育这个概念由席勒率先提出，但美育思想则古亦有之，源远流长。历史上许多思想家、教育家对此都有过精妙的论述。古希腊时期，柏拉图的教育思想就特别强调用音乐陶冶心灵；柏拉图的高足亚里士多德发挥了老师的美育思想，在《政治学》中明确地说：“音乐能够培养人们的某种德性——就像体育对身体有所裨益一样，音乐造就某种习惯，使人们得以感受真实的愉悦；或者，音乐有益于充实人们的消遣和智慧”③。18 世纪的法国思想家卢梭、瑞士的裴斯泰洛齐等，都提出“回到自然”，让儿童在大自然的环境中感受各种美，培养他们对美的事物的兴趣和爱好，使他们的自然素质不至于腐蚀，并主张把“工艺和艺术方面的教育”提到与

① 〔德〕席勒：《美育书简》，徐恒醇译，中国文联出版公司 1984 年版，第 39 页。

② 同上书，第 110 页。

③ 〔古希腊〕亚里士多德：《政治学》，载《亚里士多德全集》（第九卷），中国人民大学出版社 1994 年版，第 277 页。

“道德方面”“智育方面”同等的地位，要求学校和教师注意培养儿童的工艺和艺术方面的能力，提高他们的艺术修养。我国古代的一些思想家、教育家也都十分重视美育。春秋时代的孔子总结了那时的教育经验，以“六艺”（礼、乐、射、御、书、数）教育学生，“乐”就是美育的专门课程。《论语》中说“兴于《诗》，立于礼，成于乐”，把乐视为兴邦治国的重要措施。荀子从“性恶论”出发，认为文学艺术可以起到化性起伪的作用。他说：“乐者，治人之盛也”，使人“耳目聪明、血气和平、移风易浩、天下皆宁”。我国近代史上的著名学者王国维和蔡元培更是在席勒的启迪下大力提倡美育。王国维主张教育的宗旨在于培养能力和谐发展的完全人物，其措施就是要进行体育和心育，其心育包括智育、德育和美育，三者并行以达到真、善、美。蔡元培在1930年商务印书馆出版的《教育大辞书》中，撰写了“美育”条目，向国内引介了席勒的美育思想：“及十八世纪，经包姆加敦（1724—1804）（即鲍姆加通——按）与康德之研究，而美学成立。经席勒尔（1759—1805）（即席勒——按）详论美育之作用，而美育之标帜，始彰明较著。”[①] 蔡元培先生把席勒所谓“Asthetische Erziehung”（审美教育）翻译成中文，定为“美育”，从此流传开来。

二、审美在人类文明中的地位

美育在人类文明发展中具有重大的作用。世界范围内的原始艺术遗迹与现存原始部落的各种艺术活动说明，与早期人类伴生的原始艺术活动就是最早的美育活动，换言之，原始艺术虽不乏实用和游戏的成分，但其中所体现出来的审美追求正是人类孕育自身精神品性的明证。因此席勒就认为，只要人在他的最初的自然状态中仅仅是被动地接受感性世界，他就仍然是和这个世界同一的，只有当他在审美状态中把世界放到自己以外去观照的时候，他个人才与世界分开。这样，在席勒看来，含有美育因素的艺术、游戏的产生，无疑是人类脱离动物界的一个最后标志。“什么现象标

① 高平叔编：《蔡元培哲学论著》，河北人民出版社1985年版，第403页。

志着野蛮人达到了人性呢？不论我们对历史追溯到多么遥远，在摆脱了动物状态奴役的一切民族中，这种现象都是一样的：对外观的喜悦，对装饰和游戏的爱好。”① 这就是说，只有当人是完全意义上的人的时候，他才会进行带有审美色彩的游戏活动（实际上，原始艺术与游戏是无法截然分开的），反之，只有当他游戏的时候，他才是完全意义上的人。当人只是感觉自然的时候，他就是自然的奴隶；一旦他思考自然，他就成为自然的立法者。自然从前是作为一种力量支配着人的，现在它作为一个观照对象出现在人的面前。可以说，发现那种没有任何利害关系的纯粹的审美外观（如色彩、形状等），或者把某些实用的生活场景转化为游戏场景（如狩猎舞蹈），并以此作为教育下一代的最佳方式，无疑是人类历史上最重要的一场革命，因为它宣告了真正人性的开始，包括人的整个感觉方式的彻底改变。游戏是创造力的自由表现，本身就是目的，等到想象力试图创造自由形式之时，它就最后从物质的游戏跃进到审美的游戏了。当狮子不受饥饿折磨，它的没有使用过的力量就为它自身造成对象，它的吼叫响彻了沙漠，昆虫的飞跃，鸟类的鸣叫都是生命力过剩的游戏，而在人身上，它上升为一种只有人才有的想象力的游戏，想象力在探求自由中就达到审美的游戏，因此审美外观不再具有实用的目的。自由的游戏冲动最后完全和需要的枷锁割断了关系，于是美本身就成为人追求的对象。喜悦的无规则的跳跃成为舞蹈，无定形的手势成为优美而和谐的手势语言，发之于情感的混乱声音得到发展，开始服从节奏而编成歌曲。一句话，美育是原始人类走向文明的一个重要途径。

人类进入文明社会后，美育在社会生活中的作用越来越大，且与教育有了更为密切的关系。以古代中国和古希腊为例，两个文明古国最早的思想家无不十分关注美育对健康人格培育的重要作用。

孔子所说的“兴于《诗》，立于礼，成于乐”，即强调了美育在健康人格形成过程中的作用。“兴于《诗》”是说诗不仅可以使人获得作为仁人君子必备的各方面知识，还可以感发人的情志，启迪人的智慧，使人获得开阔的胸襟和敏感的心灵，故孔子说：“《诗》可以兴，可以观，可以群，可

---

① 〔德〕席勒：《美育书简》，徐恒醇译，中国文联出版公司1984年版，第39页。

以怨，迩之事父，远之事君，多识于鸟兽草木之名。”（《论语·阳货》）其中“兴”与“怨”较集中地概括了孔子关于诗歌对人格的影响。“兴”是对诗歌审美特征的概括，即指诗歌以感人的形象和情感因素，引发读者的联想，使其有所领悟而激发志气，优秀的诗歌能使人屏弃卑俗之心，是完善人的道德品格的一条途径和方法。“怨”是以中庸为基础，对国家政治行为的有限制的批评，是一种委婉、含蓄、温和的恨。“怨”也是一种发泄，是人们将不满情绪通过诗歌发泄出来。诗可以怨，可以使人通过发泄而获得心理上的平衡，因此诗具有激励人心、完善人格、提高道德情操的作用。“立于礼”是说人格的基础需要靠认同社会道德规范来奠定，一个人知礼才能自立。“成于乐”是指懂得音乐，才标志着人格修养的最终完成。孔子认为欣赏乐的过程，同时也就是对乐的内在精神的发掘和将欣赏者自身人格向着乐渗透的过程，所以“乐以治性，故能成性，成性亦修身也。”[①] 治性和成性，就是乐对人灵魂的影响，而治性的目的在于治人，因此进入乐的境界就成为人格修养的最终完成。儒家的美育思想虽然是中国传统美育思想的主调，但道家的美育思想及方法也是一份不容忽视的思想资源。儒家的人格学说十分注重其社会意义，儒家所谓美的人格都是以社会政治伦理来规范的，儒家的教育目的是培养“君子”“仁人志士”，这是最崇高的人格，也是美的人格。与儒家明显的社会功利性的美育理论相对立，老、庄的理想人格抛弃了任何私欲俗识、虚假道德，追求自由、浪漫、逍遥飘逸的个体的独立性。如老子说：“我独异于人，而贵食母”；庄子亦说：“出入六合，游乎九州，独往独来，是谓独有。独有之人，是谓至贵。”（《庄子·外篇·在宥》）在这里，老庄是把“独有之人”或“独异于人”的人，作为他们的理想人格。所以，道家的理想人格包含有对个体人格独立的肯定，这种人格不以身殉情，不以身殉仁义，从而独立不殆，保有朴素的本质，或者说，道家这种超乎社会伦理纲常的美育目的在个体发展个性完善方面有积极的意义，即超越了社会的功利性，直接指向生命个体，故在保护人的个性、寻求个人的价值方面，道家的美育思想在今天有着特别的意义。

---

① 刘宝楠：《论语正义》，中华书局1990年版，第58页。

古希腊雅典人的教育分为体操教育和缪斯教育，都包含着美育在内，而且强调美育与德、智、体三育的相互配合。亚里士多德在《政治学》最后一卷专门讨论了教育，特别是以音乐为例重点阐述了美育的重要作用。在他看来，一个城邦要治理好固然要有多方面的条件，但最重要和最根本的是抓好教育，而且教育内容应确定一个原则，即适合自由人的地位和心理，勿使他们养成“工匠、雇工和其他诸如此类的鄙俗之人”的习性。所谓“鄙俗之人”的习性，就是雇佣的习性，其目的是为了他人，而不是为了自身；为了金钱，而不是为了善德，因而其结果是“追求的目的是卑下的”，而不是使心身进一步获得完善。自由人如果染上工匠的习性，势必会“使之降格”，而不复具有“自由人的身体和思想”。亚里士多德的教育原则固然是为了维护奴隶主城邦的统治，但其教育原则开人心智、健人灵魂的内涵却是合理的。为了达到这个目的，亚里士多德开列的教育课程中就必然包含许多美育课程，如体操、绘画、音乐等。这些课程没有很强的实用性，但学习绘画可以养成较高的审美观念和鉴别能力，体操有利于造就“勇毅的品德”。特别是在少年和青年当中，应该关心他们的勇德方面的训练，使之成为真正勇敢的人，敢于面对危难而不胆怯畏缩。音乐之所以列为教育课程，具有“比较高尚的意义”，音乐教育本质上是“操持闲暇的理性活动”。闲暇的含义并不是无所事事，实际上是指自由的理性的活动。闲暇的对立物是繁忙，是为一定外在的物质的因素所驱使的、不自由的活动。一般意义上的休憩、娱乐，作为繁忙的必要补充，仍然属于繁忙这个范畴。闲暇与繁忙对于人生来说都是不可缺少的，但繁忙的目的正在于闲暇，因而闲暇比繁忙更为高尚、更为珍贵。闲暇包含一种“内在的愉悦与快乐和人生的幸福境界”，这种内在的快乐只有闲暇的人才能体会。一生为物所累、为功名利禄而忙碌的人永远不能领受这种快乐。繁忙的人的快乐往往是与痛苦相伴而生的；闲暇所给予人的快乐却不同，它怡然自得，不夹杂任何痛苦，而且更有益于人的身心的健康发展。因此，音乐（美育）的目的并不是给人以暂时的娱乐或休息，而是引导人们达到终极的善和幸福。音乐中不仅含有愉快的因素，同时“含有美的因素”，而幸福“正是在于这两个因素的结合”。愉快本身就是一种善，但这不是指暂时的、偶然的快乐，而是指持久的、内在的快乐，不是指身体上的快适，而是指“心灵上的怡悦”，一般人不太顾及于探求终极的幸福，并且常常“误以寻常的欢娱当作心灵的怡悦”。应该说，亚里士多德的美育思想，即使在今天，也不无启迪意义。

特别值得注意的是，凡是历史大变动时期，美育就会受到高度重视。从古希腊开始直至20世纪初，欧洲历史上凡是特别倡导美育的时期也同时是面临社会大变革的时期。“纪元前五世纪雅典经济的发达，残酷的阶级斗争，伴随着斗争而来的民主共和国的建立，雅典文化的发展，这一切，使统治者上层对于提高教育的需要日渐感觉迫切。”① 因此出现了柏拉图特别推崇音乐的教化作用和亚里士多德特别重视音乐、悲剧净化功能的审美教育理论。“欧洲一跳出黑暗的中世纪，踏入曙光彻晓的文艺复兴时代，人文主义者立刻用文艺形式向宗教神学和经院哲学发动了猛烈进攻，从而也影响到教育的领域。”美育也就成为培养“全人”的一个重要手段。“从十六世纪末到十八世纪初，是欧洲封建制度全面瓦解，资本主义制度确立的时期”，这时在英国洛克的教育思想中突出了美育，法国的卢梭主张“自然教育”，要以美育手段来发展儿童的触觉和听觉，从书本中拯救出儿童。“18世纪末，在法国革命影响下，德国开始了以‘狂飙运动’为名的文艺革新运动。文学、哲学、艺术努力冲破封建主义的束缚，席勒的美育思想便应运而生。”“十九世纪西方的审美教育，虽然在理论上仍然继续了古希腊以来的传统，强调美育与德育的结合，但随着资本主义大工业的发展，教育中片面强调智育，许多教育家鉴于智育的过度发展，导致艺术趣味的日益退化，所以大声嫉呼艺术教育的复兴。”② 从这极其简略的历史回顾中也可以看到，美育对人类物质文明和精神文明的发展有着重要作用。

中国目前正处于历史转型时期，各种社会矛盾、各种价值观念的冲突错综复杂。一方面，随着社会物质文明建设的迅猛发展，全国城乡，环境美化，公园建设，树立雕塑，保护文物，发展旅游，文化场所，幼儿教育，学校课程和课外活动等美育设施正在蓬勃兴旺发展；另一方面，各地

---

① 曹孚编：《外国教育史》，人民教育出版社1979年版，第15页。

② 朱狄：《西方美育小史》，载朱狄：《美学问题》，陕西人民出版社1981年版，第245、246、247、250页。

发展不平衡，特别是边远落后地区和农村仍然缺乏美育设施，尤其是从幼儿园开始到小学、中学片面强调升学率，把青少年拘囿在书本之中的现象还相当普遍，这不利于我国社会主义物质文明的建设，妨碍青少年和儿童的全面发展和健康成长。更为严峻的是，当代精神生产的商品化特征很大程度上降低了传统美育手段（如音乐、绘画、舞蹈等）的精神品位，使其成为填充闲暇时间的单纯娱乐方式，躁动替代了宁静，宣泄替代了净化，片刻的感官享受替代了终极的精神追求。人的全面发展、人性的至善至美在人类文明高度发展的今天，反而受到了挑战。因此，我们一方面要认识美育事业的发展是历史的必然，另一方面也要清醒地认识到，要使社会主义美育事业兴旺发达，充分发挥其巨大作用，还有待于全社会，特别是文艺和教育工作者、美学工作者的通力合作。

三、美育的目的和作用

美育的目的是什么？席勒认为是要塑造“完整的性格”，蔡元培则认为是造就“健全的人格”，实际上都是要培养个人的全面发展。

席勒在《美育书简》第六封信中集中地对比了古希腊社会和近代社会的状况，阐明了他提倡美育的目的。他把古希腊奴隶主民主制理想化了，认为那时的希腊人的理解力和想象力，感性和理性，内容和形式，个人和群体和谐统一成了“完整的性格”，古希腊的这种完整性格应该是近代人的典范。但是，由于科学的进步，分工的扩大，国家机构的精密化，造成了近代社会的一系列对立和机械化生活方式：国家和教会，法律和习俗，享受和劳动，手段和目的，努力和报酬等相互分离冲突，使得人失去完整性格而成为断片，成为分工的奴隶，在每个人身上只发展他的职业所需要的某一二种能力。因此就需要美和艺术，需要美育来恢复古希腊人那种性格的完整，使个人得到全面发展，从而拯救国家和人类社会。蔡元培在《普通教育和职业教育》中重申辛亥革命后所制定的普通教育的宗旨：(1) 养成健全的人格；(2) 发展共和的精神。并解释说：“所谓健全的人格，内分四育，即 (a) 体育，(b) 智育，(c) 德育，(d) 美育。这四者一样重要，不可放松一项的。”① 蔡元培虽不像席勒那样全面地分析了近代社会破坏性格完整的弊端，但他从“教育救国”和“美育救国”的立场出发，批判了我国封建教育“使受教育者皆寓于服从心、保守心，易受政府驾驶”，束缚其思想的自由发展，磨灭其个性，提出“造成完全人格，使国家隆盛而不衰亡，其所谓爱国矣”②。他的思想的旨归也是通过美育与体、智、德育的结合而培养出全面发展的人才，以救国于沉沦危难之中。

无论通过美育以恢复性格的完整，还是通过美育以造就健全人格，都是唯心主义历史观在美学和教育上的反映。但是他们对美育的目的却是一语道破的。这就是说，美育不是消遣，也不是无谓的游戏，而是改造人生的斗争工具，是人类精神文明的重要组成部分，是人生之一翼，它的目的就是要培养和造就全面发展的个人，逐步克服旧社会强制性分工所造成的人的片面畸形的发展，促进人类由必然王国向自由王国不断飞跃。

实际上，通过美育来达到个人的全面发展，是历史上一切进步的思想家的共同理想，也是马克思主义者的理想。自从文艺复兴时代资产阶级作为新兴力量登上世界政治历史舞台以来，这个阶级的先进思想家、文学艺术家、教育家都以个人的全面发展作为自己的理想。文艺复兴时代就产生了像达·芬奇那样全面发展的巨人，那时提倡“全人教育”；启蒙主义时代法国的卢梭、狄德罗，德国的温克尔曼、莱辛、歌德、席勒、福禄贝尔(著名教育家)都以古希腊的“完整人性”作为人的理想范型；瑞士教育家裴斯泰洛齐认为教育的目的在于全面和谐地发展人的一切天赋力量和能力；俄国教育家乌申斯基主张全面了解人，全面教育人，别林斯基把人的协调发展的思想作为教育理论的基础之一。总之，进步的资产阶级思想家们都极力反对资本主义大工业生产分工给人类带来的片面发展和沦为机器与职业的奴隶的不幸状况，要求使人得到全面发展，而且认为美育具有全面发展人的功能。我国现代由蔡元培倡导美育而能在比如20世纪二三十年代形成一股重要社会思潮，其思想基础也正在于此。马克思主义创始人以

① 《蔡元培美学文选》，北京大学出版社1983年版，第107页。

② 转引自聂振斌：《蔡元培及其美学思想》，天津人民出版社1984年版，第102、98页。

历史唯物主义观点科学地论述了个人的全面发展，为这一理想的实现指出了正确的道路，并且肯定了美育在实现这一理想过程中的作用。《共产党宣言》中指出："代替那存在着阶级和阶级对立的资产阶级旧社会的，将是这样一个联合体，在那里，每个人的自由发展是一切人的自由发展的条件。"[①]《德意志意识形态》中写道："私有制只有在个人得到全面发展的条件下才能消灭，因为现存的交往形式和生产力是全面的，所以只有全面发展的人才能占有它们，即才可能使它们变成自己的自由的生活活动"。"在共产主义社会里，没有单纯的画家，只有把绘画作为自己多种活动中的一项活动的人们。"[②] 马克思在《经济学手稿（1857—1859）》中明确指出："在共产主义社会，个性得到自由发展，因此，并不是为了获得剩余劳动而缩减必要劳动时间，而是直接把社会必要劳动缩减到最低限度，那时，与此相适应，由于给所有的人腾出了时间和创造了手段，个人会在艺术和科学等等方面得到发展。"[③] 我们应该理直气壮地谈论美育，实施美育，让美育发挥其培养全面发展的共产主义新人的伟大作用。这种伟大作用的发挥，正是由于美是一种显现人的自由的肯定价值，它能够很好地使个人与社会，合规律性与合目的性，真与善统一在人类实践的肯定之中，因而在生产力和整个社会发展的条件下，在废除私有制的前提下，促进每个社会成员的自由发展，塑造出全面发展的新人。

在实现培养和造就全面发展的人这个目的的具体历史过程中，美育的主要作用表现在以下几个方面：

1. 提高人的辨别美丑的能力

美与丑是相比较而存在，相斗争而发展的。无论在自然、社会和艺术中，美丑以及各种形态都是纷纭杂呈的，要从中把真正的美的对象申辩出来，开展正确的、健康的审美活动，就必须要求审美的每个个人都要具备辨别美丑的能力。这种能力并不是遗传的产物，它是每个社会成员通过较

---

① 《马克思恩格斯选集》第1卷，人民出版社1972年版，第273页。

② 《马克思恩格斯论文学与艺术》（一），人民文学出版社1982年版，第218、220页。

③ 《马克思恩格斯论艺术》第1卷，中国社会科学出版社1982年版，第281页。

长的审美活动的实践，在正确世界观的指导下逐渐形成的。如果一个人从有自我意识开始，或者如蔡元培所说的从胎儿、婴儿开始就经常接受家庭、学校、社会的正确审美教育，他就可以形成辨别美丑的能力。反之，一个人从很小就开始经常接触一些庸俗、低级、以丑充美的对象，就可能美丑不分，以丑为美，甚至走上犯罪的道路。美育作用的理智成分很浓，因此，除了以真正美的对象去熏陶受教育者外，还应辅以必要的、生动的美学知识的学习，可以加速这种作用的发挥。人的审美需要是肯定要得到满足的，如果家庭、学校和社会不予以真正美的对象使之得到满足，社会成员，特别是青少年就会“饥不择食”，无法形成、提高辨别美丑的能力。

2. 培养对各种美的感受能力

美有各种不同的形态，有自然美、社会美、艺术美；有内容美和形式美；有壮美、崇高、幽默、悲剧性，还有其反面丑、滑稽、喜剧性等，丰富多彩，变幻莫测。为了使人们在面对这样错综复杂的形形色色审美对象时，都能产生应有的美感体验，就必须以丰富多彩的美的对象去引导社会成员，培养大家的感受能力。同时，每个人从先天遗传获得的感受能力是有差别的，但这种差别只是有限的，更多的却是后天训练所得到的感受能力。这后天的差别在整个社会成员中常常表现出极大的悬殊。一个艺术家从任何对象所能发现的美，比一个普通人往往丰富得多、独特得多。一个没有多少文化素养和艺术修养的人和一个知识渊博、慧眼独具、敏感多情的人面对同一座黄鹤楼，他们的审美感受可能出现天壤之别。要使社会成员的审美感受力得到培养和提高，离不开多方面的审美教育。正所谓“心有灵犀一点通”，审美尤其需要审美主体的“灵犀”，否则面对再美的对象也会无动于衷。给人们移入审美“灵犀”的最有效的方法就是把人们引入美的境界中去加以熏陶，这便是审美的教育。正如，你要学会游泳就必须下水一样，你要成为某种美的对象、某种艺术的鉴赏行家，你也就必须处在经常与这种对象或这门艺术的接触之中。马克思说：“艺术对象创造出懂得艺术和能够欣赏美的大众”①。当然，这里决不能把孩子丢进水里不管，让他自己去浮沉，而是要在安全保证的前提下加以最有效的引导，当

① 《马克思恩格斯选集》第2卷，人民出版社1972年版，第95页。

然也包括在岸上的讲解和在水中的示范。因此，审美教育也是一个启迪、引导、示范的教授和学习的过程。

3. 发展创造美的能力

创造美，并不是艺术家的专利品，应该说，每个社会成员都有创造美的潜在能力。高尔基说："我确信，每一个人都具有艺术家的禀赋，在更细心地对待自己的感觉和思想的条件下，这些禀赋是可以发展的。"① 审美教育的一个重要作用就是要把每个社会成员的这种艺术家的禀赋发展起来，为发展这种禀赋创造最有利的条件。从儿童的最初的涂鸦，写第一个毛笔字，做第一件手工制品，写第一篇作文，画第一幅素描等开始，我们的审美教育就应该有目的、有意识地去培养、发展、提高青少年创造美的能力。这样才可以当他们在某一方面有突出创造力表现出来时，施以适当的教育，培养出一个真正的艺术家，或者培养出一个具有美的创造力的普通劳动者，以适应日益扩大的人类按照美的规律塑造物体的各行各业的实际工作。当然，我们的审美教育并不仅仅是为了培养出一些音乐家、画家、雕塑家、舞蹈家、演员、作家等专门人才，而是要普遍地提高社会每一个成员，每一个青少年的创造美的能力。正因为美育有助于培养丰富的想象力、创造力，故爱因斯坦认为想象力比知识更重要，美育也正是借助于想象力去发掘人的创造潜能。爱因斯坦在创造相对论的日子里，常在书房里用小提琴演奏莫扎特的曲子，工作之余弹奏贝多芬和巴哈的钢琴曲。地质学家李四光谱写了中国第一首小提琴曲，被载入中国音乐史册。钱学森在接受"对国家作出重大贡献的科学家"的荣誉时，也深有体会地在答谢词中谈到了音乐对他的帮助。事实证明，大凡取得杰出成就的人都有较高的艺术修养和较强的审美能力。因此，审美教育要渗透到每一门学科、每一项课内外的活动中，让受教育者，无论是幼儿、少年、青年、成人都有意识地、自觉地发展自己的创造才能。

4. 塑造优美的心灵

审美教育的目的是培养全面发展的人才，但是在仍然存在和需要社会

---

① 〔俄〕高尔基：《文学书简》，曹葆华等译，人民文学出版社 1965 年版，第 426 页。

分工的条件下，我们并非要去超越历史地塑造一种在每一行当和艺术门类都有杰出成就的通才和全才。因此，审美教育的具体作用在总体上就是对上述三方面作用的综合，使得受教育者对美的辨别能力、感受能力、创造能力都得到锻炼和发展，使他们的感觉力、观察力、想象力、理解力、体力、创造力等一切人类的本质力量都得到发展。一句话，就是塑造一种优美的心灵，和谐的心灵。同时，把美育与德育、智育、体育等其他三方面的教育有机地结合起来。蔡元培说："美育者，应用美学之理论于教育，以陶养感情为目的者也。人生不外乎意志；人与人互相关系，莫大乎行为；故教育之目的，在使人人有适当之行为，即以德育为中心是也。顾欲求行为之适当，必有两方面之准备：一方面，计较厉害，考察因果，以冷静之头脑判定之；凡保身卫国之德，属于此类，赖智育之助者也。又一方面，不顾祸福，不计生死，以热烈之情感奔赴之；凡与人同乐，舍己为群之德，属于此类，赖美育之助者也。所以美育者，与智育相辅而行，以图德育之完成者也。"① 这里提出的德、智、美三育的关系虽然并不十分全面，但抓住了三者之间的主次和辩证关系。实际上，我们进行审美教育并不是为美而美，而是通过美育造就全面发展的人才。因此，德、智、体、美要全面发展，而且应该以德育为中心并充分发挥美育的作用，塑造出优美的心灵。

四、美育的特点

我们认为，在美育过程中，对象必须是具体（多样性的统一）、感人的独特形象，即美的形象，而受教育者必须是具有一定审美能力或潜在能力的社会成员；就在美的对象与受教育者的相互作用的审美实践中，受教育者通过耳濡目染，主要在情感上得到陶冶，特别是形成正常、持久而稳定的审美情感（即审美心境），借助于心境的弥散性使情感、认识（特别是想象力）和意志协同活动，从而培养和提高审美能力（感受美的能力，

---

① 《蔡元培美学文选》，北京大学出版社 1983 年版，第 195 页。

包括审美的认识、情感和意志三方面，审辨美丑的能力和创造美的能力），逐渐在实践中造就全面发展的人，同时普及美学理论使美育实践得到自觉的指导和规范。因此美育要借助审美情感这个中介的这一特征（即蔡元培所谓“以陶养感情为目的者也”），一方面来源于美的形象的具体性、独特性和感染性，另一方面来源于审美主体情感的特点（主要是心境的弥散性），这两方面又都根源于人的社会实践（包括物质生产和精神生产的各个方面）。在我们看来，美育的特点就在于：寓教于乐，怡情养性和潜移默化。寓教于乐主要指，美育的工具和手段应该是具体、感人、独特的形象；怡情养性主要指，美的形象通过审美情感的中介而造成审美过程中的知、情、意三方面和心理功能的协同活动，培养和提高审美能力和审美趣味；潜移默化则意味着，前二者在长期坚持不懈的实践中达到统一，从而使受教育者自由地（非强制地）得到全面发展。

第一，美育是寓教于乐的教育。

美育不同于德、智、体三育的地方，首要在于它所运用的手段和工具不是运用道德和政治的规范、知识的概念体系以及体力的训练，而是具体、感人、独特的形象。因此，它除了大量运用自然风光的自然美和社会实践、社会斗争和高尚人物的社会美以外，更主要的是运用各门类艺术的美。因此，美育最主要的手段和工具是各种艺术。

艺术的美是现实美的集中概括，是内容和形式的统一、主观和客观的统一，艺术最富于创造性，所以最能强烈地感染受教育者，具有最强烈的作用力，也就是最能发挥情感的中介作用。通过艺术的审美功能能够最充分最有效地发挥艺术的教育功能和认识功能。

第二，美育是怡情养性的教育。

美育不同于德、智、体三育的地方，还在于它主要不是诉诸人的意志、认识和肉体的单独某一方面，而是主要诉诸整个人的心灵，激发起人的以情感为中介的整个心灵的各个方面的协同活动，并促使受教育者自觉地锻炼自己的体力。因此，它的作用点就在于通过情感这个中介而直抵整个心灵，表现为最充分地启发人的自觉性、能动性和创造性，从而形成受教育者自我教育的巨大内驱力。这样，无论是树立正确的世界观、坚守社会道德规范，还是掌握科学文化知识和锻炼健全的体魄，都会达到事半功倍的效果。换句话说，人通过美和美的感受能够最有效地去追求真、善和健。因此，美育不应仅着眼于开设各门艺术课程，而且还要把美育贯穿到一切教育机构的所有课程中去。蔡元培说："凡是学校所有的课程，都没有于美育无关的。例如数学，仿佛是枯燥不过的了；但是美术上的比例、节奏，全是数的关系，截金术（即黄金分割——按）是最显的例。数学的游戏，可以引起滑稽美感。几何的形式，是图案美术所应用的。理化学似乎机械了；但是声学与音乐，光学与色彩，密切得很。雄强的美，全是力的表示。"[①]我们体会蔡先生的话，还不仅在于把数、理、化等学科在教学中尽可能趣味化，更重要的是应该在于把美育的特点揉进这些学科的教学方法中去。也就是说，我们在抽象枯燥的数、理、化等学科的教学中也应注意对学生实施情感教育，那么，尽可能地运用形象直观的方法，运用课堂上的启发方法，引导学生回忆和想象，观察和思考日常生活经验中所见所闻的数理化现象，并加强学生课内和课外的实际操作训练，就是非常必要的。如果从理论上说，那就是在教学中不是向学生硬灌定义、定理和公式，而是通过引起学生兴趣的、激发他们情感（心境）的现象来使学生的认识能力、意志能力和情感能力协同活动，再加以适当的思维方式的引导，使他们能够自由地掌握知识。或者换句话说，这些学科的教学目的，不仅仅在于培养学生的记忆力，更重要的是以调动情感（这里包括审美感和理智感，即对美和知识的追求的热情）为中介，着重培养学生的感受力、洞察力、理解力，特别是想象力和创造力。比较抽象的科学知识的传授尚且应该如此，那么一些具有更多的美的因素的学科，如语文，就更应该如此了。

第三，美育是潜移默化的教育。

美育不同于德、智、体三育的地方，也在于它不是强制性的教育活动，而是一种具有极大自由性的教育活动。正因为美育的手段和工具是具体、感人和独特的美的形象，它的作用方式是通过情感全面地激起整个心灵的活动，所以它就不是一种强制性的灌输，靠强化纪律来施行教育，而是通过受教育者对美的对象的主动接近，耳濡目染，于不知不觉中受到教

---

① 《蔡元培美学文选》，北京大学出版社1983年版，第155页。

益的教育过程。因此，在这种状态中，所学到的知识就掌握得更牢固并便于通过联想而随时被回忆起来；所得到的道德规范和伦理观念也就会更加鲜明，在日常生活的过程中会随时随地给人的行为提供一个具体的参照；所进行的体力锻炼同样会更加持之以恒，伴随着一种热情的推动力。我们平常所说的“榜样的力量是无穷的”，“身教重于言教”，“没有热情就没有人对真理的追求”，“近朱者赤，近墨者黑”等，其中就渗透着美育的精神和特征，昭明着美育潜移默化的巨大力量。

五、美育的实施

蔡元培在《美育实施的方法》中规划了人从胎儿直到老死整个一生的美育，从家庭美育、学校美育和社会美育三个方面作了非常详细的设想，有许多极精辟的见解，也有一些极具体的规定。这是我们实施审美教育的一大宗宝贵的遗产，值得很好地继承。其中，我们应该首先注意到，美育包括家庭美育、学校美育、社会美育三大组成部分。对于其中所说的具体规定，我们可以直接根据现在的条件在实践中加以取舍，我国现在不少幼儿园、实验学校和城市规划，公园、博物馆、展览会的建设等都在不断实现蔡元培的设想。但是，我们更重要的是要弄清实施美育的基本原则，那就是要根据受教育不同时期的心理特点来实施美育。蔡元培对这点是很注意的。他说，“幼稚园儿童的美感，不但被动的领受，并且自动的表示了。舞蹈、唱歌、手工都是美育的专课。就是叫他计算、说话，也要从排列上、音调上迎合他们的美感，不可用枯燥的算法与语法”。到中学时代，“他们自主渐强，表现个性的冲动渐渐发展；选取的文字美术，可以复杂一点，悲壮、滑稽的著作，都可以应用了”。虽然这里主要是谈从适应孩子不同时期心理特点来选取美育教材，但是，蔡先生在这里提出了一条很重要的原则：美育在教育机关（幼儿园、小学、中学）的具体实施过程中必须充分考虑受教育者心理发展的不同特点。从蔡先生所论儿童美感由被动领受到自动的表示，再到中学生表现个性冲动渐渐发展的观点，参照皮亚杰发生认识论“图式→同化→顺应→平衡”儿童心理发展模式，我们认为，儿童的美感形成和发展大致可以分为：被动感受—主动接受—实际表现三个大的阶段。婴儿时期主要是被动接受各种自然美和艺术美，逐渐形成某种美的观念（尽管是模糊的，甚至是用语言表达不清的）；到幼儿时期就可以以一定的美的观念去主动接受美的对象（当然仍然是朦胧的，带有很大的直观性），并有以歌唱、舞蹈、图画或其他方式表现审美感受的萌动；到中学以后，学生就逐步不断在主客体相互作用中加强或修正自己的美的观念，并可能有强烈的表现审美意识的冲动。当然这只是极其粗略的划分，而且这三个阶段越到后来就越错综复杂地交织在一起发展。因此，美育也可以大致相应地划分为：感美—立美—创美三个阶段。婴儿时期主要着重进行感美教育，即培养小孩感受美的能力，并逐渐形成健康的审美趣味和美的观念；幼儿时期着重进行立美的教育，即在幼儿园和小学阶段使幼儿已萌发的审美趣味和美的观念得到确立，并引导孩子进行简单的创造美的活动（包括音乐、美术、手工、舞蹈、朗读与写作）；中学以后着重进行创美的美育，即逐步使孩子的表现审美意识的冲动在创造美的活动中得到较复杂和高级的表现。这是一般正常情况下的划分，在幼儿期如果发现某方面天资较高的儿童亦可以相应提前。同时，美育的这三个阶段也不是绝对的，各个时期感美、立美、创美的美育应该互相结合，目的指向培养和提高少年儿童的审美趣味和审美能力。而且这三者之中，关键在于立美这一环。如果在感美教育中不注意引导孩子确立美的观念，那么感受美的能力不可能得到真正的培养和提高，充其量也不过使他们在丰富多彩的对象面前获得一些零星的断片印象；如果在创美美育中没有树立正确的美的观念作为基础，孩子们表现美的能力也无法得到培养和提高，不是尚未形成就已泯灭，就是放任自流而自生自灭。因此，立美美育要注意方法，既不宜过分抽象灌输，也不宜停留在形象的表层，而是要通过大量形象材料的对比、分析、综合，因势利导，循循善诱。就是说，既要运用一般认识的感性在实践中上升到理性的规律，又要注意美育的形象直观和以情动人的特殊规律。只要我们热心提倡，周密规划，严谨实践，我们就可以使美育之花结出精神文明的硕果。

在今天的社会条件下，美育的实施并不能仅仅局限在学校、学生。人们闲暇时间的相对增加，精神生活需求的极大扩展，对如何在当代精神生产中实施更广泛、更有效的美育宣传与教育，无疑是一个崭新的课题。显然，进一步提高普通民众对美育重要性的认识，是非常关键的一个环节。只有树立文明的审美观念、崇高的审美理想、健康的审美趣味，人们对美的感受力、鉴赏力、创造力才能提高，人们的生活质量才能提高。如近些年来，人们对体育的关注已成为一种时尚，但与发达国家相比，我国普通民众的体育活动参与度仍是偏低的。其中原因固然很多，只是有一点值得注意，即我们过多强调了体育的竞技性，而忽视了体育的审美欣赏性。如艺术体操、花样滑冰、水上芭蕾舞、冰上芭蕾舞这些完美结合了体育与美育的体育活动，在我国就远不及一些竞技项目那样普及。人们关注中国足球冲出亚洲、走向世界，其中所包含的民族精神不言而喻，但我们不能忘记，体育与美育一样，其终极目的是促成个人的全面发展，所以，亲身参与体育活动，把体育与美育结合起来，使我们的身体更健美、我们的个性更完整，这才是真正的目的。同样，我们不能以流行音乐取代经典音乐。国外曾有人做过这样一个比较研究：长期从事经典音乐工作的人的寿命比一般人长，而长期从事流行音乐的人的寿命则比一般人短。这个结论未必准确，但也说明了一个道理，即以怡情养性、陶冶心灵为目的的经典音乐更贴近美育的本质，而躁动、缠绵的流行音乐则往往让人失去心灵的和谐。所以，在当今社会生活中实施美育，是一个刻不容缓的艰巨工程。

请思考

1. 美育的目的是什么？

2. 美育的特征是什么？应该怎样理解这些特征？

3. 美育的实施包括哪些部分？对此你有什么设想？美育实施中应注意什么原则？

第九讲

“国家相册”：纪录片中的中国形象

陈　阳[①]

智利纪录片导演顾兹曼曾说，“一个国家没有纪录片，就像一个家庭没有相册”[②]。纪录片作为“国家相册”以影像的方式记录了社会变迁、社会风貌、百姓生活，记载了特定时期的社会观念、社会风尚和社会思潮。在历史长河中，这些具有时代特征的各类纪录片组成了国家发展的影像历史长卷，不论是片段式的截取还是全貌式的遍览，国家形象都在“国家相册”中显影。

一、影像中国：纪录片的“相册”功能

“国家形象是国内外公众对一个国家在世界体系中的总体认知与态度。它不仅表现为国内民众对该国的总体认知与态度，更表现为国外民众对这个国家的总体印象与评价”[③]。纪录片之于国家形象的“相册”功能主要表

---

① 陈阳，湖南怀化人，毕业于复旦大学新闻学院，获文学博士学位，现为华东政法大学传播学院讲师，研究方向：新闻传播史、视觉传播与视觉文化。

② 周建青：《当代视听节目编导与制作》，中国广播电视出版社 2014 年版，第 109 页。

③ 赵瑜、闻光凯：《中央电视台大型纪录片视阈下的国家形象建构》，载范志忠、熊颖俐、徐辉主编：《国家形象的影像建构与传播》，浙江大学出版社 2013 年版，第 116 页。

现为纪实存档的属性。

纪录片的纪实属性从诞生之日起就被认定和强调。电影始祖卢米埃尔兄弟把客观纪录的写实主义看成纪录片的本质，“艺术并不是现实的模拟，而是对真人真事的直接的未经修饰的纪录”[①]。电影诞生之初就以纪实电影的面貌呈现，非剧情片（non-fiction）的写实主义传统成为纪录片的显著特征，也成为其发挥社会功能的起点。虽然在纪录片发展历程中，主张剧情片和非剧情片风格的争论与实践一直在持续，但纪录片的纪实属性并没有改变，只是对纪实方式存在分歧，不同历史时期的社会现实和社会思潮都影响和推动纪录方式的变化。纪录片的纪实属性使之有别于故事片（fiction），并以现实主义和写实主义的方式作用于社会政治、经济、文化各方面，发挥传播知识、传承文明、传递观念、抒发情感、档案记录、娱乐消遣、人文关怀等诸多功能。

对于一个国家来说，纪录片充当了“见证国家变革、社会变迁和自然发展的‘活文献’”[②]。依纪录片题材来看，无论是历史人文类纪录片、社会现实类纪录片还是自然类纪录片都是“活文献”。称其为“活”，一方面它是动态流动的影像，与照片相区别；纪录片作为声画一体的媒介品种，可以实时记录人物活动、事件进展及与之相关的音响音效。“活”另一方面表现为纪录片取材选题的鲜活性，大到时局变化、社会思潮变迁，如《互联网时代》《复兴之路》《大转型》《走向和谐》《理想照耀中国》，小到百姓的日常生活，如《进城》《赤脚讨薪路》《白芳礼的故事》《农民工的局长》。这些题材的纪录片都有鲜明的时代感，正是这种时代感，使其作为“文献”的功能得以彰显。纪录片所记录的当下就是未来的历史，纪录片取材的广泛性、制作主体的多样性也丰富了纪录片作为档案和文献的意义，所以说“纪录片的文献价值不言而喻——当一个时代成为历史，拍摄

---

① 〔美〕Richard M. Barsam：《纪录与真实——世界非剧情片批评史》，王亚维译，远流出版社 1996 年版，第 53 页。

② 康宁：《纪录片，一本国家的相册》，载《中国电视（纪录）》2011 年第 1 期，第 53—55 页。

这个时代生活的纪录片中所留下的内容就具有了无可辩驳的史料价值”[①]。从国家形象的角度看，纪录片留存了国家形象的历史档案和影像文献，“纪录片无疑将能全方位地创建一种‘国家的形象历史档案’，让历史连接未来，让历史告诉未来”[②]。

关于纪录片的纪实属性在历史上存在过“镜子”与“锤子”之争：主张纯粹纪录的纪实主义者认为，“纪录片是一面生存之镜”，因此纪录片的生产制作要尽量避免主观介入。英国纪录电影运动的开启者格里尔逊主张用纪录片改造社会，他认为纪录片是一把锤子，而不是一面镜子，“我们首先是宣传员，其次才是影片摄制者”[③]。主张“锤子”说的纪录片工作者认为纪实功能的发挥在很大程度上取决于拍摄者的意图和其对影像语言的把握，从这个角度来说，纪录片可以成为建构国家形象的媒介，并借助大众媒介传播和形塑受众心中的国家形象。以纪录片管窥国家形象，可以看到不同纪实手法再现的国家形象；纪录片的题材、视角、拍摄主体及社会语境都将影响纪录片的“成像效果”和意义表达。

此外，纪录片的视觉形式和纪实属性还赋予了它对外传播的优势，与其他类型的影像和电视节目相比，纪录片降低了跨文化传播中的文化折扣，它以视听结合的方式加深受众对内容的认知和理解，纪录片的纪实性更有利于实现视觉说服。从表面上看“纪实”与“说服”有矛盾之处，但纪实背后总或隐或现地传递着制作者和传播者的主观意识，纪录片用非剧情片的方式传递思想观念，正如美国《电影术语汇编》对纪录片的定义，“纪录片是一种非虚构的影片，它具有一个有说服力的主题或观点”[④]。纪录片在视觉说服和引导社会价值观上起着潜移默化的作用。

---

① 中国电视艺术委员会评论员：《重铸社会现实题材纪录片的责任担当》，载《中国电视》2013年第4期。

② 康宁：《纪录片，一本国家的相册》，载《中国电视（纪录）》2011年第1期，第53—55页。

③ 转引自〔美〕埃里克·巴尔诺：《世界纪录电影史》，张德魁、冷铁铮译，中国电影出版社1992年版，第84页。

④ 转引自周文：《传播思想与抒写情感：也谈纪录片的功能》，载《现代传播》2011年第7期，第93—96页。

随着读图时代的到来，视觉形象和视觉传达已成为跨越语言障碍的国际通行符号，人们也普遍接受和习惯以视觉形式获得认知，纪录片逐渐成为生动形象的历史教科书和现实宣传片，它所呈现的国家形象越来越强地影响海内外受众对国家形象的认知。近年来，西方国家格外重视纪录片对外传播国家形象的功效，美国国家地理频道的纪录片节目就已用27种语言在151个国家和地区播出，观众超过2.3亿[①]；2010年美国历史频道播出《美国：我们的故事》就是阐释美国国家形象的经典之作。

中国也逐渐重视和加大对纪录片发展的扶持。2010年10月国家广电总局出台了《关于加快纪录片产业发展的若干意见》，要求国内各级电视台加大国产纪录片的播出，并对播出频道给予扶持和鼓励，同时采取措施将国内优秀纪录片推向国内各大网站和影院。2011年10月中共十七届六中全会审议通过了《中共中央关于深化文化体制改革、推动社会主义文化大发展大繁荣若干重大问题的决定》。央视纪录频道于2011年成立，成为中国纪录片发展中具有标志性意义的事件，“据统计，2011年中国纪录片市场总额投资约为8亿元，总收入超过10亿元，整体成长速度超过20%。”[②] 2012年2月，中共中央办公厅、国务院办公厅印发《国家“十二五”时期文化改革发展规划纲要》，将纪录片生产和传播纳入国家文化发展战略和中华文化走出去工程的重要任务。[③] 2015年中宣部、国务院新闻办组织实施“纪录中国”传播工程项目，首批共有23部纪录片，包括《深潜》《超级工程系列：中国路、中国桥、中国港、中国车》《亚投行之路》《中国医疗》《航空救国——华侨飞鹰抗战全纪录》《稻米之路》等。首部纪录片《深潜》于2016年1月在中央电视台科教频道首播，同时还在

---

① 参见卢俊：《电视纪录片带来电视的阅读时代》，载《传媒评论》2016年第2期，第76—78页。

② 张同道、胡智锋主编：《中国纪录片发展研究报告（2012）》，科学出版社2013年版，第2页。

③ 参见《中办国办印发国家“十二五”文化改革发展规划纲要》，http：//www.gov.cn/jrzg/2012-02/15/content_2067781.htm，2017年6月10日访问。

美国、法国、德国、印度尼西亚、澳大利亚等国家电视台播出[①]；《航空救国——华侨飞鹰抗战全纪录》于 2016 年 4 月在中央电视台中文国际频道首播。在国家政策的推动下，纪录片生产创作日渐繁荣，也让纪录片中的中国形象更加多面立体。

二、民族视角的中国形象：多元统一

纪录片在题材上可分为历史人文类纪录片、自然类纪录片、社会现实类纪录片，其中历史人文类纪录片多以民族视角建构和传播国家形象。

从我国纪录片的发展历程来看，纪录片的大国书写模式历经了两次高潮：第一次是 20 世纪 80 年代，在电视媒体发展和改革的推动下，大批人文地理类纪录片诞生，如《望长城》《话说长江》《话说运河》。第二次是 2000 年以后，随着媒介技术的发展和纪录观念的革新，取材历史的“史记”类纪录片大量涌现。这两个时期对国家形象的塑造方式、再现理念都存在明显差异，这种差异主要来自于社会现实的变化、媒介技术的发展和西方观念的引入与实践。

从符号学的角度看，我国历史人文类纪录片对国家形象的符号选择主要有以下几种：其一，具有中国特征和历史积淀的文化符号，包括地理符号、建筑符号在内的自然景观和人文景观。20 世纪 80 年代的纪录片大多着眼于地理图景的国家形象叙事，《话说长江》（1983）、《话说运河》（1986）通过长江和运河的历史文明，展现中华民族的大好河山和璀璨文明；《望长城》（1991）明确拍摄宗旨：“长城要拍，但更重要的是拍长城两边的人。长城本体，只不过是一堵奇长的墙，象征着中国人的脊髓”[②]。这一时期的纪录片以蕴含文化历史的自然风物和人文景观来激发民族自豪

① 参见《“纪录中国”传播工程首部纪录片〈深潜〉新年开播》，http://news.cntv.cn/2015/12/29/ARTI1451383794437856.shtml，2017 年 6 月 10 日访问。

② 朱羽君、殷乐：《生活的重构：新时期电视纪实语言》，北京广播学院出版社 1998 年版，第 69 页。

感，展现出改革开放后的中国积极加入世界行列的国家形象。2000年后纪录片文化符号的选择偏向于浓缩历史的人文景观和文化遗产，《故宫》(2005)用12集540分钟讲述故宫六百多年的历史，挖掘故宫在建筑、礼仪、政治、历史中的价值和意义；《昆曲六百年》(2007)讲述了“百戏之祖”的昆曲博大精深的历史和艺术魅力，在中国“雅乐”的大美之中，重拾中国人对传统美学的自信，对中华民族传统的自信；《敦煌》(2010)以敦煌地区历史文化为脉络，讲述敦煌两千多年的文化，通过鲜为人知的故事，重拾被遗忘的文明；《圆明园》(2011)以园林建筑为中介勾陈一段民族危机的历史，既展现毁于战争的园林之美，也隐喻国家富强之于文化传承的意义。

其二，聚焦历史横截面的民族叙事。21世纪后，随着西方对中国的关注及西方对中国形象的片面化呈现，中国纪录片在塑造国家形象上从20世纪末的“颂歌式”转向了历史文献“史记式”的国家叙事。这类纪录片往往带有电视政论片的色彩，大致分为两种：一是中华大一统的民族史叙事；二是中华民族艰苦奋斗史的国家叙事。前者着眼于历史中的中国从哪里来；后者着眼于现实的中国到哪里去。前者重在呈现中华民族多元统一的史观，如《消失的古滇王国》(2013)展现氐羌人的建国史，《楚国八百年》(2014)记录楚人建国的兴衰史，《神秘的西夏》(2015)记录党项族的兴衰消亡史，对历史上各民族史的书写始终贯穿文化多元和文化交融的主线，中华民族的大一统离不开农耕文明与游牧文明的交融，离不开汉文化与非汉文化的交流，从而深化对中华民族多元一体的认识；后者重在表现中华民族艰辛奋斗的民族精神，增强民族自豪感与认同感，《大国崛起》(2006)以国际视角聚焦15世纪以来在世界先后崛起的九个强国，并藉此为中华民族伟大复兴和强国之路提供经验，它以中国发展和现代化建设为问题意识，具有深切的现实关怀精神；《国情备忘录》(2009)基于全球金融危机的背景，从中国人口、农业、环境、社会保障和创新能力等方面解读中国国情，以自我认知、自我反思的视角凝聚民族向心力；《复兴之路》(2009)为迎接党的十七大有意识地系统梳理了中国近现代史，在历史中展现中国复兴的历程和艰辛，以振奋人心，增强民族自信心。

从现代性的角度来说，对历史的追溯和传统文化的追忆本身就是寻求民族认同的方式，“由于现代人的认同危机源于传统与现实生活的脱节，这使得现代人面对危机都不约而同地转向对传统、历史、过去和民族等共同话语的追求。这样一来，怀旧本质上就变成了认同的手段”①。追溯方式、叙事方式都会影响认同的程度和层次，民族史纪录片试图建构对民族多元统一的认同；国家政论片试图建构对中华文明和当代中国的认同。

民族视角的纪录片在叙事方式上大多沿袭格里尔逊模式。被称为“世界纪录电影教父”的约翰·格里尔逊发起的英国纪录电影运动及其所开创的格里尔逊模式一直影响中国社会。在格里尔逊看来，纪录片是教育和参与社会改革的重要方式，纪录片之于社会的现实意义和工具属性被置于重要地位，他曾直言：“我把电影看作讲坛，用作宣传”②。格里尔逊模式重在传播价值观、参与社会改革，这也是格里尔逊模式广泛影响中国纪录片发展的重要原因，这一模式的典型特征是“‘上帝之音’（voice-of-God）、证据剪辑和全知视角，借助于解说词来表达思想和立场”③。20世纪末历史人文类纪录片大多采用这一模式；2000年后中国纪录片受西方新纪录电影的影响，在创作方式上有了更多形式的变革，但总体来说，新时期民族视角的历史人文类纪录片仍以格里尔逊模式为主轴，在此基础之上加入多元叙事的因子，如故事化表达，以个人视角切入宏观叙述，情景再现搬演等，当然这也是由题材本身所赋予的叙事方式革新的潜能。

对历史人文类纪录片来说，建构国家形象和形塑民族认同在很大程度上要解决历史与现实对接的问题，“双线结构”“双重见证”是其常用的方式。“双线结构”即叙事中反复穿插古代与现代、虚拟与真实，由此产生历史感和纵深感。“双线结构”在新时期纪录片中运用得更加灵活自如，受后现代主义的影响，新时期纪录片从结构到叙事都走向碎片化，《故宫100》（2012）以每集六分钟共拍摄100集的方式开启了短平快的纪录模式；

① 张兵娟：《全球化时代：传播、现代性与认同》，中国广播电视出版社2010年版，第223页。

② 〔英〕弗西斯·哈迪：《格里尔逊与英国纪录电影运动》，单万里译，载单万里编：《纪录电影文献》，中国广播电视出版社2001年版，第52页。

③ 牛光夏：《纪录片类型与风格的历史演进与现实图景》，载《艺术百家》2016年第3期，第96—100页。

《敦煌》全十集都采用了“双线结构”，选择与敦煌有关的人物来还原敦煌历史，挖掘当地民俗文化，让敦煌“复活”。碎片化的“拼贴”是对接历史与现实的视觉语言，很多纪录片有意识地打破线性叙事，以画面拼贴深化表达、重构意义，如《故宫 100》第一集以手拿镜子的人们在故宫中穿梭的画面表现现代人对故宫的未知与迷惑，并以镜像之喻开启现代人对历史的解读；《昆曲六百年》的镜头从昆曲表演闪回到国家博物馆，从《桃花扇》南京首映仪式到《牡丹亭》洛杉矶展演，时空的高频度转换，画面的跳跃式切换，形成今昔对比和历史现实的交错感。

除了“双线结构”，“双重见证”也是历史人文类纪录片用于视觉论证和视觉说服的手段。“双重见证”指视觉见证和口述见证，视觉见证主要指画面的纪实性，包括对文献资料、文物古迹的留影存真；口述见证包括亲历者、见证人的访谈和专家学者的观点实录。民族视角的纪录片由于承担视觉“史记”的职责，大多由官方摄制完成，它对信息的要求更高，历史人文类纪录片基本都设有专家阵容，由专家深入阐释和解读历史，专家在纪录片的传播中充当了意见领袖，他们的专业权威性使纪录片更具视觉说服力。如《昆曲六百年》在文献资料的基础上加注了多位专家和文化学者的阐释；《敦煌》录制了敦煌学者在现场生动讲解古代敦煌婚礼习俗的场景；2016 年启动摄制的纪录片《中国茶业通史》也打出“由中国社科院历史研究所、故宫出版社等单位撰稿并监制”的专家班底[①]。无论是演播室讲解还是现场讲解，都起到了论证和见证的效果，“历史影像叙事结构的逻辑性及其现场，建立在这种多元的、个体的和局限性视角共同组成的口述见证基础之上”[②]，历史人文类纪录片需要多元化的口述见证，需要多元观点的呈现，以抵达历史的深度。

---

① 参见《纪录片〈中国茶业通史〉项目启动》，载《中国茶叶》2016 年第 9 期，第 33 页。

② 肖平：《纪录片历史影像的制作基础及实践理论》，中国广播电视出版社 2005 年版，第 185 页。

三、日常生活视角的中国形象：文化写真

民族视角的国家形象无论各时期的侧重点如何，仍属于精英视角和宏大叙事，如果按照托多罗夫对叙事视角的分类，民族视角的国家形象采用的是“全知视角”。托多罗夫对叙事视角进行三分：其一，全知视角；其二，内视角；其三，外视角。这三种视角表明了叙述主体与事件、人物之间的关系。[①] 宏观叙事的历史人文类纪录片受题材影响多采用全知视角，即以“上帝之眼”讲述历史、阐明意义。

叙事视角与题材类型有紧密关联，社会现实题材纪录片尤其是日常生活视角的纪录片则多采用内视角或外视角，或以局内人的感知参与式，或以局外人的客观纪录式开启叙事，纪录片题材与叙事视角的差异呈现出国家形象的另一面。

（一）早期的日常生活“脸谱”

20 世纪八九十年代，中国纪录片的发展开启了现实主义和平民化模式，纪录片创作的平民化是社会变迁、观念革新和创作实践的结果，它在题材上聚焦百姓生活，在表述上力主平实客观，以微观视角展现和反思人与社会的关系。在中国纪录片发展史上，20 世纪八九十年代具有分水岭意义，受 80 年代新现实主义和人文主义思潮的影响，中国新纪录运动开启，新纪录运动主张以现实主义的创作模式回归人本身，并从聚焦底层个体展开叙述，“新纪录运动中诞生的作品是对格里尔逊式专题片进行意识形态‘脱脂’后的影像，是对传统纪实影像的一种‘反转’”[②]。

---

① 参见〔法〕兹韦坦·托多罗夫：《叙述作为话语》，朱毅译，载《马克思主义文艺理论研究》编辑部编选：《美学文艺学方法论》，文化艺术出版社 1985 年版，第 562—572 页。

② 罗锋：《新纪录运动：从“思潮”到“阶层”》，载《南方文坛》2014 年第 1 期，第 51—56 页。

新现实主义思潮既影响了官方电视纪录片从宏大叙事向微观叙事、从政治话语向平民话语转变，也推动了中国独立纪录片的兴起与发展。学界一般认为，中国纪录片的平民化模式始于20世纪末《东方时空》的《生活空间》，它以“讲述老百姓自己的故事”为宗旨开启了平民纪实的叙事方式；上海电视台《纪录片编辑室》也拍摄了大量日常生活和普通民众的纪录片。90年代前后诞生了一大批日常生活视角的现实题材纪录片，如《沙与海》(1989)、《藏北人家》(1991)、《最后的山神》(1992)、《神鹿啊，我们的神鹿》(1997)。《沙与海》中的牧民和渔民、《远在北京的家》(1992)中的安徽保姆、《德兴坊》(1992)中的弄堂居民、《背个媳妇回家来》(1994)中的残疾夫妇、《舟舟的世界》(1997)中的智障儿童，这些都是社会底层的普通人。

此外，诞生于八九十年代的中国独立纪录片以更独立的眼光和个人化方式聚焦社会各阶层。中国独立纪录片主要由当时的自由文化人率先开启先锋性的创作实践，吴文光的《漂流北京》(1990)让“盲流”艺术家对着镜头诉说自己的经历和想法；段锦川的《八廓南街16号》(1996)展现了拉萨市中心八廓街居委会的工作日常；康健宁的《阴阳》(1997)持续关注宁夏彭阳县陡坡村两年半，展现人与自然及人与人的生存关系；李红的《回到凤凰桥》(1997)观照四个安徽女在京打工的生活；冯艳的《长江之梦》(1997)记录长江三峡沿岸的村落；杜海滨的《铁路沿线》(2000)记录铁路沿途的流浪者；王兵的《铁西区》(2003)记录东北大工业区的衰败及工人的日常生活。

无论体制内外，20世纪八九十年代的底层影像显得零散而杂乱，底层社会图景断裂而松散，但正是这种杂乱性丰富了中国社会的形象，这些生活化平民化的影像纪实，从某种程度上说始于知识分子的自觉和人文关怀的启蒙精神，一些研究者将底层叙事归结为知识分子精神脉络中的人文精神①。从这个角度来说，纪录片日常生活视角的转向仍然是由精英开启并引导的影像实践，但这种转向有重要意义，“纪录片由群体向个体转换，

① 参见滕翠钦：《被忽略的繁复——当下“底层文学”讨论的文化研究》，上海三联书店2009年版，第12—13页。

同时又把个体升华为群体……这种升华实际上是一种对人生际遇共通性的揭示，个体向群体升华的实现，也是纪录片所担负责任的完成”①。同时日常生活亦是各类文化的生动体现，多样的中国文化流淌充溢在日常生活的方方面面，《德兴坊》编导江宁在拍摄手记中写道，“我们拍的都是琐碎、具体、实际的人和事，可是拍着拍着我发现自己不仅在拍人，而且在拍中国的文化，中国的习俗、道德、伦理，充溢在人的生活中。”②

（二）新世纪的日常生活“脸谱”

随着改革开放的深入，电视媒体体制改革的推进和新技术的赋权，市场化让纪录片从政教宣传走向了大众传播，“中国电视纪录片是一个从国家意识形态逐步演变为大众媒介形态，从政治产品演变为文化产品，从国内走向国际，从民族走向世界，从个人行为走向社会行为的过程。”③ 新世纪的社会现实题材纪录片，创作主体更加多元，创作方式更加自由，创作形式更加多样。总体来说，新世纪日常生活视角的现实题材纪录片大致可分为以下几类：美食类、移民类、乡土类、匠人精神类。

美食类纪录片尤以《舌尖上的中国》（2012）为代表，它颠覆了传统电视纪录片的叙事方式，以社会文化史的角度聚焦中国人的饮食，从普通人的吃食开始切入，既有生动的个人形象如卖馍馍的陕北老汉、年逾古稀的吉林“鱼把头”，也有饮食背后的人生百味、历史文化、乡里乡情，从日常饮食里展现文化中国。

移民类纪录片包括两种，一种是城市化进程中农村务工人口向城市的流动，另一种是水利工程引起的迁居移民。《沿江而上》（2007）记录了长江三峡沿岸两个家庭的变迁；《归途列车》（2010）以春运为切入口再现农民工的现实状况和精神世界。移民题材反映出中国现代化进程中人与环

---

① 邓运瑞：《纪录片：回归或者突围》，载《电视研究》2002年第12期，第44—45页。

② 纪录片编辑室栏目组：《目击纪录片编辑室：告诉你真实的故事》，东方出版中心2001年版，第59页。

③ 何苏六：《中国电视纪录片史论》，中国传媒大学出版社2005年版，绪论第2页。

境、人与社会的关系。移民题材中留守儿童是备受关注的群体，《留守儿童三部曲》(2014) 之《路》《村小的孩子》《初三》由蒋能杰花费六年时间拍摄完成。与其他现实题材纪录片不同，蒋能杰积极推动纪录片在社会中的讨论，《村小的孩子》历时 4 年在全国 30 多个城市的图书馆、大学和影视沙龙放映 600 余次，产生了较大的社会反响。

乡土类纪录片以乡土文化和新农村建设为社会背景展开叙事，央视推出的《记住乡愁》(2015)、《美丽乡村》(2015) 从乡村变化说起，从人们对乡村的眷恋说起，回应现代化进程中人们生活方式、工作方式、精神状况的变化。诉说乡愁是为了回归文化，正如《记住乡愁》文案作家郭文斌所言，"记住乡愁，就是记住社稷。记住乡愁，就是记住祖宗。记住乡愁，就是记住恩情。记住乡愁，就是记住根本。记住乡愁，就是记住春天。"①

匠人精神类纪录片以微观视角阐释匠人精神的传承之于传统和现代的意义。《我在故宫修文物》(2016) 是纪念故宫博物院建院 90 周年的纪录片，与之前故宫题材纪录片侧重人文历史不同，它以微观叙事和平民视角聚焦故宫里修文物的工作人员，用"以人证史"的方式既展现文物价值、人与文物的关系，也刻画匠人精神对当代人的意义。《大国工匠》(2016) 也聚焦国宝级的工匠技艺，从他们的日常工作中挖掘匠人精神。

就目前中国纪录片的发展结构来看，现实题材纪录片相较于历史人文类纪录片仍处于缺位状态，体量小，内容少。因为它常常直击社会现实问题，费时、费力、费金又易触碰政治敏感地带，"投入大、操作难、回报低是现实题材纪录片的生存现状"②。不过近年来现实题材纪录片有所升温，这得益于官方有意识地推动。

央视纪录频道 2011 年 7 月发起"活力中国"纪录片项目，把"社会现实类题材"作为选题范畴，催生了大批社会现实题材纪录片，首批 14 部作品，展现了不同视角的时代风貌：野生动物摄影师、北漂一族、网店老

---

① 郭文斌：《记住乡愁，就是记住春天》，http://opinion.people.com.cn/n/2015/0108/c1003-26347986.html，2017 年 6 月 10 日访问。

② 牛光夏：《中国现实题材纪录片的困境及突围之路解析》，载《中国电视》2013 年第 10 期，第 63—66 页。

板、汉服狂人等让人一瞥新时期的社会众生相，这些活跃在社会各行各业的百姓脸谱让中国形象更加立体、多元和可感。正如央视纪录频道“为时代中国存像，与大千世界共鸣”的价值理念，《活力中国》纪录的当下中国人，在梦想与现实的境遇中，展现出多样的精神气质，当下中国人的脸谱聚合了更丰富的中国表情。

现实题材纪录片受题材影响，在叙事方式上更倾向于“直接电影”(direct cinema) 模式，以最大限度减少主观干预，保证纪录客观真实，“导演在拍摄时，或多或少存在一种真实类型的自觉性，以至于在机位选择、拍摄视角、空间展现、与对象的交流与认同、抒情段落处理、镜头长度以及节奏的选择上，皆呈现直接电影一贯的特质”①。虽然新时期不乏一些先锋性的尝试，但直接电影模式仍是现实题材纪录片的主流叙事方式。

值得一提的是，日常生活视角的现实题材纪录片包括两类，一类反映社会的阳面，一类反映社会的暗面，这两面共同构成了国家社会的整体形象。比尔·尼克尔斯 (Bill Nichols) 就指出纪录片聚焦现实“为使人们了解大众记忆和社会历史增添了一个崭新的维度”②。社会现实纪录片更大程度承担了社会纪实的文献功能，同时也集中彰显了纪录片的社会责任，它以影像发声的民意表达方式，以纪录推动人们对社会深层的认知，唤起人们的社会责任，促成社会共识和促进社会问题的解决。“纪录片不应该成为很孤立的、很专业的东西，它应该和社会发生多方面的联系，它最终的结果还是要和这个时代的敏感神经发生联系，和这个时代的重大问题发生联系。如果没有这种联系，就不可能和观众找到联系。”③ 此外，现实题材纪录片从日常生活视角切入，聚焦百姓脸谱、塑造国家形象，更有代入感和亲近感，更容易为国内外受众接受。与民族视角的宏大叙事不同，日常生活视角的微观叙事更容易让受众感知，也更容易让形象立体生动。

---

① 贺钦宁、陈智勇：《从修辞类型观探讨独立纪录片〈留守儿童三部曲〉之行动意涵》，载《现代传播》2016 年第 2 期，第 113—117 页。

② 〔美〕比尔·尼克尔斯：《纪录片导论》，陈犀禾等译，中国电影出版社 2007 年版。第 44 页。

③ 陈虻：《记录今天就是记录历史》，载《电影艺术》2000 年第 3 期，第 77—79 页。

如果说历史人文类纪录片构成了中国形象之“骨架”，展现的是过往历史中的英雄人物和社会精英，描绘出一国之精神特质和文化积淀，那么现实题材纪录片是构成中国形象必不可少的“血肉”，它聚焦百姓日常生活，以多元多样的视角讲述百姓故事，使中国形象立体而丰满。尤其在对外传播过程中，针对不断被妖魔化的中国形象和对中国存在刻板印象的西方人，现实题材纪录片更能让他们了解现实中国的变化与活力。

四、国际交流中的中国形象：主客视角的多面相

国际交流视角是指在国际传播的语境中，中西方纪录片以主客视角呈现的中国形象，这种形象既让中国走向世界，也让世界了解中国。但从信息论的角度来看，国际形象的塑造是信息组合及流动的过程和结果，“信息从国内流向国际舆论，从国际媒体的加工再流向国际受众族群”①。在信息的生产和流动过程中，中国形象也呈现出多重棱镜映射的多面相。

（一）“他者”眼中的中国形象

西方对中国的关注由来已久，近年来西方制作的中国题材纪录片逐渐增多，如美国探索频道《列国图志：中国》（2006），日本 NHK《激流中国》（2007），德国电视二台《中国边疆》（2011），韩国 KBS《超级中国》（2015）等。西方纪录片对中国关注最甚者莫过于 BBC，近十年来，BBC 纪录片从各个角度来阐释中国：《今日中国》（2006）、《中国的动荡与崛起》（2012）着眼于中国政治制度和政治改革；《中国人要来了》（2011）、《中国是如何愚弄世界的》（2014）着眼于中国崛起对世界的威胁；《全球变化最快的地方》（2012）、《中国秘密》（2015）着眼于中国的城市化进程和中国经济的发展模式；《美丽中国》（2008）、《驾车游中国》（2012）、《中国故事》（2016）、《中国新年》（2016）聚焦中国的自然景观和人文历史。

---

① 张毓强：《国家形象刍议》，载《现代传播》2002 年第 2 期，第 27—32 页。

西方纪录片中的中国形象既有正面的也有负面的，德国学者冯德律（Barbara von der Luhe）在分析德国纪录片再现的中国形象时称，“纪录片制作人中也不存在一种‘中立’的立场，即便新闻报道和纪录片都隶属客观事实之列”[①]。国外纪录片妖魔化、丑化中国形象的不占少数，如《中国人要来了》以主持人的个人认知串起所见所闻，这种从个人印象出发的片面化阐释在西方纪录片里十分常见，这势必造成对中国国家形象的歪曲性解读。但随着国际交流和民间交流的加强，西方视野中的中国形象也逐渐从单向度变成多维度呈现。如《中国新年》以亿万人新年团圆为主线，再现中国各地风貌，介绍中国的酒文化、饮食文化、家文化，传达出中国人家和万事兴的价值观。德国纪录片《中国边疆》展现了鲜活而真实的中国边疆，受到德国民众及在德华人的肯定，有学者分析该纪录片解说词，其中“发展、进步、提高、美好、幸福、希望”等正面用语占较大比例。[②]

西方纪录片的制作主体出于对国家利益、意识形态和受众市场的考量，会选择不同视角和立场。韩国纪录片《超级中国》诞生在中韩经济文化交流不断深化的背景下。制片人朴晋范认为：“以前介绍中国的书和节目也很多，但并不全面。所以我们希望做一个综合性的纪录片，帮助韩国观众更好了解中国的历史和现在。”[③] 关于《超级中国》塑造的中国形象虽然众说纷纭，但大多数评论认为总体表现友好，从认知论视角来看，韩国迫切需要对崛起邻国全面认知，这种认知在很大程度上是基于韩国民众的需求，正如节目片尾字幕说明所明示：该节目用大家收视费制作完成。还有一些西方媒体为了保持和中国的友好关系采取了客观公正的态度，NHK《激流中国》之《病人大长龙》获法国国际电视节（FIPA）纪录片金奖，“在 NHK 摄制组的成员看来，根本原因还是 NHK 对中国的态度客观全面

① 〔德〕冯德律、谢震宇：《德国电视纪录片中的中国形象探析》，载《德国研究》2007 年第 4 期，第 50—56 页。

② 参见郑西帆、宋蒋萱：《德语纪录片〈中国边疆〉建构的多维中国形象分析：兼论如何提高国产纪录片的跨文化传播能力》，载《新闻大学》2013 年第 4 期，第 37—44 页。

③ 转引自史哲宇：《异域视野中的中国形象——以韩国纪录片〈超级中国〉为例》，载《福建广播电视大学学报》2015 年第 2 期，第 93—96 页。

公正，与一些欧美媒体相比，NHK 没有那么先入为主，而是从中国的现实出发，不回避也不夸张。并且 NHK 不允许对他国问题横加指责，一方面是这样做不合适，另外则认为这种指责很可能是错误的，媒体对自己的言论需要格外慎重。”①

与 20 世纪西方纪录片聚焦中国的“猎奇”“俯视”视角不同，新世纪西方纪录片再现的中国形象更加多元。如果将西方对中国形象的关注称为他者的“凝视”，那么这就具有了视觉心理学和精神分析学的意义，“它就不再是一种简单的视觉行为，而是关于整个自我、自我与他者之间关系建构的重要程序”②。他者眼中的中国是选择性的结果，受制于意识形态、国家利益、刻板印象、受众市场等多方面；同时西方视角的中国“凝视”也为我们提供了他者的目光和他者心中的中国形象，成为我们认识自我、认识中国形象的参照对象。中西方视角的中国形象是主客立场的产物，共同构成了中国形象的多面相。

（二）“自我”形象的对外传播

随着中国对国家形象的认识和重视，中国纪录片也开始“走出去”主动传播中国形象。中国纪录片建构和传播国家形象呈现出两种态势：一种以纽约时代广场播放的《中国国家形象宣传片》为代表的“宏大灌输式”。该宣传片的“人物篇”在 60 秒内以群像方式展示中国各领域杰出华人 59 位，这样的外宣片在很多人看来收效甚微，一是群像的精英性无法概括中国形象，二是信息的密集度让受众难以认知。有研究者将外宣纪录片的特点概括为，“议论有余、事实不足；说教有余、情理不足；刻板有余、鲜活不足；概括有余、具象不足”③。国际智库的调查结果也显示，中国的国

---

① 参见彭远文：《纪录片里看懂中国：NHK，来自他者的眼光》，载《南都周刊》2010 年第 14 期。

② 赵建飞：《平行的凝视——论史杰鹏的中国题材纪录片》，载《电影新作》2014 年第 3 期，第 97—99 页。

③ 周东元：《电视外宣纪录片创作浅论》，载《现代传播》2009 年第 3 期，第 143—145 页。

家形象并没有随"宣讲式"的国际传播而改观。① 另一种是以《舌尖上的中国》为代表的"精致微观式"。《舌尖上的中国》在对内对外传播上收效甚佳，它精美的视觉效果，简洁的视觉语言，将食物、人物、文化串联起来，表现出中国人勤劳淳朴的性格，中国饮食文化博大精深的底蕴，由此再现了生动的中国形象。据资料显示，《舌尖上的中国》在海外的销售单价近 7 万美元。

中国纪录片对中国形象的塑造和国际传播从叙事学角度来说，就是要用国际视听语言和叙事方式讲好"中国故事"。近年来不少纪录片都对此有所创新，《当卢浮宫遇见紫禁城》（2011）被认为是具有国际视野和国家交流意识的纪录片，该片从中西比较的角度审视不同文化的特点，从中法两国中选取最具特色的文化符号，从文物看文化和历史，并展开具有互动性的思想交流。《大国崛起》是中国具有全球意识的东方书写，将西方五百年间的大国大事用理性精神和新史学眼光加以梳理，以反思和回应现实。如此厚重的题材吸纳了各领域专家的参与，以保证纪录片的深度和高度，"国家外事部门相关专家对该片从选题论证、策划到脚本撰写等前期工作的全面参与，为该片在后来国际传播过程中始终没有遭遇国际误读，激发任何外交纠纷打下了坚实的基础"②。还有的纪录片延请国际名人提升纪录片制作水准，《百年巨匠》由诺贝尔文学奖得主莫言担任总撰稿，张艺谋担任总导演，纪录片讲述 10 位蜚声世界的中国艺术家的人生故事，并翻译成八种语言。③

（三）国际合作中的形象生产

在中国与世界的"互看"过程中，在文化传播力与影响力方面，中国与西方发达国家相比，从思想理念到文化体验，尚存在严重的"认知逆

---

① 参见《中国国家形象全球调查报告 2013》，http：//news.china.com.cn/2014-02/21/content_31547018.htm，2017 年 6 月 10 日访问。

② 温细鎚：《"拟态中国"与"晕轮效应"——从国际文化交流角度谈我国纪录片创作的优化》，载《新闻前哨》2016 年第 5 期，第 13—15 页。

③ 参见《〈百年巨匠〉国际宣传片启动 向世界讲述中国故事》，http：//news.xinhuanet.com/local/2017-01/21/c_1120358576.htm，2017 年 6 月 10 日访问。

差”现象。[①] 据2012年《中国统计年鉴》数据显示，2011年我国进口纪录片955小时，花费3683万元，出口纪录片111小时，收入1834万元。[②] 这表明，“我国纪录片在国际交易中不但总额逆差8.6倍，而且纪录片单位时间成本是国外纪录片的4.3倍”[③]。中国纪录片在国际交流和传播平台上，无论从体量还是影响力上说，都难以与西方传播霸权形成正面对话。在技术革新、政策推动和市场化力量的综合作用下，纪录片的中国形象生产与建构从单一走向多元，市场化与国际合作成为新时期纪录片发展的新趋势。

电视产业化和制播分离的推进为纪录片的创作和播出提供了更宽广的平台，创作主体的多元化和社会化创作力量的加入，丰富了纪录片的品种和类型。近年不少纪录片都由影视传媒公司制作生产，同时爱奇艺、乐视、搜狐、腾讯等网络平台专辟纪录片专区也大大推动了纪录片的传播效力，有些纪录片最开始在电视平台上播出反响平平，但通过网络平台扩大了传播效果，如《我在故宫修文物》就是通过网络传播引发受众热捧。

不少学者认为市场化是激活中国纪录片生产的力量，纪录片市场化的根本目的是“要繁荣纪录片，让更多的人投入到纪录片的事业或者产业中来，让更多的人看到更多不同类型、不同风格、不同题材的纪录片，也给后人留下更丰富的社会变迁的影像”[④]。实际上中国题材纪录片在西方有很大的市场，世界关注中国，西方渴望了解中国，美国探索频道中国区高级经理郑可文曾感慨，当他们找不到合适播出的中国纪录片时，就会选用外国人制作的中国题材纪录片。[⑤] 但中国纪录片的海外市场也不容乐观，很

---

① 参见詹勇：《贺纪录频道开播》，载人民日报评论部编：《人民日报评论年编·2011：人民论坛》，人民日报出版社2012年版，第432页。

② 参见中华人民共和国国家统计局编：《中国社会统计年鉴2012（汉英对照）》，中国统计出版社2012年版，第897页。

③ 刘新传、冷冶夫、陈璐：《角色与认同：中国纪录片国际传播战略》，中国传媒大学出版社2014年版，第63页。

④ 何苏六：《纪录片市场化：中国问题与外国方法》，载《现代传播》2005年第3期，第101—104页。

⑤ 参见张婷：《中国纪录片市场还有多远?》，载《凤凰周刊》2008年第6期，第86—90页。

多“出口”国外的纪录片会成为素材变成西方改写和重新制作纪录片的“原料”，《故宫》《龙脊》《复活的军团》都曾有压缩重剪的遭遇，如此中国纪录片希冀通过“自我”塑造中国形象的愿景就落空了。

在纪录片市场化和国际传播过程中，如何掌握建构和传播中国形象的主动权与话语权至关重要。一方面要用市场化的力量丰富各种题材的纪录片创作，为西方提供包括历史人文、社会现实的多面立体的中国形象。尤其是聚焦日常生活的现实题材纪录片具有更大的市场和受众群，中国教育电视台台长康宁曾谈到，现实题材的纪录片具有更大的国际传播潜力，“《我的太阳》在国外播出给我的体会是，真实普通人往往才是国外媒体和观众关注的焦点，普通人的真实故事才能更打动人”①。“社会现实题材纪录片可以也应当担当起树立中国国家形象的重任，纪录真实的中国，成为国际传播的使者”②。

同时纪录片生产的国际合作模式也是可资利用的有效途径。纪录片的国际合作早有先例，20 世纪 80 年代就有中日联合制作的《丝绸之路》《望长城》。随着纪录片市场化的推进，新世纪的国际合作逐渐增强，《故宫》由美国国家地理频道与央视合拍；《青藏铁路》（2006）由五洲传播中心与美国探索频道、新西兰自然历史制作公司联合制作；《美丽中国》由中视传媒股份有限公司与 BBC 合作完成。《改变地球的一代人》是由央视纪录频道与 BBC 联合出品的全球性题材纪录片，聚焦全球城市化进程中的问题，反思当前人类的生存境遇，纪录片的国际合作模式使中国参与了这一世界话题的讨论和书写，同时也有助于中国把握国家形象传播的主动权。有研究分析，该片对中国形象的塑造总体为“认可”，“通过研究英语受众对该片的解码发现，关于中国形象的评价中并没有出现贫穷、落后、闭塞等惯有的刻板成见，相反，通过这部作品，他们看到了中国的崛起和发

---

① 康宁：《纪录片，一本国家的相册》，载《中国电视（纪录）》2011 年第 1 期，第 53—55 页。

② 中国电视艺术委员会评论员：《重铸社会现实题材纪录片的责任担当》，载《中国电视》2013 年第 4 期。

展，并大多对此进行了正面的解读”[①]。

目前中国纪录片的发展在总体态势上的迅猛势头来源于体制内的政策和资金支持，纪录片市场的发展和市场机制的培育仍亟待造血，通过市场化运作使中国纪录片尽快加入纪录片国际市场的体系，市场化包括内容生产、推广营销、基金融资等各方面。独立纪录片《归途列车》就是综合运用市场手段获得成功的典范，它通过国际化运作，融资近100万美元，获得国际奖项60多个，其国际化手段包括文案撰写、申请国际基金、预售、院线发行。[②] 此外，中国纪录片为应对日益激烈的国际市场竞争，纪录片生产主体也应加强品牌（频道、栏目、节目）建设和推广，并成立针对国际传播的推广部门，完善纪录片的产业链建设。例如，英国BBC就设有“全球营销和品牌开发部”，专门负责开发和推广具有全球品牌价值的节目。[③]

在纪录片的国际市场上，中国纪录片的国家形象塑造不仅仅是内容生产的问题，还涉及运营推广、传播销售等市场化操作的各方面。2014年李克强总理在十二届全国人大二次会议上的政府工作报告中强调：“加快文化走出去，发展文化贸易，加强国际传播能力建设，提升国家文化软实力。”纪录片作为文化产业的一部分，具有提升国家文化软实力的作用，在国家纪录片和文化产业发展利好政策的推动下，纪录片的国家形象塑造任重道远。

五、结　　语

如果用广义的文化视角审视纪录片中的中国形象，民族视角的纪录片和日常生活视角的纪录片构成了自上而下和自下而上的文化叙事，展现了

---

① 张梓轩、许晖珺：《中外合作纪录片的国际受众解码——基于〈改变地球的一代人〉国际网络用户的研究》，载《现代传播》2016年第6期，第106—109页。

② 参见赵琦：《从〈归途列车〉看纪录片的国际商业操作》，载《中国电视（纪录）》2011年第9期，第45—49页。

③ 参见张同道、胡智锋：《2010年中国纪录片发展研究报告》，载《现代传播》2011年第5期，第116—126页。

不同面向的中国形象；国际交流中的纪录片在市场化作用下呈现出形象生产的多元模式。

纪录片的叙事视角代表一种修辞方式，从修辞学的角度来看，真实并不拘泥于主客对立，“修辞的另一个沟通功能就是告诉我们何谓真实。真实不是固定的，真实会随着我们所使用的语言符号而改变。而这些符号像滤镜般地影响了我们对真实的看法”①。纪录片的真实是建构性的真实，纪录片的国家形象也是媒介拟态环境所再现的国家形象，再现过程中采用视角、立场、态度决定了纪录片中的国家形象。纪录片视野中的国家形象对形塑民族认同、加强文化传播、增强国家文化软实力皆有重要意义。由于目前国际话语体系中有来自不同主体的声音，有关中国的国家形象也有本土和西方的双重维度，随着技术革新、市场扩张、思潮影响、观念更新，用什么方式塑造国家形象，仍是基于时代语境的现实问题。

需要警醒的是，我们现在已处于冯德律教授所说的信娱（infotainment）和纪娱（docutainment）的时代，“纪录片既不能顺从资本文化逻辑成为快感消费的牺牲品，也不能为娱乐语境瓦解其内在精神”②，我们需要多主体、多形式、多视角的纪录，以此反思现实，反观自身，回应世界。

请思考

1. 纪录片中的中国形象包括哪些方面？根据你所熟悉的纪录片加以阐释。

2. 历史人文类纪录片中有关情景再现和搬演的部分，你认为与纪录片的纪实功能相冲突吗？如何理解？

3. 在“泛娱乐化”的时代语境下，你认为纪录片的发展何去何从？

---

① 张玮容：《由 Michael Moore 的叙事策略看纪录片的语艺意涵》，世新大学口语传播学研究所 2006 年硕士论文。

② 刘忠波：《30 年来中国纪录片的内在精神与外在形式》，载《北京电影学院学报》2011 年第 1 期，第 39—42 页。

第十讲

第十讲

新媒体时代的交往革命

孙祥飞[①]

从雕版印刷到活字印刷，从印刷时代到数字时代，信息依然是信息，但文明的形态发生了变化。历史上每一次信息技术的变迁都会带来人类新的交往革命。自20世纪90年代中国接入世界互联网到今天，我们的生活习惯、工作方式都发生了翻天覆地的变化。目前这场由新媒体所引发的声势浩大的传播革命方兴未艾，它不仅改变了我们的生活方式、看待世界的视角，甚至也重新定义了交往本身。在当今社会，我们所有的一切无不刻上了鲜明的新媒体痕迹，甚至有人调侃说，在互联网时代，马斯洛需求层次论中最基本的需求已经由生理及安全的需求转变为对电量和WiFi的需求。在此，我们通过三个维度来对新媒体时代的交往革命进行解读：第一，新媒体带来了怎样的交往单命；第二，我们如何以更理性的姿态看待由新媒体所引发的交往革命；第三，新媒体时代的我们该如何适应生存。

一、交往的革命：三个视角

互联网给我们的生活带来了翻天覆地的变化，它改变了我们的生活，我们的工作，我们的学习，与我们相关的一切。它可以让我们在任何时

① 孙祥飞，山东潍坊人，毕业于复旦大学新闻学院，获文学博士学位，现为华东政法大学传播学院讲师，研究方向：新媒体与网络舆情。

间、任何地点通过任何一种方式了解事关家国天下的大小事件；它让我们实现了老子“不出户知天下，不窥牖知天道”的朴素理想；它使那些遥远、陌生、阴暗的东西曝光在聚光灯下接受公众的评判；它可以让名不见经传的小人物在一夜之间成为瞬间爆发的“网红”……20 世纪 90 年代尼葛洛庞帝所言的“计算机不再只和计算有关，它决定我们的生存”已经成为不可动摇的现实。我们赞叹这种伟大的变革，我们用快速、交互、即时、全天候、重构、自由、共享、免费……等若干字眼或词汇来表述今天的变革。甚至，我们可以说，新媒体是继蒸汽机之后又一项伟大的发明。在此，我们用三个关键词来解释互联网所带来的交往革命，分别为：“赋权”“重构”和“自由”。

（一）赋权：面朝亿万网民的呐喊

所谓“赋权”通俗讲就是给予权力。新媒体所具有的“赋权”功能远超传统媒体所具有的“赋予社会地位”功能，因为众所周知的是，在新媒体时代，我们不再像传统媒体时代那样只能被动地坐在书桌前读报纸，或者端坐在电视机前看电视，我们不再是单纯的受众；尤其对于那些由少数群体、边缘群体、能力丧失者构成的“无权群体”而言，他们不再是沉默的边缘人士，而是已经变成了那个能够开口说话的人。并且，在互联网时代，任何一个拥有键盘、鼠标或智能手机的用户借助互联网进行表达的时候，其声音从理论层面而言，面对的将是数亿的网民。与此同时，“赋权”所指向的对象并非那些已经为聚光灯注视的明星大腕或风云人物，更多的是普通的社会草根——他们因新媒体的存在而在地位上获得了空前的提升。

正因如此，个体的意义被凸显了，个人的价值被放大了，若干有着智慧和技能的新媒体普通用户从芸芸众生中脱颖而出，获得了前所未有的关注，比如那些活跃在小说网站中的写手，那些靠经营“两微”（微博和微信）来获得不菲收入的活跃草根，那些靠网络直播而日进斗金的主播。但赋权并非仅仅针对普通的个体，个体通过交流或传播建构了相互之间的关系，于是，在一些具有关注度的热点事件中，若干并不相关的个体处在现实世界中的各个角落，他们彼此并不认识，但能通过网络连接在一起，形成一张具有无限张力的大网，它传播信息、分享知识、建构真相、形成舆论、塑造压力，以碎片化、全天候、跨时空的方式拼接出我们关于世界的认识，也拼接出能够推动社会变革的巨大力量。

李普曼在《公共舆论》中提出了“拟态环境”的概念，它强调人们在亲身作用社会现实的时候，人们由于精力和能力的限制不能亲身经历所有的社会现实，而新闻媒体扮演了一个极为重要的角色：它将社会现实中的新闻事件和新闻热点进行筛选、加工，进而传播到众人的面前，帮助人们作出决策。在互联网时代，媒介不仅是提供信息的渠道，更成为我们作用于社会现实的平台——在大多数时候，我们介入社会公共事务的意见表达，但我们并不在具体某一个新闻事件的现场，更多的时候，我们先是通过互联网等各种媒介平台获得关于社会现实事务的若干信息；进而，我们借助互联网给予我们的可能性发表对该新闻事件的情感、态度和意见。这也是新媒体的“赋权”给我们社会带来的巨大影响的典型表现方式，所以我们看到在“70码”飙车案件中，在“我爸是李刚”事件中，在“表叔”事件中，在“魏则西”事件中，若干不在新闻现场的网民借助互联网的这种特殊功能连接起来，助推了社会的进步，彰显出以“不在场的在场”为特征的影响力量。

（二）重构：变革一切的技术力量

社会需要传播，但传播却不只是社会的附属物，同样需要重视的是传播构成社会，因为传播是社会变革的重要推动力量，不同的传播技术会缔造不同的生活方式、文化形态和社会环境：口口相传的时代，建构的是小国寡民的原始村落；比特和互联网的时代，建构的是四海为家的地球村。当然，新媒体对社会的变革并非仅仅局限于对空间关系的这种重组，它还包括我们的传统习惯、生活方式、文化形态和思维观念。网络购物的出现使我们足不出户，即可轻松的消费，是因为新媒体重构了我们的传统产业，不仅将线下的购买行为移植到互联网中，更使得市场预判、生产加工、物流仓储等若干产业链条发生化学反应；网络课堂的出现使我们身处任何一个角落只要能够接入互联网即可学习各种知识，这不仅将线下的课堂搬运到网络上，更使得知识生产和消费的逻辑发生了翻天覆地的变化。

这种现象，我们称之为“互联网＋”，其中的“＋”表示的便是重构，是将互联网或新媒体作为一种因子注入传统行业中就会带来翻天覆地的变化。在现今社会，我们感受最深的重构有三种形态，分别是时间的重构、空间的重构和关系的重构。

首先，新媒体带来了时间的重构，它可以让我们充分利用候车、排队、等人等碎片化时间，将这些原本并不宜获得知识或信息的时间充分利用起来，谋求个人的提升。对于整个社会而言，若干用户的碎片化时间可以进行有序整合，一旦处在世界各地的新媒体用户在某一个方面形成共识，那么它将会在极大程度上推动社会的进步。克莱·舍基在前些年提出了一个叫作“认知盈余”的概念，他举例说，在大众媒体手段并不发达的时候，人们通过喝酒来打发闲暇时间，有了电视媒体，人们围坐在电视机前进行消极的娱乐活动：每一个家庭或个体彼此孤立，缺乏一个整合在一起的机会。但是有了新媒体之后，分散在世界上各个角落的新媒体用户即可通过网络连接在一起，形成一种庞大的“认知盈余”（即碎片化时间的集合体），进而有助于社会的发展和人类知识的传承。例如，彼此不相识的网络用户共同建立维基百科的词条，乐此不疲地进行考证、修改、补充和完善。

其次，新媒体的出现也使得我们的空间得以重构。传统意义上我们所谓的“空间”特指事物运动的场所，它由我们所感知的上下左右等具体的位置构成。但在此之外，还有一种我们称之为“媒介空间”的空间，它是由媒介所报道的信息构成，是社会现实在媒介中的再现，只是这种再现是人工化的、被建构出来的，它不同于我们的社会现实空间，但却构成了我们日常生活、工作和思考的重要场所。媒介所建构的空间与我们社会现实的空间具有三重关系：一是延伸我们的物理空间，可以把我们线下的社会实践拓展到互联网空间中，如我们现在经常使用的网络课堂就是对现实课堂的拓展；二是再造了新型的虚拟空间，这一空间在现今社会已经成为除陆地、海洋和太空之外的另类空间，是各种力量竟相角逐的对象；三是变革了现实生活中的传统空间，即“空间的压缩”，使“世界是平的”及“地球村”等理想成为可能。

再次，新媒体也带来了人与人之间的关系的重构，这种重构使“最小世界”理论寻找到最为便捷的实践可能。最小世界理论也就是我们通常所谓的“六度分隔理论”（Six Degrees of Separation），其意思是我们通过最多不超过五个人就会认识全世界任何一个陌生人。这使得我们处在一个无处不在的网状社会中，人与人之间通过传播与交往构成了社会，基于互联网的人与人之间的关系的重构使彼此不相识的人有机会进行大规模的合作，印证了克莱·舍基所谓的“未来是湿的”的著名论断。人和人之间的关系分为强关系和弱关系，诸如家庭成员的关系、邻里之间的关系被称为强关系，而与同事、同学及陌生人的关系则称为弱关系。互联网通过社交网络让我们强关系的维系更为方便、快捷且跨越时空，而对我们的学习、工作而言有着更大益处的弱关系则得到了空前的拓展。

（三）自由：我传播，故而我存在

约翰·弥尔顿在《论出版自由》中呼吁，“给我自由，让我了解，让我发言。让我按良知，自由自在地争论”。而今，借助于新媒体的普及，几乎是任何一个接受过一定教育的人都可以使用互联网进行公开的表达，并且，以微博、微信等为代表的社会化媒体甚至具有了哈贝马斯笔下所谓的“公共领域”雏形。在这样的背景下，每个新媒体用户的在场意识、表达意识和权利意识都被放大和凸显，俨然由一个传统媒体时代的信息“接收容器”变成了现代社会的“公民”。以至于有人惊呼在今天的新媒体时代，笛卡尔“我思故我在”的至理名言变成了“我传播，故而我存在”。朋友圈中的随手转发、微博中的浏览分享、各种 APP 中的评论都在彰显着每一个互联网用户的存在感。也正因如此，在新媒体游走、穿梭的“我”变成了一个大写的“我”，它不再是被大众媒体根据受众兴趣调研所预判的符合大多数用户标准的目标读者，也不再是那个盯着屏幕或纸张付出了注意力但却永远不能开口的沉默者——我们拥有了史无前例的表达自由。在新媒体技术所赋予我们的这项权利中，我们可以针对社会公共事务发表自己的观点和看法，我们可以将自己的经验和知识进行大规模的分享，我们也可以通过互联网寻找日常生活、工作中所遇到的棘手问题。

从网络论坛到网络博客，从 SNS 网站到微博，从微信到各类客户端、网络直播……新媒体技术不断变化，各种平台更是以雨后春笋般的姿态不断涌现，出现在人们的视野中，渗入到人们的日常生活中。BBS 的出现使互动传播成为可能，网络博客开启了全民书写的时代，SNS 让我们验证了最小世界的可能性，而微信和各类客户端又使得每一个新媒体用户拥有了利用空余时间变革未来的可能性。这一切，都让我们感受到面对亿万网民进行公开表达可能带来的奇迹。

二、交流的无奈：新的问题

新媒体带来的伟大变革让我们庆幸或者欣喜能够生存在这个伟大的时代，因为它开创了无限的可能性，所以麦克卢汉惊叹说，“媒介就是信息”。但任何能够变革社会的伟大力量都不是带有着天然的善，尽管技术从来都不是万恶之源，但人类本身存在的问题无法通过技术来彻底解决。在我们赞叹互联网给我们带来伟大变革的同时，也需要我们冷静的思考现在的“网络人”所可能面临的一些普遍性的问题。

（一）脱序的新媒体场域

我们先看一个案例，在之前热播的电视剧《花千骨》中有一个片段：一群村民在一位青年男子的带领下高举火把，喊着“乡亲们，跟我来，烧死这个妖女，替天行道，为张大夫报仇”的口号，一起冲向花千骨的房子，试图以群体的力量杀死“花千骨”。我们如何从传播学的角度来解释这样的一个群体性事件呢？或者说，这个场景跟我们今天的生活相比有哪些共性呢？这个电视剧片段，我想至少有以下几个解读的视角：

第一，作为舆论领袖的村民的示范和带头作用。场景中冲在最前面并且高喊“乡亲们，跟我来”的那个人，便是整个事件的关键力量，它是事实及意义的定义者，掌握了话语权，也掌握了群众资源，它会将特定的诉求包装成所有人的需求，鼓动群体去参加。在互联网中，任何一个有影响力的事件都少不了舆论领袖的存在，比如此前某明星所拍摄的电影中因使用了污点人物，该明星导演被网民批评为“卖国贼”，此时，若干个微博中的“大 V”不断发声，几乎一边倒地带动了舆论的走向。在日常生活中，人们在对某事作出判断的时候，往往会不自觉地模仿、借鉴和遵循那些拥有较高声望、地位的人的行为，在互联网中，这种现象被发挥到极致，而部分所谓的“大 V”往往利用用户的这种心理将自己的观点和动机伪装成社会共识，去带动不假思索的网民的参与。所以，一些打着爱国口号进行群体动员的人未必是真正的爱国，一些喊着“拐卖儿童者一律死刑”口号进行呼吁的人并非为了保障儿童权益。

第二，“群体的非理性”或者“群体极化”。有一本书叫《乌合之众》，是著名的社会心理学家古斯塔夫·勒庞写的研究群体心理学的书。作者认为，任何人一旦进入到某一个群体中，他的理性就丧失了，成为乌合之众的一员，随时等待各种召唤和暗示，一旦存在某种呼声特别大的意见，他们就毫无保留地全力以赴并愿意为这些意见大声疾呼。于是，那些没有主见的人都会跟随这一优势意见发表观点或采取行动，而持不同意见的人则担心自己被群体孤立而要么改变自己的意见，要么保持沉默。所以，当一个村民及更多的村民站出来要烧死“花千骨”的时候，大量的村民都会形成一个庞大的群体，高举着道德和正义的旗帜，甚至可以对抗“妖神”。

第三，即我们上文中所提及的“技术的赋权”，在我们列举的《花千骨》的例子中，村民为什么连一个“妖女”都敢去对抗？除了他们以群体的力量使每个人获得了安全感之外，最大的一个依仗就是手中的火把。我们可以将“火把”看作一种赋权的手段，一种弱者的武器，它使弱者的诉求有了依靠。很明显，在今天，这个武器由火把变成了互联网，变成了我们随时随地都在使用的手机。有了手机，我们可以使一个小人物悬而未解的诉求曝光在大庭广众之下，但也可以理直气壮地对抗警察的合理合法的盘查，可以要求某个中彩票的人捐出 20 万用来拯救某个因缺乏医疗费而躺在床榻上的病人，甚至可以理直气壮的要求“拐卖儿童者一律死刑”。所以，“赋权”在今天的语境下是一把不折不扣的双刃剑。

第四，即“信息不对称”。信息不对称就是指交流的双方所掌握的信息量不均等。在这个案例中，村民们并不知道“花千骨”并非坏人，一方面，“花千骨”并没有向村民们澄清误解，另一方面也没有跟大家进行及时双向反馈。在信息不公开、不透明的情况下，公众只能借助自己的猜测和想象按照自己的习惯去思考事物的真相，并对这个想象中的真相贴上各种标签，甚至，他们将这些想象当成现实，作为自己思考、表达甚至是行动的依据。所以，互联网中，一旦官方的信息缺位了，各种谣言、流言和传闻就会铺天盖地席卷而来，如果没有即时的信息公开，或者公众在“离场介入”时所作为依据的信息量十分有限，谣言就会满天飞，甚至非理性的集合行为也随时有可能爆发。

（二）网络表达的单向度

实际上这个案例还可以有更多的分析视角，比如这个群体事件的直接原因是什么？那位带头的村民说得好，“替天行道，为张大夫报仇”。在这里，一个复杂的事件被化约为简单的一两句口号，易于传播、易于扩散、易于动员。我们联想一下，在之前朋友圈中出现过“拐卖儿童者一律死刑”的刷屏现象，对于经常看互联网舆论的人来说，一看就知道是有人设计和操纵的，因为它打着正义的旗号，运用了无比简单的口号，并充分动员所有看到信息的人扩散和传播。比如，在各种 PX 事件中公众最常用的口号是“不要断子绝孙”，在上访讨薪的群体性事件中大家喊的口号是“欠债还钱，天经地义”，在高考指标争议事件中公众喊的口号是“教育公平”。这种策略在今天经常被舆情事件中有特定诉求的网民使用。这种表述方式符合我们今天微博和微信朋友圈碎片化传播的特点，也经常被微信公众号中的一些标题党使用。把复杂的问题简单化，把简单的问题口号化、正义化、道德化，进而裹挟着大量的网民一起参与，正印证了伏尔泰说过的那句话，“人人手持正义的旗帜，满面红光地走向罪恶”。互联网中的情况恐怕比《花千骨》中的桥段还要让人不安。因为大部分人进行意见和情绪表达时，往往依据的不是自己亲身的经验，而是各种碎片化的观点，甚至一句句孤零零的口号。

我们举一个典型的例子——“邓玉娇案”。公务员干部到酒店吃饭完毕后想找点娱乐项目，于是对在洗浴中心打工的邓玉娇动手动脚，这时，邓玉娇从提包里掏出一把水果刀，捅死一个，捅伤一个。新闻报道出来之后，网民群情激奋，大家的观点是：邓玉娇是弱女子，官员是干部是强势群体；邓玉娇是诚实劳动合法经营，官员是欲行不轨、想非礼别人；邓玉娇杀人伤人是为民除害、除暴安良，官员干部是死有余辜。在网络传播中，邓玉娇被奉为英雄，甚至有人还模仿《史记》风格，写出了《巴东烈女邓玉娇列传》。那么，从法学或法律的角度怎么来看待这一现象呢？我们首先会想，邓玉娇是不是正当防卫？有没有防卫过当？防卫过当该如何量刑？但是，来势汹汹的网络舆论不断建构公众心目中的英雄，甚至在某些时候，这些英雄扮演了不太光彩的角色。

马尔库塞在《单向度的人》中提出，每个人在理论上讲都应该具有两面性，他需要顺从现状、顺从社会现实，也需要顺从媒介所建构的秩序和道德准则；但人也应该具有批判性的思维，要能够跳出问题本身去思考问题的合理性。在马尔库塞看来，技术的发展使人的批判思维消失了，只剩下了顺从和安于现状，一旦有所谓的批评和质疑，也往往只是在已经限定好的框架内进行有限的反思。互联网、新媒体的出现并没有改变人们思考和行动时的单向度现象，并且，往往因群体的存在使个体的批判意识、反抗意识减弱甚至消亡。比如，在一些社会性的话题中，我们习惯性地顺从于优势意见的一方，以占据了道德制高点的姿态去评判某些人物或事件的是是非非。就像某明星所导演的新片中起用污点演员而被公众斥为“卖国贼”一样。看起来仿佛百家争鸣的观点，往往因为优势意见的裹挟和大量“乌合之众”的介入呈现出“多元观点的少数化”（即尽管观点看似百家争鸣，但影响最大的却仍然只有少数几种）。

（三）新媒体的能与不能

在今天看来，我们已经无法离开新媒体，更无法生活在一个没有网络的社会。我们也发现，互联网、新媒体带来了无尽的可能，但很多时候，我们却无法如此乐观，因为新媒体并不是万能的，它至少不能延长我们原本就很稀缺的精力或光阴。王国维在《人间词话》中说，“诗人对宇宙人生，须入乎其内，又须出乎其外。入乎其内，故能写之；出乎其外，故能观之。入乎其内，故有生气；出乎其外，故有高致”。使用互联网就需要有这种“入乎其内，出乎其外”的姿态，否则我们就像鱼儿一样，如果不是离开了水，我们永远也无法认识到水的存在。

新媒体重构了人与人之间的关系，它曾让克莱·舍基认为，“未来是湿的”，让弗里德曼惊叹“世界是平的”。但新媒体对人际关系的重构也带来了致命的问题，在难得与家人团聚的晚餐中，我们习惯性地抱着手机看朋友圈中各种五花八门的绯闻八卦，我们很亲密地跟远方的陌生人就一个鸡毛蒜皮的小事讨论得热火朝天，却忽略了眼前正在虚度的美好光阴。当我们的爱情只剩下了“么么哒”，当友情只剩下了“红包”，当亲情只剩下了手机中的“表情包”，我们拥有了全新的人际关系，却也使我们那些应该值得珍惜和传承下去的习惯丧失了，“远亲不如近邻”的观念更怕是一去不复返了——新媒体使身处远方的陌生人变成了形式上很熟悉的人，而身边熟悉的人和场景却在同时变得遥远和陌生。

新媒体加速了信息的传播，它几乎是以全天候的方式在更新关于新闻事件的进展，让我们真正地坐在书桌前轻松了解家国天下事，但也正是因为新媒体这种便捷性，它让我们都变成了虚拟空间中的一个个看似连接了整个世界但却依然置身书斋的“ID”。我们接入互联网，采用的是个人电脑、智能手机或其他各类终端。毫无疑问的是，这些平台或者终端都是极为个人化和个性化的，它尊重了每个个体的选择，却将每一个个体圈养在互联网中，孤立在社会现实中。当然，通过新媒体、互联网，你可以在远方一个自己从未踏足的地方种下一棵你可以命名的树，但如果没有媒体的报道或社交媒体的分享，你永远无法知晓在另一个你并未踏足的原始森林中，有一棵大树倒下了。同样，也是因为新媒体无与伦比的传播速度尤其是更新速度，可以让我们即时了解世界各地发生的大小事情。而且，新媒体对这些事件的呈现几乎是以“零时差”的方式在更新，但正因如此，我们需要处理若干的信息，需要从海量的信息中挑选出那些对我们真正有价值的东西来。在信息更新频率过快的情况下，我们所拥有的是“快乐的痛苦”——在巨大的信息冗余中，我们往往关注了太多对我们而言并不重要的事情，但对于我们生活、工作和学习真正有意义的信息却被淹没在信息的汪洋大海中，有的时候，我们以为自己所认为的是真相，但实际上却与真相差了十万八千里。毕竟，我们的社会现实是千姿百态的，能够被呈现在互联网上的往往只是森林中的一棵树。

新媒体为其用户带来了前所未有的狂欢，我们甚至将哈贝马斯的“公共领域”这一概念搬出用以证明我们借助新媒体进行的某些公开表达是经得起推敲的。但遗憾的是，哈贝马斯的公共领域除却要求面向所有的公众开放之外，还要求一定的规范，比如理性，比如据理力争，但在今天的新媒体中，在看似百家争鸣的舆论狂欢中，真正有影响力的往往是那些善于表达的人，那些经常在互联网中发布惊世骇俗的言论的人，那些以资本的增值和注意力的变现为直接动机的人。所以，我们并没有欣喜地看到新媒体所建构的公共领域如同我们所期望的那样发散出理性的光芒：我们捧红的是那些偶然被注意的人物，如“犀利哥”或“小马云”；我们津津乐道的不是霍金的学术思想，而是他开微博之后，我们将其加关注并分组到“同学”一栏中；我们乐此不疲的不是如何以更为冷静的态度对待互联网中的热点事件，而是像伏尔泰所说的那样，高举正义的大旗，满面红光地冲向罪恶。

三、数字化生存：超越表象

我们可以认为，互联网带来了翻天覆地的革命，使每一个普通的个体拥有了面对公众进行公开表达的可能，它可以使一个微不足道的小人物在一夜之间成为瞬间爆发的“网红”，也可以通过集体的智慧完成一本全民书写的百科全书（如维基百科）。所以，我们赞叹今天互联网带来的伟大变革，因为，我们从未像今天这样拥有如此丰富的信息——仅一家“微博”网站一天内发布的信息量就超越了《纽约时报》60 年累积的信息总量。因为，我们只要有足够的创意，几乎可以在一夜之间脱颖而出成为那个瞬间爆发的网红。但同时，新媒体不仅仅是放大镜，它还是显微镜，也是哈哈镜，或者照妖镜，使得互联网将人性的一切弱点放大。所以，我们尽管要赞叹新媒体所具有的强大力量，但也恰恰正是这种力量让我们忐忑不安——它体现在来势汹汹的“道德绑架”中，体现在“谁弱谁有理”的表达逻辑中，体现在极端言论的大声疾呼中，也体现在随时等待暗示的“乌合之众”中。对于我们每一个新媒体的用户而言，如何更好地适应生存呢？

（一）从信息到知识：确立主体意识

今天，新媒体的便捷性让我们轻松获得各种信息，所谓信息，就是能够消解事物不对称的东西，它不是物质，也不是能量。比如，当我知道某一个明星的家庭绯闻之后，我心中的不确定性消除了。但信息只是互联网中若干数据的一种类型，它不具有天然的智力属性，因为，按照现在通用的观点，在互联网上位居最低层次的是数据，其次是信息，再次才是知识，而凌驾于知识之上的是智慧。

数据是各种原始资料的总和，它包括我们购买网上产品留下的付款及物流记录，包括我们使用搜索引擎时留下的检索痕迹，以及我们登录任何一款 APP 所产生的使用记录。这些数据，对于我们而言意义并不大，从中获益的是平台服务商。通过浏览记录，平台服务商获得了关于你的哪怕是一些自己都不曾察觉的习惯，以至于大数据专家舍恩伯格说，“银行知道你在哪天夜里光顾了某一个娱乐场所”。这就是我们通常所说的大数据给运营者或服务商提供的契机，但对于我们每一个个体而言，这些数据并无价值，更多时候，我们只是数据的生产者，以及依据海量数据作出统计后被营销或公关的对象。至于知识或者智慧，则是高于信息的另外的存在，它分散在互联网中，不是以一劳永逸的方式推送给我们，它需要我们自己的思考，自己的行动——通过新媒体，我们获得若干的信息，进而，我们对这些信息进行反复的、多次的深加工，进行无数次的去伪存真、去粗取精的过程，我们才能将那些原本隐藏在荒芜之下的宝藏挖掘出来。所以，有学者说，浏览互联网，使用新媒体，刷朋友圈都不是问题，问题是，你能否花三倍于用在新媒体上的时间去思考、阅读、记录以及写作，从而让我们所花费的每一分钟都能转化成知识。

在今天的新媒体使用中，很多用户都养成了一种“快速浏览，零思考，双倍反应”的心态或者习惯。大部分的网民都有这样的一种感觉，那就是我们从来没有像今天这样如此富有，因为我们拥有了有史以来最为丰富的信息，我们可以在门户网站、BBS、QQ、博客、微博、微信等各类客户端中穿梭，寻找到各种你想知道的信息，看天下大事的风云变幻，听离奇古怪五花八门的世俗新闻。于是，我们往往花大量的时间用在浏览各种信息上，但关掉屏幕或者手机，我们的大脑中仿佛塞满了东西，但仔细一想什么都没有留下。我们在各类新闻中经常看到那些匪夷所思的“神评”，除了宣扬一些对抗、矛盾、冲突，或者宣泄一下简单的情绪，并没有任何价值，更多的时候，我们只能成为一个信息接收的容器，大数据中的一些孤零零的字节。所以，我们要强调“我思故我在”，当我没有思考的时候，任何信息，哪怕是知识性的信息，都只是数据，与我无关；但当我思考的时候，数据就不再是单纯的数据，我也不再只是为广告商、服务商们生产用于精准营销数据的ID，而是一个大写的互联网用户，一个能够将数据转化成知识的“我”。

（二）从思维到技能：提升媒介素养

在20世纪早些时候，有学者针对大众媒体的普及提出“识字率”的问题，学者们普遍认为，生活在日益依赖大众媒介的时代，一旦人们不能充分明白媒体上所传播的信息是何意思，他就会置身于信息的汪洋大海中无从作出选择——既不明白外部世界发生了什么，也不明白媒体上的科普知识对于自己意味着什么。这些关于早期的“识字率”问题的研究被延伸出一个叫作“媒介素养”或“传媒素养”的概念，学者们强调，媒体的读者或观众应该拥有充分的接近和使用媒介的机会，应该能够明白大众媒体中所传播的信息是何种意思，同时也能够借助媒体表达自己的声音。在今天，我们所谓的“媒介素养”的含义已经被丰富和拓展了，至少，在彼时看来是个问题的“识字率”已经不再是制约社会发展和人类进步的障碍性因素，而借助新媒体技术的“赋权”能力，我们也已经有了充分的媒介接近使用权，甚至获得了空前的表达自由。但显而易见的是，我们仍然无法让媒介技术充分造福于人类社会，或者说，因为新媒体技术的发展，人类社会又面临着更多的问题制约了自身的发展。

我们举一个简单的例子，当我们在使用互联网时，我们作过哪些积极的使用行为呢？在这里，积极的使用行为是指具有创造性、学习性或生产性的媒介使用行为。互联网络信息中心发布的最新报告告诉我们，更多的人在使用新媒体时，大部分的闲暇时间都在用于娱乐或者消费。当然，我们可能还会有别的用途，比如浏览新闻、观看评论、检索信息、查找文献、下载资料……但我们经常遇到的情况是我们花10个小时去下载资料，然后花10分钟去阅读；我们花很多时间去浏览新闻，但几乎从不思考；我们沉浸在自己感兴趣的信息中，对兴趣之外的一切话题、现象、事件仅仅停留在标签化、浅层次的理解和认知；我们习惯于用最舒服的姿势隔着屏幕去围观那些匪夷所思、耸人听闻的夸张故事和狗血离奇的八卦绯闻。再如，我们可能会对某一个明星的所有八卦耳熟能详，但我们却很少去求证一个被阅读了“10万+”次的微信公众号热文是真是假；我们能够花几天几夜去玩一款新开发的网络游戏或追一部“鲜肉剧”，但不会去翻阅一本自己心仪很久的纸质书。更何况，在新媒体背景下，对于青少年群体或者一部分涉世未深的大学生而言，价值观和判断力正在形成的过程中，商业资本、大众文化、大众媒体和各类信息都在想尽一切手段去营造各种刺激，不断把欲求包装成合理的需求，将商品包装成身份的象征，把消费包装成人存在的唯一价值，将非理性的表达视为一种稀松平常的正常行为，人的主体性没有了，判断力丧失了。可以毫不夸张地说，在今天，我们的身体和灵魂总有一个处在看热闹或买东西的路上。

为此，我们认为，培养虚拟空间中的理性思维，培养新媒体时代的批判思维、法律思维和秩序思维并将这些思维上升为个人基本的生存能力，已经成为这个时代刻不容缓的命题。也正因如此，现今社会的生存技能至少应该包括正确使用媒介的能力。它不仅包括我们能否熟悉使用每一款最新的应用，还包括我们在使用新媒体时能否自觉抵制各种负面的问题，更包括如何将自己所浏览的信息经过深加工后内化成自己的学问。在传播学中有一个理论叫作“知识沟假说”，通俗讲，就是尽管信息平等的传播给每一个人，但因为每个人的基础和积累不同，其获益的程度各不相同，借用一段流行语表示就是，“世界上最恐怖的事情是，比你优秀的人比你还努力”。每个人花费在新媒体上的时间相似的情况下，那些有积累，善于思考的人所获得的益处，以及获益的速度远远大于那些对互联网缺乏认识的人。与“知识沟假说”相近的理论还有“马太效应”。马太效应告诉我们，有钱的人会越来越有钱，并且他与穷人的差距会越来越大；而知识沟假说告诉我们，那些原本就很聪明的人，他们会越来越聪明，因为他们更能够从互联网中获取信息，并且把信息转化为自己的知识，也会拉开跟其他人的差距。如果我们不是特别富有，也不是特别聪明，又想利用互联网带来的发展机遇，那我们只有一种办法，就是特别勤奋。它要求我们在使用闲暇时间浏览信息时是带有强烈的目的性和学习动机的，而不是简单的浏览以及过于追求自己所迷恋的事物。这需要我们自己的思考，争取将我们看到过的信息转变成我们的知识。

（三）拒绝反客为主：先思考再行动

我们已经意识到互联网、新媒体有各种各样的弊端：它在带来各种可能，也在消解我们的传统；它在传播新的知识，也在制造信息垃圾；它在传递着最新的事实变动消息，也在滋长和扩散着各种谣言；它使我们的生活和工作更方便，也在刺激我们的各种欲望……尽管如此，我们无法离开互联网。我们不可能退回到小国寡民、民至老死不相往来的原始社会。假如让我们一年不读报纸，我们觉得没有什么；让我们一年不看电视，我们觉得没有什么；让我们一年不听广播，我们觉得没有什么，但要是让我们一年不用手机，不用互联网，别说一年，就算是一天也很难做到。因为我们的生活中已经处处被互联网渗透，离开新媒体我们甚至变得无法生存。

麦克卢汉将媒体比喻为人的延伸，任何一种媒介都在某种程度上延伸了人的感觉器官，比如广播延伸了我们的耳朵，报纸延伸了我们的眼睛，而互联网，既延伸了我们的眼睛又延伸了我们的耳朵。在今天，我们可以将新媒体、互联网、移动互联网视为我们全部的延伸，因为它的确延伸了我们的各种可能性。但实际上，我们却没有这么乐观，因为作为我们器官延伸的手机逐渐成了我们的主人，我们成了手机的奴隶，不是媒介是我们器官的延伸，而是我们变成了媒介的延伸，或者简单地说，我们成了机器的一个零部件、一个保护壳、一个不折不扣的奴隶。

近几年来一些被曝光在互联网的新闻事件让我们大跌眼镜：有人为了借款不惜采用“裸持”，有人为了追星在机场蹲点，有人为了一夜爆红直播“跳楼秀”……尽管这些事件离我们很遥远，但我们在这些“知名度”甚广的新闻话题中却以“积极的看客”心态在助推着这些匪夷所思的新闻的传播。到头来，我们不再是媒介的主人，而是媒介成为我们的主人。因而，对于我们而言，对待新媒体的正确态度不是远离，而是真正“卷入”

其中，让自己的理性成为自己思考和行动的主宰，将一切可能获得的信息都转化成自己的知识，进而是学问。

（四）警惕媒介环境：区分三种现实

在上文中我们提到了“离场介入”这个概念。尽管我们认为不在现场的新媒体用户通过互联网进行意见和态度的表达能够使某些有争议性的问题得到快速的解决，但却要警惕另一种情形——离场介入中的失范问题。在日常的媒体报道和舆论表达中，我们经常看到“新闻反转”或“舆论反转”现象，原本那些已经为媒体或舆论定性、定调的新闻事件，因为有更多的信息被披露出来，使媒体及公众的态度发生彻底的反转。之所以造成这种现象的原因就是我们不在现场时通过互联网发布观点时所凭借的信息依据不充分。在传播学中，由李普曼提出的一个概念叫作“拟态环境”，我们称之为媒介环境或者象征性环境，这种环境是经由媒体建构出来的虚假的环境，它不同于社会现实，是对社会现实的抽样，也不同于我们大脑中的主观认知，但却作用于我们的认知。此处，我们提到了三个相近的概念，即社会现实、媒介现实和主观现实。在日常生活中，我们身处现场，亲身参与社会实践，我们身处或作用的环境是社会现实，我们在大多数时候对外部世界的感知并不是我们亲身体验的，而是源于媒体的报道或公众的集体书写，此时，我们所感知的现实并不是真正的现实，而是社会现实的抽样或者再加工，它往往是不完整的。当被抽样的社会现实进入到我们的大脑中的时候，我们就在潜移默化中被规训出一种主观现实，即我们头脑中基于媒介现实对社会现实状况的一种想象。

在数年前有过一个非常典型的舆论反转的案例：一位女司机被一位男司机暴打，视频传到网络上众人义愤填膺地控诉施暴者的残忍，要求法律严惩凶手，但随着更多的信息披露出来，被打者反而变成了众矢之的，部分网民开始以狂欢的姿态表达各种骇人听闻的言论，“如果我是男司机，我也会打她”。我们且不论打人要承受何种法律的后果，我们单纯就这个事件中的舆论反转情况来进行分析：首先，互联网一开始所呈现出来的信息虽然是社会事实，但却不是完整的真相；其次，媒介将这些经过了抽样的事实进行加工呈现到公众面前，就构成了我们的媒介现实，尽管它不等同于社会现实本身；再次，公众以不完整的社会现实，即以媒介现实作为依据对当事人进行道德层面的评判就会出现偏差。2016 年甘肃“杨改兰事件”之后，有微信公众号推送了题名为“盛世蝼蚁”的文章，在极短的时间内获得了“10 万＋”的阅读量，但事实证明，这位撰写公众号的作者并不是现场的亲历者，而是通过媒体中的一些碎片化的报道，辅以自身的想象，拼接出所谓的社会事实及悲天悯人的腔调。

我们经常将媒介比喻认知社会的一面镜子，但显而易见的是，媒介对社会现实的再现并不是如同镜子一般的毫无保留，而是有所选择、有所放大、有所遮蔽。所以，在很多时候，我们更愿意将媒介比喻成为哈哈镜、放大镜、显微镜，有的时候它细致入微、洞若观火，有的时候却又只见树木不见森林，但很多情况下我们却习以为常地将这些经由媒体或自媒体选择性加工过的部分事实视为社会真相，一旦我们以此作为思考或行动的依据，如同舆论反转这样的尴尬就极为正常不过了。尽管我们知晓了舆情可能因信息披露不完整带来某种程度上的反转，或者我们已经在转战 BBS、微博、微信和各类客户端中养成一种“让新闻先飞一会儿”的心态，但它所带来的长期的、潜移默化的影响依然不能忽视。尽管，在一些具体的新闻事件中，我们能够保持清醒的头脑和敏锐的判断力，但针对资本与媒介的狂轰滥炸，我们还会将媒介中所呈现的某些观念如物质主义、过度消费、网络暴力、一夜暴富等误认为是一种常态化的社会现实，这样一来就会导致新媒体用户的情绪出现偏激或错位。

（五）行动者的归来：进行自我提升

有人说，看完主流媒体的报道，觉得心情十分畅快，但看完微博觉得自己情绪糟糕透顶。这几乎是大多数人都会面临的问题，一旦在使用新媒体的时候忘记了自我的存在，抛弃了自我的主体性，自己就不再是互联网的用户，只是变成了简单的信息接收容器，一个为大数据贡献字节的机器，一个躲藏在林林总总的信息背后的 ID；甚至在很多情况下，我们连消费者都不是，我们只是被消费的对象，是被各种精巧的营销和符号束缚或操纵。尽管互联网赋予了我们前所未有的自由，可以让我们每一句话都面朝着数亿的网民，我们可以借助“两微一端”来获取海量信息，但我们却不能很好地利用这种自由权利。我们已经习惯了标签化阅读、快速阅读、零思考和双倍反应，我们习惯了脱口而出、习惯了不假思索、习惯了随手转发、习惯了各种神评、习惯了对抗和不信任，也习惯了以自己的刻板印象判断一切事物的对错。

通过互联网，我们获得了什么呢？在朋友圈中，各种各样的信息几乎是真假莫辨，各种各样的养生保健、各种各样的刷单兼职、各种各样的代卖广告，每个人都生活在信息的汪洋大海中，对于大部分的网民而言，收益最多的，恐怕不是让自己更富有，也不是让自己更聪明，而是各种精致、利己和自欺欺人的虚假满足。我们下载过很多资料，但使用频率最多的是表情包；互联网给我们带来了学习的机会，但却也让我们懂得了做好事前先保留“证据链”，学会了在某些时候要“让新闻先飞一会儿”，学会了在面对极端言论的时候保持沉默，学会了“会哭的孩子有奶吃”，我们学会了在晒出自己照片的时候先进行一下后期处理，学会了如何让自己更加的精致和利己。互联网的力量让我们感到忐忑不安，我们不敢去扶倒地的老人，我们对警察充满了敌意，我们对灾难变得麻木不仁，我们对隐私的曝光习以为常，我们因狂欢而丢掉了自我，我们将学术、思维、灾难、美德等一切存在都推向了娱乐和狂欢。

对于我们每个人而言，互联网只是一个工具，它压缩了空间、它提供了线索、它带来了可能。但如果没有我们的思考和行动，互联网只是数据，与我们没有什么关系。或者，一旦自己的思考和行动缺位，对于大部分人来说，它的弊端可能会大于给我们带来的益处。彼得斯说，真正的交流是不可能的；但彼得斯也说，人类历史上的任何一次伟大的传播革命都在改善着人类的交流。我们迎来了这个机会，互联网扩展了交流的渠道，压缩了时空距离，提供了海量信息，带来了无限可能。但是如果没有我们的思考和行动，没有我们的理性和判断，互联网只是数据，与我们并没有什么关系。

新媒体为我们提供了学习、生活、思考的便捷渠道，但在很多情况下，我们不带有任何目的的随意浏览以及以网购为代表的物质欲望占据了主导，也就是说，新媒体带来的革命只是让我们变得更加懒惰和充满欲望，却没有真正地提升自我的生存技能。所以，我们需要动手改变现状。

克莱·舍基认为，互联网给人类知识的传播带来的变革就是让此前毫不相干的个体可以通过互联网进行协同性的知识生产，这是一种积极的创造性的行为，而不是单纯的消极的娱乐行为。在从消极的浏览、阅读、娱乐、消费到积极的创造性的生产行为中，最关键的力量不是新媒体技术本身，而是使用新媒体的人能否真正成为技术的主人，让自己的思考和理性充分闪耀在我们使用新媒体的每一个时刻。

我们举一个简单的例子。在此前为朋友圈刷屏的“拐卖儿童者一律死刑”的话题中，我们较为理想的反应不是在第一时间去转发，而是去看这个观点是谁提出来的，这一诉求有何现实及理论依据？如果我们查证这一诉求的来源不难发现其背后与某些商业性网站的营销活动有关。当我们确认了这一点之后，你至少拥有了一种明确的认识，即此种呼吁并不是为了普法，而是为了营销。但有这种意识还不够，你最好再进行一些思考：为什么这一呼声能够在朋友圈中迅速刷屏，它反映出我们当前社会在法制建设层面存在着怎样的问题？有关学者是否就拐卖儿童的量刑问题作过专门的研究？至此，带着各种疑问，我们可以查阅网络上的学术文献，也可以到图书馆翻阅相关图书，可以跟自己的老师、同学去讨论这个现象，一旦你有一些有价值的思考，就把它写下来，让更多的人跟你一起互动、交流。

在使用新媒体的时候，我们更多的时候获得的都是信息，而不是知识。互联网中的很多看起来像是知识的信息，实际上只是关于知识的线索，信息要变成知识需要我们自己的思考甚至我们的行动。所以，我们建议所有的新媒体用户，不要让自己成为资本和媒介联合奴役的对象，也不要让自己成为新媒体的附庸，而让自己成为新媒体的主人，充分调动自己所有的聪明才智，让一切网络资源充分整合，以谋求自我的提升以及超越。

会思考、重理性、懂传播，已经成了互联网时代最基本的生存技能。

请思考

1. 在新媒体时代，你觉得距离真相更遥远了还是更接近了？你会通过何种方式去验证朋友圈中一条轰动性新闻的真假？

2. 人与人的交流与沟通需要“手拉手”更需要“心连心”，你觉得如何使用新媒体才能在沟通的过程中做到这一点？

3. 你是否认同“使用新媒体使我变得更聪明、更有学问”这一观点？为什么？

4. 你的父母是否使用微信？是否观察过他们在“表情包”的使用上跟你有什么不同？能否去解释一下这种现象？

扩展阅读

1.〔美〕尼葛洛庞蒂:《数字化生存》，胡泳等译，海南出版社 1997 年版。

2.〔美〕克莱·舍基：《未来是湿的：无组织的组织力量》，胡泳等译，中国人民大学出版社 2009 年版。

3.〔美〕托马斯·弗里德曼：《世界是平的》，何帆等译，湖南科学技术出版社 2008 年版。

4.〔美〕尼尔·波兹曼：《娱乐至死》，章艳译，中信出版社 2015 年版。

第十一讲

民以食为天：中国传统饮食文化略讲

陆新蕾[①]

很少有哪个族群像中国人那样注重食物。

“食色性也”，“饮食男女，人之大欲存焉”。饮食是中国人生活中最重要的乐趣之一，是人生美学不可或缺的一环；历史上众多的文人墨客，对饮食美学的专注丝毫不亚于对学术的追求。这在人类历史上可能是绝无仅有的。

林语堂在比较中西方饮食文化时发现，英语中与精致饮食相关的词汇往往来自于法语。英语中有“烧”（cook）一词却没有“烹饪”（cuisine）；有“火夫”（cook）却没有“厨师”（chef）；有“盘碟”（dish）而没有“菜单”（menu）。同时，英国的文豪没有一个人肯屈尊写书讨论烹调，而中国颇多文人如清代的大诗人袁枚却有丰富的关于饮食烹饪的著作。饮食文化的发达自然离不开精英阶层的关注，因此林语堂评论道：

学习怎样吃法的第一个条件先谈论它。只有在一个社会里那里的文雅人士首先考究厨子的卫生而非寒暄天气，始克发展烹饪的艺术。未吃之前，应先热切盼望着，东西端至己前，先沾一些尝尝滋味，然后细细咀嚼，既食之后，大家批评着烹调的手法，非如此，不足以充

① 陆新蕾，上海人，毕业于复旦大学新闻学院，获文学博士学位，现为华东政法大学传播学院讲师，研究方向：媒介与社会文化。

分享受食物。[①]

从20世纪纽约与费城的自助餐厅到当今遍及全球的麦当劳和汉堡王，西方人特别是英美人所秉持的饮食哲学——进食的目的在于维持基本生存所需，不应妨碍生活中其他重要的事项——是无法为中国古代的精英阶层所想象的。中国传统饮食文化的博大精深显然无法在一篇文章的体量中得以呈现，因此本文从六个方面予以略讲，这些特色某种程度上在不同的阶层都有所体现，希望能让读者得以管中窥豹。

一、以“饭”为核心的饮食

日常生活中中国人把进食称为“吃饭”，这个“饭”其实有三层意思：第一层指米饭（rice）；第二层指米饭之外其他的谷物或淀粉类食物，如面粉做的面条、馒头等，也就是日常所谓的“主食”；第三层意思包括了正餐中的所有食物。在第三个层次上，人们所吃的“饭”主要又分为“饭”和“菜”两种截然不同的类别。“饭”主要指米饭，“菜”狭义指蔬菜，但一般广义上还包含家畜、家禽、水产品、豆制品等其他一切搭配米饭的食物。“菜”又分荤素。荤菜指肉类、水产品等动物性食物；素菜指蔬菜等植物性食物；但汉传佛教术语里，葱蒜韭菜洋葱等五辛是荤菜，不包括在素菜中。“饭”是主角，所以称为主食；各类“菜”是配角，是用来“下饭”的“副食品”。主食因地域的不同而呈现变化，从煮熟的大米到麦类谷物制作的面食，有些地区在明代美洲作物引进之后还以番薯等为主食。即使是大米，也有籼米、粳米和糯米的不同。

饭和菜的制作，从蒸煮的器具、加工方法、最终呈现的容器到食用的方式都是截然分开的。从早期的分食制到后来的共食，饭和菜在上述方面的截然区分从未改变。蒸饭的器皿和做菜的镬、锅是无法互换的，盛饭的饭碗和盛菜的碗碟也不能混同，先秦青铜器里盛饭的簋和盛肉的豆也是泾

① 林语堂：《吾国与吾民》，陕西师范大学出版社2002年版，第325页。

渭分明。吃饭时，不论是分食还是共食，盛饭的器皿总是每人一份，并且在整个进食过程中处于中心的位置，一切菜肴以“配饭”或“下饭”为目的。哪怕是包子、馄饨、饺子、馅饼和各类有馅的糕团，皮（相当于主食或“饭”）和馅（相当于副食或“菜”）的区分依旧一目了然。

饭直接蒸煮而成，菜则需要经过复杂得多的加工——从切配、蒸煮煸炒炸焗焖直到装盘。为了切配各类作为“菜”的食料，菜刀和砧板就必不可少。在食物相关工具方面，西方人的思维是一对一各个击破，不论是厨房加工还是餐桌进食，不同的刀加工不同种类的食物，略显烦琐。中国人的方法是以一敌百，厨房里一把特殊形制的菜刀配合“刀功”可以加工一切日常食料；而所有的食物都被切成块、条、丁、片、末等筷子能应对的形状，外加一把用在汤羹流质类食物上的调羹（勺子)。西餐的食客需要在餐桌上对食物进行切割等二次加工，而把吃饭视为人生一大享受的中国人则用一双筷子在餐桌上轻松吃遍世间所有的食物。

当然，在历史的不同时期，中国人“吃饭”的方式并非一成不变。先秦时期，配主食的“菜”主要是羹，所以孟子说：“一箪食，一豆羹，得之则生，弗得则死”[①]，当时吃饭的主要方式是用勺和手抓。《礼记·曲礼上》曰：“羹之有菜者用梜，其无菜者不用梜”，即先秦时筷子是用来夹汤里的菜，只是个配角。到了汉代，勺子和筷子开始并用，前者吃饭，后者夹菜。宋代之后，筷子逐渐成为进食的首要工具，但自古称其为“箸”，“筷子”的说法始于明代的吴地，已经比较晚近了。[②]

二、兼容并蓄：丰富与多样的食物体系

19世纪在世界各地寻找经济作物的欧洲人发现中国是一个不可思议的物种丰饶之地。近两个世纪以来，引进到西方的新食物、观赏性植物主要

① 《孟子·告子上》。

② 参见郭晔旻：《筷子如何统治中国人的餐桌》，http://www.thepaper.cn/newsDetail_forward_1601851，2017年6月10日访问。

源自中国和日本，而日本品种基本都是中国种的改良。[①]

即使在今天，虽然没有具体的统计数字，但去过世界各地的中国人和从世界各地来中国的人们都能深刻体会到中国食物种类相比其他地方的丰富性。19 世纪中期来中国探寻植物种子的英国人罗伯特·福琼（Robert Fortune）曾针对中国的采茶工写道："这些人的食物是最简单的一种，即米饭、蔬菜和一小份荤食，诸如鱼或猪肉之类。但中国最贫穷的阶级似乎比我国相同的阶级更懂得食品艺术。用我所列出的简单物品，中国的劳工设法做出了许多非常可口的菜肴，他靠这些就能最奢华地吃早餐或请人吃饭了。在苏格兰从前的日子里（而且我想现在也差不多完全一样），劳工在收货季节的早餐包括粥和牛奶，午餐是面包和啤酒，晚餐又是粥和牛奶。中国男子则会因这样的食物而饿死"[②]。中国饮食文化的丰富性主要体现在以下几个方面：

（一）食材的丰富性

中国饮食文化中食材的丰富性主要可以归结为两个原因。一是华夏文明的地理位置。中国大陆从最南端广东省徐闻县的北纬 20 度左右到最北端黑龙江漠河的北纬 53 度，横跨的纬度超过 33 度。在气候和动植物多样性上，横向经度的变化不显著而纵向纬度的变化十分明显。于是，中国的地理位置天然地造就了本地的生物多样性，加之南部接壤东南亚这一动植物品种最丰富的地带，西部通过中亚荒漠和草原可以与近东人类农业文明发源地相联系，外来的新物种不断地传入本土。另一个原因是中国人在食物上的开放心态，只要符合最低限度的口感和质地要求，国人乐于用任何食物来丰富自己的餐桌。甚至饮食本身是古代中国精英阶层十分重视的研究领域。一个普通中国人的日常食谱在水果之外可能包含了以下种种食材：

淀粉类：稻、黍、粟、麦、玉米、高粱、番薯、山药、土豆；

肉类：猪、羊、牛、狗、鸡、鸭、鹅、鸽子、鹌鹑、鹿、各种海洋或

---

① 参见〔美〕尤金·N. 安德森：《中国食物》，马孆、刘东译，江苏人民出版社 2003 年版，第 90 页。

② 同上书，第 91 页。

淡水类水产品；

蔬菜类：菌菇、萝卜、胡萝卜、黄瓜、番茄、茄子、笋、洋葱、各种绿叶菜；

豆类：大豆、花生、蚕豆、赤豆、绿豆、黑豆、芸豆；

调味品：葱、姜、大蒜头、胡椒。

限于篇幅，这个食单无法进一步详细罗列。单从食物众多的名称上还无法体现中国食物的丰富性，因为同一种食物还会有不同的品种。譬如在上海的菜场里，茄子至少有 4 个品种，从手臂到手指的粗细都有；青菜（北方叫油菜）也有 4 个以上的品种，例如俗称的南汇青、太湖菜、日本青、矮脚菜等；笋分为冬笋、毛笋、莎笋和竹笋，竹笋里还能细微分出不同亚品种。同一种食物，不同品种或亚品种之间的口感和质地差异有的显著，有的不那么显著，只有资深的“吃客”才能细细品味。仅在超市、大卖场买菜的人是无法完全体会中国食材之广博的。

除此之外，各种食物，特别是蔬菜在传统上以不同的季节联系起来，如春天吃竹笋，清明前的螺蛳，清明后吃蚕豆，夏天的茄子和番茄最佳，秋天大闸蟹最肥，冬天的青菜、菠菜和草头等绿叶菜口感更好，人们认为每种食物都应在其最佳的季节来品尝。

（二）地域的多样性

晋代的《博物志》卷 1“五方人民”中提到：“东南之人食水产，西北之人食陆畜。食水产者，龟蛤螺蚌以为珍味，不觉其腥臊也；食陆畜者，狸兔鼠雀以为珍味，不觉其膻也”。食材的丰富性，不同地区有着显著的差异性，如东南沿海多海鲜，太湖流域多河鲜等。中国天南地北由于自然环境和人文历史的差别，在语言、生活习惯和日常饮食等方面形成了非常丰富的地方特色。许多食物的名称往往和特定的地方相联系，如南翔小笼、黄桥烧饼、金华火腿、阳山水蜜桃、阳澄湖大闸蟹等。这种地方特产性食物，小到一县之内人尽皆知，大到全国闻名。最有特色的是，经过长期的摸索与发展，各地形成了互有联系但特色分明的地方菜系，它们在食材选用、烹调方式和口感偏好等方面均有着鲜明的特色。

从先秦到近代，中国传统的饮食文化是有较大变迁的。目前一般人们所公认的“八大菜系”即川菜、鲁菜、粤菜、苏菜、淮扬菜、闽菜、湘菜、徽菜（又称“邦菜”），于元明清三代逐渐发展成熟。以前五大菜系为例：川菜在历史时期变化较大，重麻辣是近百年来新兴的传统，之前辛辣调料用得并不多。多油多辣椒、善用复合调料是其特色。如果说淮扬菜是富商大贾的口味，苏帮菜为文人学士之品位，那么川菜更多体现了平民大众化的特质，因此在当今的中国最为流行；鲁菜系有胶东和济南两大分支，此外还有孔府菜肴，胶东善于烹制海鲜，济南以制汤文明，大葱、蒜头和面食，是鲁菜的一大特色；粤菜分为广州、潮州和东江菜三大分支，清淡典雅，有自己独特的食料，锅烤、软炒、煲汤以及吸收了西洋方法的盐焗、酒焗是其特色；苏菜以苏州为中心，明清两代是文人墨客的聚集之地，烹饪颇为讲究，食材上突出淡水类河鲜和时令蔬菜，肉类烹饪以白切和浓油赤酱的红烧而闻名，口味偏甜。小吃方面以各种糕团点心为特色；淮扬菜以依托大运河漕运成为富商大贾云集之地的扬州为中心，食材、口感上与苏菜接近，但口味稍重而少糖，以焖、炖和隔水蒸为烹调特色，有众多知名小吃。

菜系的形成主要有三个推动力：首先是该地区经济与社会发展水平较高，特别是商业、交通和文化，城市繁荣是其集中的体现；其次是当地有一批世代传承手艺高超的厨师，他们或为官宦商贾的家厨，或在著名餐馆里坐镇，吸引食客慕名而来；最后是本地有一批高水平的食客以及文人墨客中美食家的倡导。[①]

除了菜系之外，同一个地方文化区域内部的差异性也十分明显。譬如同为江浙吴语区，苏州、松江、常州三府以浓油赤酱为特色，喜食豆沙，这两个特色经过嘉兴和杭州两府的过渡，到了钱塘江以南的浙江上八府则几乎看不到了，腌制品和泡菜是上八府宁绍地区的一大特色。这种对局内人较为明显而局外人较难察觉的差异，是人类学特别需要注重的考察对象。

---

① 参见王学泰：《华夏饮食文化》，商务印书馆 2013 年版，第 164—165 页。

（三）外来品种的广泛采纳

除了远离大陆、长期和外界隔绝的孤岛，绝大多数地区在历史时期和外界有着连续的动植物品种的交流，这种交流有的是自然进程，有的通过人员的流动而实现。

中国人在历史上不论对周边民族或外来文化持怎样的态度，对食物新品种的引进总是喜闻乐见的，这种饮食上的开放心态部分造就了今天中国食物种类的异常丰富。

中国历史上比较知名的引进动植物有：新石器时代的小麦、山羊；汉代的苜蓿、葡萄；宋代的占城稻；明代传入的玉米、马铃薯、番薯、花生、甜菜和辣椒等，多为美洲作物。这些作物的引进对中国农业和饮食文化的发展起到了很大的促进作用。当然，多数作物从最初传入（往往时间地点无法确定）到广泛推广中间相隔时间很长。譬如高粱，最早提到的文献是西晋的《博物志》，称为“蜀黍”，可能在汉代就传入西南一代，然后由南而北传播，到辽金时期才成为北方重要的粮食作物。[①] 前述的美洲作物大多在明代中叶传入中国，而它们的大范围种植则要等到清代中后期。

三、医 食 同 源

传统上，中国人持有“天人相应，万物交感”的观念。人的身体是宇宙的缩影，它同样体现了天地万物的运行规则，人的健康与否就看个人如何在日常生活中，以自己的身体为媒成功地效仿宇宙的自然法则。这种法则通过阴阳五行的理论得以表现。所谓养生，便是以种种方法使身体保持阴阳平衡，饮食是其中重要的一环。所谓治疗，即当一个人生病之后，通过药物的帮助重新恢复身体的阴阳平衡，而治疗过程中，药的使用必须配合食疗，包括必须多吃某类食物和忌食另一些食物。

---

① 参见邹逸麟编著：《中国历史地理概述》，上海教育出版社 2005 年版，第 264 页。

医食同源的原则，早在战国时成书的《黄帝内经》中就已确立。相对于用药，更重要的是食疗和饮食养生，所谓“五谷为养，五果为助，五畜为益，五菜为充，气味合而服之，以补精益气”[①]。在中医的观念里，每一种食物都有独特的“性”，这种独特性又可称为偏性，食和药的区别不过是偏性的强弱而已，并无显著的界线。中国传统的药学被称为“本草学”，虽然包含的内容不限于植物类草药。西汉的《淮南子》中提到神农“尝百草之滋味，水泉之甘苦，令民知所辟就。当此之时，一日而遇七十毒”。后世的药典，不论是《千金要方》还是《本草纲目》，其罗列的有治疗效果的本草，均包含蔬果、谷米、禽兽、鱼虾等日常食物；而许多野果、草药在饥馑时节可以作为救荒资源来食用。

传统中医在实际的治疗中也是食药并用，甚至先食后药，如唐代“药王”孙思邈在其《千金要方》中专列“食治”一卷，强调“为医者，当须先洞晓病源，知其所犯，以食治之，食疗不愈，然后命药”。这种谨慎用药的态度源自中国人自古以来便有的“是药三分毒”观念。《周礼》中“医师”之职责为“掌医之政令，聚毒药以供医事”，在此，药、毒并举。孙思邈认为：“人体平和，唯须好将养，勿妄服药。药势偏有所助，令人脏气不平，易受外患……若能用食平释情遣疾者，可谓良工。长年饵老之奇法，极养生之术也”[②]。药性猛烈易伤及身体的平衡，不到救急之万不得已则尽量避免使用，而“安身之本，必资于食”。因此，即使在人的基本需求层面，食物也不仅仅是果腹维持生存之物，它还是医疗和养生领域里的主角。中医理论对于食疗、饮食养生的重视进一步推动了中国饮食文化的繁荣。

在古代所有文明中，中国的饮食养生文化是最发达的，这和古人“食饮必稽于本草”“饮膳为养生之首务”[③] 的观念是分不开的。《周礼》提到宫廷中设“食医”一职，“掌和土之六食、六饮、六膳、百羞、百酱、八

① 《黄帝内经·素问篇》。

② 《千金要方·食治·序论第一》。

③ （元）忽思慧：《饮膳正要》，转引自赵荣光：《中国饮食文化史》，上海人民出版社 2014 年版，第 12 页。

珍之齐”。“食”指谷物类主食，置于簋、簠、盨等器皿中；“饮”为酒类等饮料，置于觥、爵、觚等酒具中；“膳”指以六畜为原料的肉食，置于鼎中，相当于主菜；“羞”是点心或小食，多置于竹器（笾）中；“酱”指各种调味品，一般由谷物发酵或捣碎的肉、蔬、果调制而成；“八珍”则指淳熬、淳母、炮豚、炮群、捣珍、熬、渍、肝茸等以六畜之肉为主要食材，配合炮、烤、煎等烹调方法制作的珍贵食物，为周天子的专供。[①] 这里的重点是“和”字，即按照一定的医学理论，在不同季节通过食物品种的搭配和烹调方式的选择，调和不同食物的特性，发挥其益处，降低潜在的危害，同时还要提升美味度。“凡和，春多酸，夏多苦，秋多辛，冬多咸，调以滑甘”说的是不同季节的调味；“凡会膳食之宜，牛宜稌，羊宜黍，豕宜稷，犬宜粱，雁宜麦，鱼宜蓏”讲的是不同食物之间的搭配原则。

古人的饮食养生也特别提倡节制和适度的观念。战国时代的《吕氏春秋》主张“口虽欲滋味，害于生则止”[②]，是适度饮食以养健康的早期表达。孙思邈称：“凡常饮食，每令节俭。若贪味多餐，临盘大饱，食讫觉腹中膨胀短气，或至暴疾，仍为霍乱”[③]。养生的一个重要侧面是预防，适当饮食，节制欲望，哪怕是日常饮食，也要做到留有余地，“不欲极饥而食，食不过饱，不欲极渴而饮，饮不过多”[④]。当然，饮食调理只是养生中的一环，需配合其他方面的实践，总的原则是“体欲常劳，食欲常少，劳无过极，少无过虚。去肥浓，节咸酸，减思虑，损喜怒，除驰逐，慎房室”[⑤]。

中国传统的民间食疗和饮食养生一定程度上遵循西方人称为“交感巫术”的原则：一种是俗语所称的“吃啥补啥”，如食用动物的某种部位可以滋补人体的相应部位，吃猪腿部的蹄筋可以增强人的“脚劲”、吃猪心

① 参见王学泰：《华夏饮食文化》，商务印书馆 2013 年版，第 75 页。

② 《吕氏春秋·仲春纪第二·贵生》。

③ 《千金要方·食治·序论第一》。

④ 《抱朴子·内篇》。

⑤ 《养性延命录·教戒篇·第一》。

可以补心等。另一种是从外观和颜色来确定食物与人体滋补之关联，如穿山甲可以疏通经络，天花或麻疹患者禁食芝麻绿豆类形似疱疹的食物，核桃肉可以补脑（形似人的大脑），赤豆和红枣可补血，黑色的食物可以乌发等。还有一种稍微复杂、不那么直观的联系要运用到五行理论，如黑色的食物补肾、白色的食物润肺等。其理论基础是，由于存在着金木水火土五行对应着五方、五脏、五腑、五气、五神、五官、五色、五声、五味、五情等世间万物的宇宙秩序，五行中的“金”对应于“五脏”中的肺以及“五色”中的白色，因此，诸如银耳、山药这样的白色食物就能润肺。五行中的“水”对应着“五脏”中的肾和“五色”中的黑色，于是，诸如黑豆、黑芝麻这样的黑色食物便能补肾。在世界许多古代民族的医药学中都能看到类似逻辑的影子。

四、作为重要社会文化议题的饮食

“人生开门七件事，柴米油盐酱醋茶”，从精英的治国之道到普通老百姓的日常谈资，饮食对国人的文化心理结构有着深刻的影响。不论是过去天子宴请诸侯，文人日常宴集，还是富贾商谈或百姓日常，各种涉及社会交往的事务，中国人喜欢尽可能地通过“吃饭”来解决。逢年过节的宴请，如果是家宴，善于烹调的主人总会在席间向客人介绍自己拿手菜的做法。关于如何做出美食，从选材、保存到烹饪方法的交流，往往是席间主要的话题之一。

古人用肉食者来比喻统治阶层，直到今天许多方言俚语中，“吃”被用来表达日常生活中种种和食物无关的事务。如吴语中：吃官司、吃生活、吃排头、吃瘪、吃家生、吃轧档等，多与不好的事物相关联。

即使在精英层面，饮食对整个文化的影响也非常显著。史书中，涉及社会经济的篇章被冠以“食货志”的名称。古人还常以饮食来比喻政治或人生道理。老子言，“治大国若烹小鲜”，以烹制小鱼来比喻治理大国需政策稳定；孟子曾说，“鱼，我所欲也；熊掌，亦我所欲也，二者不可得兼，舍鱼而取熊掌者也。生，亦我所欲也；义，亦我所欲也，二者不可得兼，舍生而取义者也”[①]，以鱼与熊掌不可兼得的选择来比喻“义”比“生”更重要；《论语》中许多地方提到饮食，如“饭疏食饮水，曲肱而枕之，乐亦在其中矣”“君子谋道不谋食”“君子食无求饱，居无求安”等以表达君子安贫乐道的精神。先秦时期，甚至不少重要的政治人物均是厨师出生或善于烹饪，常以饮食烹调之道向国君解释治国原则，如夏朝的中兴之主少康曾为“有虞氏”的“庖正”，商朝的名相伊尹也曾是一名厨师，春秋五霸之齐桓公身边曾有一位厨人出身的政客易牙，烹其长子献给君王。类似记载在先秦文献中不胜枚举。夏禹铸九鼎、楚庄王问鼎中原的故事反映了先秦时期鼎作为天子王权的象征性力量。然而，鼎本是用来盛肉食的食器，逐渐转变为祭祀的礼器，后来又发展为表征权力的重器。“国之大事，惟祀与戎”，祭祀就必然涉及献祭的食物和食器，而饮食本身是礼仪制度的起点，正所谓“夫礼之初，始诸饮食”。可见华夏文化从一开始便有围绕饮食而展开的特质。

五、帝王官宦之家的奢靡饮食

不同阶层所能调动的用于饮食上的资源相差悬殊，但这并不妨碍中国从帝王到草根的所有阶层在其能力范围之内给予日常饮食的重视程度超过其他任何人类文化。根据《周礼》所载的理想官僚制度，负责王宫事务的近 4000 人中，接近六成的人员是和饮食相关的[②]；而有的学者统计出的厨事队伍人数高达 3400 余人，分成管理、烹饪、加工制作、供应、保健和服务六个大类[③]。其中包括：

---

① 《孟子·告子章句》。

② 参见〔美〕张光直：《中国文化中的饮食：人类学与历史学的透视》，郭于华译，载〔美〕尤金·N. 安德森：《中国食物》，马孆等译，江苏人民出版社 2003 年版，第 255 页。

③ 参见赵荣光：《中国饮食文化史》，上海人民出版社 2014 年版，第 94 页。

膳夫，152 人。掌王之食饮、膳羞，以养王及后、世子。

庖人，70 人。掌共六畜、六兽、六禽。

内饔，128 人。掌王及后、世子膳羞之割、烹、煎、和之事。

外饔，128 人。掌外祭祀之割亨。

亨人，62 人。掌共鼎镬，以给水、火之齐，在厨房中打杂。

甸师，335 人。掌帅其属而耕耨王藉，负责蔬菜瓜果的供应。

兽人，62 人。掌罟田兽，负责野味的供应。

渔人，344 人。掌以时渔为梁，负责鱼的供应。

鳖人，24 人。掌取互物，负责甲壳类水产品的供应。

腊人，28 人。掌乾肉。

酒正，110 人。掌酒之政令，负责供应酒。

酒人，340 人。掌为五齐三酒，在宴会、祭祀场合负责上酒。

浆人，170 人。掌共王之六饮，水、浆、醴、凉、医、酏等饮料。

凌人，94 人。掌冰正，负责冰块的供应。

笾人，31 人。掌四笾之实，负责各种场合竹器的供应。

醢人，61 人。掌四豆之实，负责肉酱的供应。

醯人，62 人。掌共五齐、七菹，凡醯物，负责酸菜、醋、酱类调味品的供应。

盐人，62 人。掌盐之政令以共百事之盐。

后世帝王的饮食奢靡之风并未退减，明清两代尤盛。据记载，明代中期礼部精膳司有 6300 多名厨事人员，每日给 1 万多人提供饮食。[①] 清代皇室饮食至慈禧太后当政时达到顶峰。如清宫档案所载，光绪三十四年(1908 年) 正月初一光绪皇帝的早膳包括：

养心殿进早膳，用添漆花膳桌，摆：口蘑肥鸡、三鲜鸭子、五绺

① 参见〔美〕弗里德里克・西蒙：《中国思想与中国文化中的食物》，郭于华译，载〔美〕尤金・N. 安德森：《中国食物》，马孆等译，江苏人民出版社 2003 年版，第 266 页。

鸡丝、木耳肘子、炖吊子、肉片炖白菜，后送豆秧汆银鱼、罐鸡汤、炒苜蓿膳、退（煺）羊酸菜锅子、瓦鸭青（清）蒸白菜、羊头肉片汆黄瓜、羊肉片汆冬瓜、英（樱）桃肉炖菠菜、鸭条熘脊髓、汆水晶丸子、熘鸭蛋、鸭丁溜（熘）头豆、肉丝煮炖茄子、溜（熘）鸭腰、奶子鸡蛋羔（当是“膏”字，以下改过）、炸春卷、肉丁花椒酱、肉片焖蒜苗、肉片焖扁（萹）豆、韭黄炒肉、青（清）蒸火腿、肉片焖冬笋、八宝果羹、酿山岳（药）、杏仁豆腐、炒咸食菠菜罐、辣菜熏香干、芥末椒（墩）白菜丁、炒豆芽、白煮鸭子豆腐汤、大馒首、枣糖羔（糕）、荞麦老鼠尾汤、老米膳、旱稻粳米粥、旱稻粳米膳、豆腐浆粥、熇米粥、果子粥、上进二碗老米膳、一碗粳米粥。

上进添安早膳一桌、火锅二品：金银“喜”字奶猪、锅烧鸭子；大碗菜四品：燕窝“庆”字八仙鸭子、燕窝“贺”字三鲜鸭子、燕窝“新”字口蘑肥鸡、燕窝“年”字什锦鸡丝；怀碗菜四品：燕窝金银鸭条、荸荠蜜制火腿、什锦鱼翅、溜（熘）鸭腰；碟菜六品：燕窝拌熏鸡丝、榆蘑炒鸡片、肉丁果子酱、大炒肉炖玉兰片、炸八件、盖韭炒肉；片盘二品：挂炉猪、挂炉鸭子；饽饽四品：白糖油糕、苜蓿糕、苹果馒首、如意卷，燕窝八仙汤。酉正二刻，上进果桌一桌二十三品，赏总管首领、小太监等。①

官府人家、文人雅士、商贾富家虽然不如帝王般奢靡，但为饮食之事而铺陈的排场依旧可观。《东京梦华录》记载：“凡民间吉凶筵会，椅卓（桌）陈设，器皿合盏，酒檐动使之类，自有茶酒司管责。食下酒，自有厨司。以至托盘下请书，安排坐次，尊前执事，歌说劝酒，谓之白席人，总谓之四司人”。在宋代，民间已有为官宦富家专门操办宴席的机构，而且专业化程度非常高，场地布置、烹饪、茶水、蔬菜、水果、小吃、服务等分门别类一应俱全，犹如今天各类的餐饮服务外包公司，如南宋文人笔记《都城纪胜》中对首都临安“四司六局”的记载：“官府贵家置四司六局，各有所掌，故筵席排当，凡事整齐，都下街市亦有之。常时人户，每

① 转引自赵荣光：《中国饮食文化史》，上海人民出版社2014年版，第107页。

遇礼席，以钱倩之，皆可办也。帐设司，专掌仰尘、缴壁、桌帏、搭席、帘幕、罘、屏风、绣额、书画、簇子之类；厨司，专掌打料、批切、烹炮、下食、调和节次；茶酒司，专掌宾客茶汤、荡筛酒、请坐谘席、开盏歇坐、揭席迎送、应干节次；台盘司，专掌托盘、打送、赍擎、劝酒、出食、接盏等事；果子局，专掌装簇、盘饤、时果、准备劝酒；蜜煎局，专掌糖蜜花果、咸酸劝酒之属；菜蔬局，专掌瓯饤、菜蔬、糟藏之属；油烛局，专掌灯火照耀、立台剪烛、壁灯烛笼、装香簇炭之类；香药局，专掌药碟、香球、火箱、香饼、听候索唤、诸般奇香及醒酒汤药之类；排办局，专掌挂画、插花、扫洒、打渲、拭抹、供过之事。凡四司六局人祗应惯熟，便省宾主一半力，故常谚曰：烧香点茶，挂画插花，四般闲事，不讦戾家。若其失忘支节，皆是祗应等人不学之过。只如结席喝犒，亦合依次第，先厨子，次茶酒，三乐人"①。

当然，官宦阶层毕竟多饱读诗书的风雅之士，于排场面子之外，饮食更注重的是一种生活美学的享受。

六、饮食的人生美学

国人惯于从饮食角度看待社会与人生的态度，在文人雅士那里则最终演化为一种在日常饮食中品味人生美学的高度。

> 吾们在得到某种食品之前，老早就在想念着它，心上不住地回转着，盼望着，暗中有一种内心的愉快，怀着吾们将与一二知友分享的乐趣……每岁末及秋月成钩，风雅之士……即将储钱以待购蟹，选择一古迹名胜地点招二三友人在中秋月下持蟹对酌，或在菊丛中与知友谈论怎样取端方窖藏之酒，潜思冥想，有如英国人之潜思香槟票奖码

---

① （宋）孟元老等：《东京梦华录（外四种）·都城纪胜》，古典文学出版社 1956 年版，第 95 页。

者。知友这种精神才能使饮馔口福达到艺术之水准。[1]

这种饮食美学，讲求的是在适当的季节、适当的地点与朋友一起品味当季的美食。各种要素缺一不可，而最重要的当然是美食。因此，古代许多著名文人对吃都颇有讲究，甚至不惜花时间投身于饮食的研究当中，其中对后世影响最大的当属清代大文豪袁枚。作为名闻天下的美食家，他每在别人家吃到美食，必叫自己的家厨到那里拜师学艺，有的家厨学到六七分，有的学到两三分，有的甚至没有学会，袁枚都向家厨询问方法并记载下来，四十年来积累颇丰。于是便有了对后世影响非常大的烹饪书籍《随园食单》。书中除了讲总的方法论的“须知单”和“戒单”，将常见饮食归入海鲜、江鲜、特牲（猪肉，所有单中最丰富的）、杂牲（牛羊肉及鹿肉等野味）、羽族（家禽）、水族有鳞（除江鲜外的淡水鱼）、水族无鳞（除江鲜外的淡水非鱼类）、杂素（各类蔬菜、豆制品）、小菜（经过腌、泡、晒、酱等处理的食物）、点心、饭粥、茶酒等 12 类，可谓囊括了以江南为代表的传统中国饮食的大部分食单，是一份珍贵的历史文化资料。

袁枚在开篇说道，“学问之道，先知而后行，饮食亦然”。中国的精英阶层常用食物来比喻治国之道，同时又以治学的态度来研究饮食。像袁枚这样的大文豪以做学问的严谨态度来研究饮食，在人类学兴起前的西方知识界是几乎不存在的。通过书中的“须知单”我们可以一窥传统文人对于美食的理解。

先天须知：“凡物各有先天，如人各有资禀”。同一种食物，禀赋也各不相同，如鲫鱼以肚白身扁为佳，食材的选择很重要。

作料须知：油盐酱醋葱姜蒜糖等作料如同妇人身上的服饰，即使有天资，也必须以衣服首饰来配成。

洗刷须知：从燕窝、海参到动物内脏，食物烹调前的预先加工。

调剂须知：不同的烹饪方法对于食物本味的提升作用各不相同，有的要用盐，有的要用酱；有的需用煎炒，有的则要入汤。总之需

① 林语堂：《吾国与吾民》，陕西师范大学出版社 2002 年版，第 325 页。

"相物而施"。

搭配须知：不同食材之间的搭配，有可荤可素、可荤不可素、可素不可荤等，不可任意。

独用须知：一些本味浓厚的食材只适合独用，不适搭配。

火候须知：不同的烹饪方法，不同的食物，烹调中的不同阶段，需要不同的火候。

色臭须知：饮食不但讲求味道，更要色香味三者俱全。

迟速须知：当有客突然到访需要招待时，要能预备一些救急的速成之菜。

变换须知：物物之本味不可混同，如同"圣人设教，因才乐育，不拘一律"。

器具须知：不同的饮食器具搭配不同的食物，大小适宜，参差错落方能美器配美食。

上菜须知：不同菜肴的上桌顺序很有讲究：咸者、浓者、无汤者宜先上，淡者、薄者、汤者宜后上。

时节须知：根据季节来挑选和处理食材。

多寡须知：各类食物一次性烹调的适宜数量各有不同。

洁净须知：加工食料的刀具、砧板不能混用，以防止窜味。

用纤须知：勾芡的方法。

选用须知：食材的选择很重要。如小炒肉要用后臀，炒鱼片宜用青鱼、桂鱼，雌鸡嫩、雄鸭肥等。

疑似须知：烹调中的一些细腻的差异可能导致"差之毫厘，失之千里"。如味道要厚重而非油腻，要清鲜而非淡薄等。

补救须知：非老手烹调食物需要留有余地，宁淡毋咸，宁嫩毋老，如此事后还能补救。

本份须知：烹饪应专注自己的拿手菜而不应该迁就客人的习惯，否则画虎不成反类犬。

这种对美食一辈子孜孜以求的态度在传统国人的眼中，非但不是不务正业，还能成为文人身上的亮点，是一种生活品位的体现。这种饮食美学最突出地体现在文人的品茶文化中。明末清初的文人冒襄在其《影梅庵忆语》中写道：

> 每岁，半塘顾子兼择最精者缄寄，具有片甲蝉翼之异。文火细烟，小鼎长泉，必手自炊涤。余每诵左思《娇女诗》“吹嘘对鼎疬”之句，姬为解颐。至沸乳看蟹目鱼鳞，传瓷选月魂云魄，尤为精绝。每花前月下，静试对尝，碧沉香泛，真如木兰沾露，瑶草临波，备极卢陆之致。东坡云：“分无玉碗捧峨眉。”余一生清福，九年占尽，九年折尽矣。

《中庸》曰：“人莫不饮食也，鲜能知味也”。孟子也曾提到“饥者甘食，渴者甘饮，是未得饮食之正也，饥渴害之也”[①]。对中国人而言，一旦超越温饱，饮食从来不仅仅是解决饥渴等生存必需的东西。在生产力高度发达的今天，多数的普通人只要愿意，都可以在合理付出的前提下追求与享受饮食带来的美与乐。此种对美食孜孜以求、融饮食于人生美学之中的姿态造就了中国饮食文化的高度发展，是华夏文明对于人类社会的一大贡献。

请思考

1. 为何说饮食是中国社会文化中的重要议题？
2. “饭”在中国人的饮食文化中扮演了什么样的角色？
3. 你家乡的饮食属于或接近哪个菜系？它有什么样的特色？

---

① 《孟子·尽心》。

第十二讲

先秦文献中的传播伦理与沟通智慧

孔洪刚[①]

作为社会各阶层交流、沟通的平台，新闻传播媒介是社会运行的中枢，也是人们认识、理解、把握世界必不可少的工具。大众新闻传播事业兴起的二百年来，肇始于西方的自由主义新闻理论已广泛传播至世界大多数国家，并已然成为新闻传播研究中的一个重要理论前提。基于自由主义新闻理论，我国古代社会中的信息传播体制、理念，被一些学者简单地打上为封建统治阶级服务的标签。这一论断看似有其道理，但它片面否定中国历史中的信息传播经验，忽视本土优良的信息传播因子。本文拟从《尚书》《国语》《论语》《左传》《墨子》等先秦典籍文献中，查考先秦古人的传播伦理与沟通智慧，以资当代借鉴。

一、先秦文献中的传播伦理

先秦社会建立在血缘和宗法关系的基础之上，遵循“长幼之序”“亲疏之别”。在“亲亲尊尊”的基础上，先秦古人发展出了相应的传播伦理。

---

① 孔洪刚，山东菏泽人，毕业于复旦大学新闻学院，获文学博士学位，现为华东政法大学传播学院副教授，研究方向：新闻报道（网络传播）理论与实践。

（一）传播伦理理念：循礼、尚义、达仁

1. 循礼

礼是先秦古人沟通和传播行为的基本规范，其基本价值取向是“别贵贱、序尊卑”，维护既有的等级制度。即便在礼崩乐坏的东周时期，礼仍然是士大夫心中的基本传播规范。双方作战，有道伐无道、上攻下，谓之“征”（《尚书·胤征》：“奉辞伐罪曰征。”）诸侯或级别相同的两方之间的公开宣战，谓之“伐”。不宣而战，直接侵犯别国，谓之“侵”（《左传·僖公四年》:“齐侯以诸侯之师侵蔡。”）宣布罪行后加以攻击，谓之“讨”。这些不同的字褒贬色彩不一，蕴含强烈的道德判断和伦理取向。又如，同是杀人，杀、诛、弑、歼等在正当性方面有所区别，无罪见杀曰“杀”，有罪当杀曰“诛”，以下杀上曰“弑”，不留孑遗曰“歼”。

“非礼勿言”，不仅书面文字“循礼”传播，而且口语和体语（body language）亦“循礼”传播。《论语·乡党》记载：“孔子于乡党，恂恂如也，似不能言者。其在宗庙、朝廷，便便言，唯谨尔。朝，与下大夫言，侃侃如也；与上大夫言，訚訚如也。君在，踧踖如也，与与如也。君召使摈，色勃如也；足躩如也。揖所与立，左右手，衣前后，襜如也。趋进，翼如也。宾退，必复命曰：‘宾不顾矣’。”这段话的大意是，当孔子遇到故里乡亲时，他表现得很恭敬，看上去好像不善言谈。处于朝廷宗庙的场所时，孔子的讲话清晰流畅，只是比较谨慎。和下大夫交流时，孔子温和儒雅，侃侃而谈。和上大夫说话时，孔子显得正直恭敬。国君在时，孔子显得谨小慎微，充满敬畏。国君召见他接待外宾时，孔子面色庄重，脚步快速行进。孔子向两旁的人作揖，衣服前后摆动有致，整齐不乱。宾客走后，孔子会向君主报告说，客人已经不回头张望了。

2. 尚义

义的基本价值取向是大公无私、立场端正，为了公共利益不计个人得失。从先秦文献中我们发现，“尚义”是先秦古人另一重要传播伦理。

“惟殷先人，有册有典”（《尚书·多士》），“君举必书”（《国语·鲁语·曹刿谏庄公如齐观社》），可见我国上古时期已有“左史记言、右史记事”的传统，至春秋战国时期仍未中断。由于敬畏上天，先秦史官对于事实、

史实具有非常虔诚的“求真心理”，主张秉笔直书，反对伪造事实，即便遭遇不测亦在所不惜。齐国执政崔杼杀了和他妻子通奸的齐庄公，齐国太史公如实写成“崔杼弑其君。”惹怒了崔杼，招来杀身之祸。太史的两个弟弟太史仲和太史叔也因为如实记载被杀。太史的第三个弟弟太史季面对崔杼的威胁，毅然据实记载，崔杼不敢再杀。《左传·襄公二十五年》于此事的记述并未完结，“南史氏闻大史尽死，执简以往。闻既书矣，乃还。”南史氏听说记载这件事的太史四兄弟都被杀死了，远道而来准备继续记载。听到记载下来，才反身离去。太史四兄弟、南史其人，都是不顾自身性命、坚持秉笔直书的“尚义”传播者。

孔子在传播方面也有“尚义”的一面，他赞赏董狐在大是大非面前忠实于自己的信仰，不向当权者低头，不愧为“古之良史”。孔子也以自己的传播行为，注解了“义”字的内涵。他和弟子周游处于乱世之际的列国，宣扬、传播仁政王道，希望碰到有道之君。在处处碰壁的情况下，主张“道不同不相为谋”，并未向无道政治妥协。

孟子继承了孔子的传播人格，认为传播者应以不卑不亢的平和心态面对自己的传播对象。对大人物，孟子主张“藐之，勿视其巍巍然”（《孟子·尽心下》）；对平民百姓，孟子主张言辞上不能傲慢。有此浩然之气，光明磊落、刚正不阿，方能言辞得体，从容大度，不卑不亢地进行传播。

3. 达仁

仁和礼是传统社会中两个最重要的德行，同时也是传播活动的最基本的规范和价值准则。仁者爱人，作为一种道德范畴，仁主要指的是人与人相互友爱、互助，指的是恻隐之心、同情之心。传播之“仁”主要是指在人际交流中对他人的同情和尊重。先秦古人对传播之仁的理解，集中体现在《论语》中：“仁者，其言也讱”，“君子欲讷于言”；“敏于事而慎于言”，“古者言之不出，耻躬之不逮也”。孔子认为，言语行为和谈话内容要谨慎，要符合伦理，不要轻易把话说出口，使别人难堪。

（二）传播伦理实践：衡平化

道德是指衡量行为正当的观念标准。在复杂的生活情形下，人们的道德必然面临一系列矛盾和困境，最常见的就是理念和实践的乖离、原则和策略的矛盾。在大多数情况下，人们的伦理实践并非总是在黑与白、对与错之间作非此即彼的选择，而是根据不同的情形采取衡平化的策略。

循礼、尚义、达仁是先秦古人实施传播行为的基本伦理理念，是从事传播活动所奉行的原则。但东周以降，周室逐渐式微、诸侯蜂起，周王仅是名义上的共主。各诸侯国依仗自身国力，在军事上、礼制上屡屡突破既有规范。在诸侯国内部，乱臣贼子当道、国君受辱。这些历史事实，与内隐的传播伦理理念明显不符。是传播事实，还是为了位尊者的脸面保持沉默？如果是前者，又该如何传播事实？

孔子等人采用春秋笔法应对传播困境，反映了先秦古人传播伦理实践上的衡平化。一方面，对周天子、诸侯国国君的一言一行进行记载；另一方面，记载和叙事时谨遵礼义之道，拿捏好分寸、掌握好平衡。“天王狩于河阳，壬申，公朝于王所”（见《春秋》僖公二十八年）就是典型一例。从文字表面上看，《春秋》记载的似乎是周天子到晋国河阳狩猎，晋文公立即赶往河阳周王的行宫行礼致意这件事。事实上，晋文公招来周王，主要是借周天子的“名人效应”彰显自己的霸主地位，使自己的霸主地位合法化。周王只不过是慑于晋国的强大国力奉命赶来。作为编撰者、修订者，孔子既不能不记周天子的一举一动，又实在不忍心传播周天子的狼狈情形。既不回避这些事实，又“为尊者讳”，通过简略的文字曲折反映之，褒贬之，不失为一种衡平化策略。

春秋笔法的另一特点是微言大义、述而少作，陈述简略“事实”而不过多评价。述而少作，稍作遮蔽，为后人还原事实“留白”。先秦之后，有关解释诸经的传数量非常多，《春秋》等经文所遮蔽了的历史事实，已基本廓清。有学者曾评价《春秋》之修订，不虚美，不隐恶，独于字词间斟酌以示褒贬，讳中见直，有一定道理。

二、先秦古人沟通的谋略化

与西方偏重探讨事情机理与沟通的终极意义不同，我国古人更重视沟通的现实功用。根据 5W 线性传播模式，传播主要由 Who（谁）、Says

What（说了什么）、In Which Channel（通过什么渠道）、To Whom（向谁说）、With What Effect（有什么效果）五个要素组成。人际传播要收到好的传播效果，就要在内容的表达方式和技巧上下功夫，这既取决于内容本身，也和传播双方的身份和地位密切相关。采取何种策略通常依据政治和权力的逻辑：位尊者和位卑者、位卑者与位尊者的交流，强国和弱国、弱国与强国的沟通，无论是语气还是技巧，都有所区别。

查《尚书》(《甘誓》《汤誓》《盘庚》《多士》等篇)《国语》(《鲁语》《齐语》等篇)《战国策》《墨子》等先秦文献，参考秦志希等学者的观点[①]，我们认为，先秦古人的沟通智慧和传播技巧主要体现在以下几个方面：

（一）占据正义制高点，赏罚分明，恩威并用

这里以商汤征伐夏桀的战争动员令(《尚书·汤誓》)为例进行分析。商汤战争动员令的第一句话是“非台小子敢行称乱，有夏多罪，天命殛之!”意思是说，不是我敢于贸然发难，实在是因为夏王犯了很重的罪孽罪行，上天命令我去讨伐他。接着商汤表示，虽然大家放弃庄稼因而抱怨国君没有体谅之心，但“夏氏有罪，予畏上帝，不敢不正”。也就是说，尽管商王我知道你们抱怨，但夏桀有罪，敬畏上帝的我不敢不去征讨。

夏桀的罪行到底有多大呢？夏桀耗尽了民力，剥削夏国人民。民众大多怠慢不恭，不予合作，并说“这个太阳什么时候才能消失？我们宁可和你一起灭亡。”(夏王率遏众力，率割夏邑。有众率怠弗协，曰：“时日曷丧？予及汝皆亡。”)夏桀的德行败坏到这种程度，现在一定要去讨伐他(夏德若兹，今朕必往)。接着，商汤提出了赏罚举措：你们只要辅佐我，行使上天对夏桀的惩罚，我将大大的赏赐你们！你们不要不相信，我决不会不守信用。如果你们不听从我的誓言，我就让你们去当奴隶，以示惩罚，没有谁会得到赦免。(尔尚辅予一人，致天之罚，予其大赉汝！尔无不信，朕不食言。尔不从誓言，予则孥戮汝，罔有攸赦。)

《尚书·汤誓》的叙事结构，首先是陈述（发动战争）理由，即站在

---

① 参见孙旭培主编：《华夏传播论》，人民出版社 1997 年版，第 43—47 页。

民众的立场，强调其合法性、正义性的一面，即被征伐者的罪行引起天怒、人怨，征伐者代表上天讨伐。接着，以赏罚分明、恩威并举号召将士奋勇作战。记载夏启征伐有扈氏战争动员令的《尚书·甘誓》，其叙事结构和《尚书·汤誓》大致相似，都是强者（君王）向弱者（士兵）的宣言和通告，虽然不乏委婉的语句，但没有协商的余地，不服从命令，会遭到相应的惩罚。后世的韩非子、马基雅维利对“恩威并用”进行了新的拓展。韩非子发展出了法、势、术理论，认为君主只要能够灵活运用法、势、术等三大要素，就可以劳心而不劳力，治人而不治于人。马基雅维利提出了“狮子狐狸论”，认为君王既要像狐狸那样机变智慧，伪装成笃守信义、合乎人道、清廉正直、虔敬信神的样子；必要的情况下，又要像狮子般凶猛无情。

（二）明喻暗讽，迂回渐进

如上所述，位尊者、强者多依仗自身的政治、军事权力，和位卑者、弱者进行不容协商的沟通。与之相反，位卑者、弱者和位尊者、强者的沟通，因为缺乏政治和军事等硬实力的支持，更宜采取迂回的劝服策略。

《国语·周语·襄王拒晋文公请隧》一文，展示了弱者和强者沟通的智慧。晋文公依仗助周襄王复位之功，提出死后葬礼采用掘地道方式的非分要求。周襄王委婉地回应说，除了生前死后享用的服饰礼仪不同，其他方面和诸侯没有什么区别。作为守成的天子，并不是舍不得隧葬之礼，实在是因为如果用破坏先朝规矩的方式报答叔父（晋文公）的私恩，叔父会有憎恨、责怪之意。如果叔父藉美德变更了姬周王朝，创立了新的国家和制度，自然可以采用天子的葬礼，那样的话，天子即便被流放也无言以对。如果姬周不变，叔父还是周王室的诸侯，就只能遵循先王立下的规矩。退一步讲，叔父自行在自己的封地掘地道，天子也不会知道。晋文公听后“遂不敢请，受地而还”。周襄王所言，有理有据，语气和缓但原则性强，退中有进。

《国语·鲁语·臧文仲如齐告籴》一文，同样展示了弱者和强者沟通的智慧。鲁国遇到饥荒，百姓瘠瘦羸弱，生命受到威胁，鲁国大夫臧文仲主动请缨，外出求购粮食。臧文仲对齐人说，饥荒之际，鲁国百姓民不聊生，对周公、太公的祭祀无法保证，给王室的贡品也难以操办，我们国君很担心因此而获罪，所以不敢再珍惜先君的宝器，请求交换贵国积余的陈粮。这既可减轻贵国管粮人的负担，也可解救敝国的饥荒，使我们能担当向王室朝贡的职守。不但我们的国君和臣子能领受到贵国国君的恩惠，就是周公、太公和天地间的所有神祇也靠这可以继续得到祭祀。齐人于是就把粮食借给了鲁国，并退还了宝器。

《国语·鲁语》还记载了一则靠言辞让入侵者退兵的事件。齐孝公出兵讨伐鲁国，臧文仲想写一篇文辞谢罪，请求齐国退兵，但找不到适当的措辞，求问于展禽。展禽最后派乙喜带着润发的油脂去慰劳（向鲁国进发的）齐国军队。乙喜作为鲁国使者，和齐国国君齐孝公进行了一场有趣的对话：

> 乙喜：我们国君不才，没有侍奉好贵国边界上的官员，让您非常生气，以至带兵来到我国的郊野经受风雨，所以派我斗胆前来慰劳贵国的大军。
>
> 齐孝公：鲁国害怕了吗？
>
> 乙喜：小人倒是怕了，但君子并不怕。
>
> 齐孝公：你们国库空虚，农村大旱，凭仗什么不怕？
>
> 乙喜：我们凭仗着周公和太公的职守。从前周成王命令我们两国的始祖周公和太公说："你们要全力支持王室，辅佐先王。赐给你们土地，你们要用牺牲祭祀天地，立誓以为质信，世世代代、子子孙孙不互相侵害。"现在你来讨伐我国的过失，目的也是让我们知错顺从就宽恕了，一定不会灭亡鲁国。难道还会贪图我们的土地，而抛弃先王的遗命吗？那样还怎么能称霸诸侯？凭仗这个所以不怕。

乙喜明喻暗讽、迂回委婉、退中有进的说辞，最终打动了齐孝公，齐、鲁两国讲和，齐国退兵。

《国语·周语·襄王拒杀卫成公》中襄王力拒晋文公杀掉卫成公，《国语·周语·阳人不服晋侯》中阳樊邑守将仓葛以言辞逼退晋文公围城的军队，都采取了这一策略，实现了劝服的效果。

登堂之后方能入室，对弱势的一方来说，和强者的沟通必须迂回渐进。如果直接亮出观点，后果不言而喻。

（三）晓之以理、动之以情

理性之诉、感性之求，都有劝服的功效。若二者融为一体，晓之以理、动之以情，劝服效果更佳。

《尚书·盘庚》三篇讲的是说服大家迁都之事。迁都虽然是正确决策，但却遭到各方反对。对反对迁都的老百姓，盘庚先是极尽安抚之能事，“承汝俾汝，惟喜康共；非汝有咎，比于罚。予若吁怀兹新邑，亦惟汝故，以丕从厥志。”意思是说，我并不是像惩罚有罪的人那样对待你们，之所以呼吁大家到那个新的都城定居，也是为了大家的利益，为了满足大家的心愿。在表达了“你若安好，便是晴天”的意思后，盘庚接下去多了点责备的语气，“汝不忧朕心之攸困，乃咸大不宣，乃心钦，念以忱动予一人。尔惟自鞠自苦!”意思是说，你们不体谅我的苦心，却糊涂地想用你们的一私之心阻拦我迁都，无异于自寻穷困和苦恼。接着，盘庚规劝大家不要散布谣言，并警告那些奸诈邪恶的坏人如果为非作歹，就要被杀头，并且不留后患（我乃劓殄灭之，无遗育，无俾易种于兹新邑）。

迁都后，盘庚告诫官员，我心里已不再责备你们，你们也不要对迁都的事耿耿于怀，勾结在一起讲我的坏话（于朕志，罔罪尔众，尔无共怒，协比谗言予一人）。现在我再告诉你们一遍，无论你们的内心同意与否，都要听从我的意志（今我既羞告尔，于朕志若否，罔有弗钦）。

盘庚动员臣民迁殷的训词，语气坚定、果断，显示了盘庚的目光远大。其中用“若火之燎于原，不可向迩”比喻煽动群众的“浮言”，用“若乘舟，汝弗济，臭厥载”比喻群臣坐观国家的衰败，都比较形象。“汝曷弗告朕，而胥动以浮言，恐沈于众？若火之燎于原，不可向迩，其犹可扑灭？”没有根据的话会蛊惑人心，人心被蛊惑后事情很难收拾。盘庚对不同的对象采取了不同的方法，如对“民”的安抚与威胁，对官的训斥与责问，最终完成迁都，平息了舆情，完成了迁都。

《战国策·赵策·触龙说赵太后》是另一篇晓之以理、动之以情的历史文献。故事的背景是，赵国国君刚去世，秦兵来犯，赵求助于齐，齐要长安君作人质，当时赵国的掌权者赵太后断然拒绝大臣们的强谏，不让儿子去冒这个风险。面对这个固执的女掌权者，赵国大臣触龙先是关切地询问赵太后的饮食起居、养生之道，使戒备心极强的赵太后消除敌对情绪和逆反心理，为进谏的成功拆除第一道屏障。接着，触龙以自己孩子为例，让太后产生共鸣，勾起太后的爱子之情。在此基础上，触龙反着批评太后对长安君的爱不及燕后。溺爱长安君的赵太后并未反驳，这表明触龙的谏言发挥了作用。在此基础上，触龙进一步剖析了历代诸侯子孙未能继世为侯的教训，劝赵太后应让长安君抓住这一机会建功立业，拯救国家于危难之中。触龙的谏言并未提及"令长安君为质"，思路虽迂回但前后逻辑清晰、层层递进，启发引导，最终说服赵太后将儿子送往长安。触龙之说辞，理中带情，情寓于理，在劝服方面卓有成效，独树一帜。

三、对先秦文献中先秦古人传播伦理的评价

通过先秦文献中的相关记载，我们洞悉了先秦古人的传播伦理和沟通技巧。我们认为，先秦古人的沟通技巧，具有工具性价值和普适性的一面。与沟通技巧的工具性价值不同，传播伦理具有本体性价值，因此对先秦古人传播伦理的评价，涉及当代人在传播伦理层面何去何从的命题，其重要性不言而喻。

一般认为，包括先秦在内的古代社会，社会信息流动不均衡，自上而下的多，自下而上的少，纵向的多，横向的少，其传播制度、传播伦理，都是维护统治者利益、为统治者服务的。更有学者认为，孔子的"'礼'体现的是一种不平等的人际社会关系，并在无形中化为不平等的文化符号和传播符号，渗透到人们的潜意识中和现实生活中"①。这种论断看上去没有纰漏，但它却以现代的标准，呈现了一个黑白分明的"民主—专制"二元对立模式。事实上，如果我们承认不是活在真空之中，就得正视一个基

① 陈力丹：《孔子具有怎样的传播思想——从传播学角度解读〈论语〉》，载《新闻爱好者》2014年第4期。

本的社会事实，无论是古代社会中的个体，还是现代社会中的公民，无论身处何种社会制度下，和他有关的人际传播、群体传播抑或是大众传播，都必然涉及传受双方所处的社会结构和社会关系，因而在实质上都是不平等的。即便是匿名状态的网络传播，人与人之间的地位看似平等，实则仍存在主动与被动、操纵与被操纵的区别。抽象意义和价值追求上，人人平等、人权至上是没错的，但现实地看，人们总是处于一定的社会结构之中，受特定社会关系的制约，本就处于不平等的地位。一味地从今天的角度来评价先秦古人的修为，殊为不妥。如果抛开孔子为奴隶主贵族服务的惯性思维，我们发现的是一个兢兢业业、勤勤勉勉的孔子。孔子在不同的人际传播语境中，在和不同的人交往中，他都能根据尊卑和等级，恰如其分地进行交流，这无疑是在相应的社会结构中扮演了应该扮演的角色，做了该做的事。更为难能可贵的是，和国君、乡里长老、下大夫等不同对象的沟通，使孔子处于多重角色交错的角色丛中，他的理性和卓越使他没有出现角色混乱。按照亚里士多德的看法，“就大多数行为和情感来说，都存在着符合正确时间、正确地点、正确场合、正确对象、正确原因、正确方式……的行为，以及与该行为相符合的情感”①。孔子呈现了那个时代的美德。

其次是如何理解事实和观点的关系。先秦古人的信息传播活动，主要以礼、仁、义等为旨归，传播活动很大程度上不是为了传播信息而传播信息，而是以道德作为信息传播的起点和归宿，事实高度伦理化，信息自身的独立性、中立性非常微弱。以良史董狐定赵盾以弑君之罪为例，晋灵公是一个祸国殃民的国君，他残害百姓、陷害忠良，还派人刺杀多次劝谏的执政大臣赵盾，赵盾被迫逃亡。后来赵盾族人赵穿杀了晋灵公，董狐以“赵盾弑其君”记载此事，理由是赵盾位居正卿之位，回到朝中就应讨伐杀了灵公的赵穿，赵盾没这样做，就等于没能维护君臣大义，就等于弑了晋灵公。赵盾事实上并没有杀晋灵公，但经过伦理上的转换，赵盾就成了董狐笔下的“弑君者”。

---

① 转引自陶涛：《城邦的美德——亚里士多德政治伦理思想研究》，上海三联书店 2016 年版，第 65 页。

任何事实都不是纯粹客观意义上的，人们对事实都会有价值上的评判，对事实的传播，也必然在不同程度上受到价值取向的影响。如果价值观偏于伦理的话，事实的伦理化在所难免。如果价值观偏向于“政治正确”，事实的“政治正确”化在所难免。先秦古人的春秋笔法有如此逻辑，欧美各国迟至19世纪30年代产生并逐步确立的市场新闻体制和客观主义新闻学，也有类似逻辑。虽然它们强调事实具有超越意识形态的独立性价值，记者不能有倾向性地表达自己的观点，但是现代传播者总是选择用“事实”的手段，达到“说话”的目的，这和事实的伦理化有共通之处。

最后，传播伦理实践上的衡平化特征，兼顾了不同的要素，其选择既是一种伦理上的妥协与坚守，也是一种话语的实践。这种选择，在一定程度上减弱了其激进性，使之见容于体制，同时在一定意义上坚持了某些原则，使之能促进社会的进步。陆晔、潘忠党在《成名的想象》一文中对社会转型过程中新闻从业者专业主义话语建构的分析，一些媒体“可以有不说的真话，但绝不说假话”的自我期许，都可以隐约看到这一伦理取向。这当中有创造，更有浓重的继承。

四、结　语

综上所述，从先秦文献中，我们可以一睹先秦古人的传播伦理和沟通智慧。先秦古人的沟通智慧，主要体现在沟通的谋略化：一是占据正义制高点，赏罚分明，恩威并用；二是明喻暗讽，迂回渐进；三是晓之以理、动之以情。在传播伦理方面，先秦古人在“亲亲尊尊”的血缘和宗法关系的基础上，衍生出循礼、尚义、达仁的传播伦理理念。这一传播伦理在实践上具有衡平化的特征。

诚如陈思和所论，五四新文化“否定了封建文化因素，但没有更为坚实地在文化传统的土壤里找到立足点，或者说，它没有将当时的民主革命精神与中国文化的精神贯通起来，这就造成了一代文化的无根性”[①]。“我

① 陈思和：《“五四”与当代——对一种学术萎缩现象的断想》，载陈思和：《批评与想象》，华东师范大学出版社2014年版，第11页。

们只能在五四新文化传统中才能确认问题的当代性意义，而一旦涉及上古、中古文化领域的知识，就无法与当代意义贯通起来，不能不显得隔膜。”① 在传播领域亦是如此，将整个中国古代社会扣上专制的标签，认为古代社会中的信息传播与现代社会格格不入，其实是一种历史虚无主义的表现。本文表明，至少在先秦文献中，我们看到，先秦古人的传播伦理和沟通智慧，具有现代传播的某些合理因子。在发展社会主义新闻传媒事业的过程中，我们不应盲目迷信西方新闻体制。物质基础、人与人之间的结构与关系，形塑着相应的上层建筑。西方新闻体制及其母体资本主义民主政治制度，从根本上源于其多元的政治力量和利益群体。在我国，无论是古代的信息传播体制，还是当下的中国特色新闻传播体制，都有着迥异于西方的本土规定性，不该丢弃这些足资当代借鉴的优良传统。

请思考

1. 先秦古人沟通的谋略化体现在哪些方面？

2. 先秦古人的传播伦理理念是什么？

3. 如何理解先秦古人传播伦理实践上的衡平化特征？

4. 请结合角色扮演、角色丛、角色期待等社会学术语，评价《论语·乡党》中孔子的传播举止。

---

① 陈思和：《“五四”与当代——对一种学术萎缩现象的断想》，载陈思和：《批评与想象》，华东师范大学出版社 2014 年版，第 17 页。

第十三讲

“孝”的文化诠释及其对当代中国的意义

范玉吉[①]

“孝”是中国传统文化的重要内容之一，中国传统社会是以“孝”为伦理秩序的基石建构起来的，无论是从文化意义、政治意义还是社会意义看，孝对中国社会的影响和作用都不能忽视。一百多年前的五四运动及20世纪中叶发生的“文革”对“孝”文化的冲击甚至破坏都是空前的，其结果是使中国人在家庭、社会和国家中的伦理关系遭到了某种程度的破坏。今天家庭中不断出现因财产纠纷而父子失和、兄弟反目的丑事，社会上时时曝出不给老人让座、老人摔倒不扶的新闻，虽然我们并不能完全归责于以“孝”为基石的伦理道德的破坏，但在我们呼吁加强法治以维护社会秩序的同时，重新检视一下“孝”的伦理思想对当代中国社会的作用还是很有必要的。今天的中国已经进入了老龄化社会，让老有所养、老有所安、老有所乐已经成为一个重要的社会责任和时代使命，在这样的时代背景下再来审视以“孝”为基础和核心的伦理秩序，就显得更加必要。

一、从文化发生学的角度看“孝”的含义

作为中国文化的核心概念和儒家文化的重要内容，今天学界通认

---

① 范玉吉，山西黎城人，毕业于复旦大学中文系，获文学博士学位，现为华东政法大学传播学院教授，研究方向：传播伦理与传媒法制。

“孝”与善事父母有关。《尔雅·释训》中说“善父母为孝”，汉代许慎在《说文解字》中更是形象地解释说“孝”是“善事父母者，从老省、从子，子承老也”。《孝经·纪孝行》就指出“孝子之事亲也，居则致其敬，养则致其乐”，明确孝敬父母就是要在物质和精神两个方面满足父母。从孔子的时代起，“孝”就不仅仅指在物质的层面上满足父母的需求，今天与孝联用的词中有“孝敬”“孝顺”，都是指在精神上对父母的满足。《论语·为政第二》中就有这方面的记载：“子游问孝。子曰：‘今之孝者，是谓能养，至于犬马，皆能有养，不敬，何以别乎？’”所以，“孝”的含义中有“敬”的因素。除此，《论语》谈到“孝”时还有“无违”“色难”（《论语·为政第二》）、“事父母几谏，见志不从，又敬不违，劳而不怨”（《论语·里仁第四》）等句，明确了“孝”中含有“顺”的因素。此后一直到现在关于“孝”字含义的解释几乎都没有什么大变，《辞海》中就解释为“善事父母”。但是，“孝”字从一开始就是这个意思吗？

今天许多学者都认为最早的“孝”字是金文中的字，义为“子承老”，许慎就是从这个字来解释的。但是南宋时戴侗在其《六书故》中却认为（𡥈）字是（孝）字的异体字。当代学者宋金兰认为“‘孝’字从‘爻’（从‘交’）暗示它跟男女交合有关，至于从‘子’则表明‘孝’也跟生育有关”，“‘孝’的原始字形传达的信息是男女交合、生育子女”[①]。这样的观点也非独此一家，早在1927年，周予同先生就提出“孝”的思想产生于生殖崇拜的观点。[②] 确实，《诗经·小雅·蓼莪》中说“父兮生我，母兮鞠我。拊我畜我，长我育我，顾我复我，出入腹我。欲报之德，昊天罔极”，这中间就明确流露出了因父母生养我而我必须“善事”于父母的情感。

也有学者认为，“孝”字的“子”上并不是“老”字，也不是“爻”字，而是字，从象形字的角度推测其义是“孝子在父母丧葬祭祀时头上

① 宋金兰：《“孝”的文化内涵及其嬗变——“孝”字的文化阐释》，载《青海社会科学》1994年第3期。

② 参见周予同：《“孝”与生殖器崇拜》，载《周予同经学史论著选集》，上海人民出版社1983年版，第70—91页。

戴的特殊的帽子”，从会意字的角度推测是子要从父、祖两辈那里承接什么，意味着“家族后继有人，连绵不绝”或“子”祭祀供奉由父而祖，然后直达先祖和上天。① 这就突破了生殖崇拜的原始意义，而有了文化、宗教的含义。其实从文化发生学的角度看，在人类历史进程中，“孝”的观念从生殖崇拜而起，但其间也包含了宗教文化的内容，既要善事父母、报答生养之恩，又有敬祖祭天、祈求福佑。当人类还只是从自我本能出发来感恩父母时，文化的意义还不够足，一旦从此关注到彼岸，宗教性的文化就产生了。所以焦国成和赵艳霞的研究，在周予同、宋金兰的基础上又进了一层，把“孝”观念的文化意义揭示得更清楚了。

在以上的研究中，学者们把“孝”和人的天性联系在一起，认为是人类自然而然发生的情感。如同孟子所言，“人之所不学而能者，其良能也；所不虑而知者，其良知也。孩提之童无不知爱其亲者，及其长也，无不知敬其兄也。亲亲，仁也；敬长，义也。无他，达之天下也。”② 但是叶舒宪从精神分析学的角度推翻了以上的理论，认为“孝”并非出于子代对亲代的感恩而自发之情感，而是“传统文化通过父母而内化到每个个人心理中的‘超我’，其功能在于压制和消解个人的本能欲望”。他认为，“孝非但不是人的本能，而且是一种‘反本能’的文化产物，是中国文化中特有的‘反俄狄浦斯情结’的宗教化，是中国文化塑造出的中国人的‘第二天性’”③。也就是说，孝是亲代为了防止子代乱伦而特别强调的代际之别，是亲代为了保护自己的既得利益而为子代所制定的一种精神枷锁。同时，“孝”的观念也揭示出了孝的外衣之下是对个人欲望的压制，所谓“不孝有三，无后为大”的观念，也只是出于种族延续的生物本能需求。因此，“儒教以孝为核心教义，要求每一个信徒首先要成为自己家族的‘孝子贤孙’，并且由此出发树立起一整套人生规范。单个的男男女女只要将自己的私欲泯灭，把自身视为效法天地之道的家庭社会之一员，按照孝的要求

---

① 参见焦国成、赵艳霞：《“孝”的历史命运及其原始意蕴》，载《齐鲁学刊》2012 年第 1 期。

② 《孟子・尽心章句上》，转引自杨伯峻：《孟子译注》，中华书局 2010 年版。

③ 叶舒宪：《孝与中国文化的精神分析》，载《文艺研究》1996 年第 1 期。

完成生命再造的现世使命，便可望达到‘与天地同德’的境界，实现个体生命的价值与意义”[①]。叶舒宪的观点从一定程度上揭示了“孝”文化的“虚伪性”，这一思想也非空穴来风，在一百年前的五四新文化运动时期，一大批新文化运动的先驱们就在批判中国“孝文化”的虚伪性，呼唤人们睁开眼睛看世界、看人生。

二、《论语》中关于孝的论述

孝，作为人的行为规范和伦理观念，应该早于文字的存在。从前面不同学者对汉字“孝”的考证可以看出这种观念在汉字中已经非常成熟、内容也非常丰富了。《尚书·尧典》中就有“（舜）父顽，母嚚，象傲，克谐以孝”的记载。甲骨卜辞中有“孝”字，说明孝的观念在殷商时期已经非常成熟。

到了周代，典籍的记载就更加清楚。《尚书》中就有多处提及了“孝”，如“旧有令闻，恪慎克孝”（《微子之命》）、“元恶大憝，矧惟不孝不友”（《尚书·康诰》）、“孝养厥父母”（《尚书·酒诰》）等。

春秋以后，儒家思想对孝文化的理论化系统化进行了积极的努力。《论语》中关于“孝”的论述，奠定了中国文化孝理论的体系基础。《论语》中的“孝”可以分为以下几个层次：

第一，孝要尽赡养之责。对父母尽赡养之责，首先是要在生活物质上进行保障。这不仅是《论语》中的观点，而且是当时社会的一般观点，所以当子游向孔子问什么是“孝”时，孔子回答说：“今之孝者，是谓能养”，孔子首先是部分肯定这样的观点的，不同之处是孔子认为这还不够，因为“至于犬马，皆能有养，不敬，何以别乎？”（《论语·为政第二》）要尽好赡养父母之责，除了物质上的保障，还要有时间上的保障，要和父母在一起，孔子说“父母在，不远游，”如果是必须外出，那也一定要做到“游必有方。”（《论语·里仁第四》）做子女的显然不能只给父母提供足够

---

① 叶舒宪：《孝与中国文化的精神分析》，载《文艺研究》1996年第1期。

的物质保障，然后就自己外出逍遥，这样不能算是孝。当子女成年以后父母往往就年长了，因此尽孝的时间也就不多了，所以孔子说“父母之年，不可不知也。一则以喜，一则以惧。”（《论语・里仁第四》）喜是因为父母高寿还可以与儿女享受天伦之乐，惧是因为父母年龄大了，随时都可能离开子女。《孔子家语》中曾经记载了这样的事，孔子外出，遇到皋鱼在路边哭泣，问其故，皋鱼说他有个大过失，年少时为了求学而周游列国，没有把照顾亲人放在首位，结果是“树欲静而风不止，子欲养而亲不待也。往而不可追者，年也；去而不可得见者，亲也。”（《孔子家语・卷二・致思第八》）正是因为这样的缘故，做子女的不应该远游，应该时刻铭记父母的年纪，珍惜和他们在一起的每时每刻。为了更好地尽赡养之责，做子女的还应当善待自己的身体。孟武伯向孔子请教怎样尽孝，孔子回答说“父母，唯其疾之忧。”（《论语・为政第二》）东汉著名的经学家马融认为孔子的这个回答就是强调“孝子不妄为非，唯疾病然后使父母忧”[①]。自己身体垮了还怎么奉养父母，自己身体不好只能让父母担忧。因此，让自己健健康康地活着，就是对父母尽孝的重要物质保障。也正因如此，《孝经・开宗明义》中才说“身体发肤，受之父母，不敢毁伤，孝之始也”。可见身体健康的重要性。

第二，孝要存恭敬之心。在回答子游问孝时，孔子批评了当时一般人认为的孝就是能从物质上奉养父母的观点，直接指出如果仅仅从物质保障上来定义孝，那么和喂养犬马就没有区别了，人子孝于双亲之所以有别于喂养犬马，就是因为其中包含有“敬”的因素。养是一种外在的行动，孝则更进一层而有了内心深处的爱。在回答子夏问孝时，孔子说：“有事，弟子服其劳，有酒食，先生馔，曾是以为孝乎？”（《论语・为政第二》）在这里，孔子的立场很鲜明，只是替父母做体力上的事务和给父母吃好的食物，这就能算是孝了吗？除此之外还必须时时保持和颜悦色（“色难”）。按照《礼记・祭义第二十四》的说法，“孝子之有深爱者必有和气，有和

① 转引自杨伯峻：《论语译注》，中华书局 2009 年版，第 14 页。

气者必有愉色，有愉色者必有婉容。”[①] 可见子女对父母和颜悦色是因为心中有爱，爱与敬的本质相通，性质相同，都由心生，充满了感情。关于这个问题，曾子也有明确的论述，“孝有三：大孝尊亲，其次弗辱，其下能养。”[②] 可见，能“养”是孝的最低层次，能“尊”才是孝的最高境界。那么，怎样做才算是“敬”了呢？孔子在回答孟懿子和樊迟关于孝的提问时说：“生，事之以礼，死，葬之以礼，祭之以礼。”（《论语·为政第二》）在这里，孔子明确表示所谓“敬”就是要按照“礼”的要求严肃认真地对待父母，无论他们在世还是去世。关于“敬”的解释，李泽厚曾认为可以从两个方面理解，“一是对父母的尊敬、敬爱；一是对道德律令的敬重。”李泽厚从康德的道德律令的角度来解释作为道德情感的“敬”，认为是对绝对律令的“惧畏和敬重”。李泽厚说敬“既是一种外在态度，更是一种内存情感，源起于巫术礼仪中对上帝鬼神的尊敬畏惧，而转化为生活态度和情感要求，成为人性塑造的一个部分。……由对鬼神的敬畏、敬重转化为对人事、伦常、政务的敬畏、敬重，再表现为对客观理则的敬重、敬畏。”[③] 带着这样的情感对待父母，自然就与对待犬马不同了。中国人说要“孝敬”父母，孝与敬常常是联合在一起用的，就是这个原因。

第三，亲在要快乐生活。中国人在用“孝”字时常常还会和“顺”联系在一起，做一个孝子不仅要孝敬父母，还要孝顺父母，一个“顺”字就点明了在奉养父母时不能忤逆父母的情意。“孝”在子女一方面来看是要敬，而在父母一方面就体现为乐，顺着父母的心意、情意，就能使他们快乐。李泽厚指出以儒学为骨干的中国文化的特征或精神是“乐感文化”。“‘乐感文化’的关键在于它的‘一个世界’（即此间）的设定，即不谈论、不构想超越此间的形而上世界（哲学）或天堂地狱（宗教）。它具体呈现为‘实用理性’（思维方式或理论习惯）和‘情感本体’（以此为生活真谛或人生归宿，或曰天地境界，即道德之上的准宗教体验）。‘乐感文化’

① 《礼记·祭义第二十四》，转引自孙希旦撰：《礼记集解》（下），中华书局 1989 年版。

② 同上。

③ 李泽厚：《论语今读》，安徽文艺出版社 1998 年版，第 57、34、35 页。

'实用精神'乃华夏传统的精神核心。"[①] 中国文化的精神是快乐，那么做子女的，要想方设法让父母快乐，这就是"孝"的目的所在。孟子讲"不孝有三，无后为大"[②]，汉代经学家赵岐在《十三经注疏》中解释说无后之所以为不孝是因"不娶无子，绝先祖祀"[③]，这只是说对了一半，父母去世后"慎终、追远"要有人继香火、主祭祀固然是很重要的一个原因，但另一方面，父母在而自己无子嗣，则父母不能享受天伦之乐，这也是大不孝。为了让父母快乐，那就要尽量顺从父母，做子女的在和父母意见不合时要"几谏"，"几"就是要含蓄、自由委婉地表达自己的意见，而不能直接顶撞。因此要"见志不从，又敬不违，劳而不怨。"(《论语·里仁第四》）在"不违"的前提下，慢慢找机会去规劝，去说服。总的原则是不能让父母不快乐，让父母不快乐就是不孝。当然，孔子也并不是让做子女的一味"盲顺"父母，必要时还是要争的。曾子曾经问孔子，"敢问子从父之令，可谓孝乎?"也就是说做儿子的不分对错一味地盲从父亲的命令，就可称得上是孝顺了吗？孔子回答的十分明确，"父有争子，则身不陷于不义。故当不义，则子不可以不争于父，臣不可以不争于君；故当不义则争之。从父之令，又焉得为孝乎!"[④] 谏是一定的，只是在方法上要注意，要"几谏"，让父母在心悦诚服的状态下接受自己的意见，才符合孝的要求。

第四，亲亡要慎终追远。丧礼在人类文化中占有十分重要的地位，人类学研究认为重视丧礼是人类自觉的开始，"丧礼仪式给予混沌难分的原动物性的理智、情感诸心理因素以特定的社会族类的方向和意义，以确认自己属于此族类的存在，此即人的最早的'类'的'自我意识'。追怀死者的丧葬礼仪，都具有此种情感兼理知的重要功能。这即是最早的社会意识、人性心理、情感行为。"[⑤] 父母在世子女要孝敬、孝顺，父母离世后，

---

① 李泽厚：《论语今读》，安徽文艺出版社 1998 年版，第 28 页。

② 《孟子·离娄章句上》，转引自杨伯峻：《孟子译注》，中华书局 2010 年版。

③ 《十三经注疏》。

④ 《孝经·谏诤》，转引自胡平生：《孝经译注》，中华书局 1996 年版。

⑤ 李泽厚：《论语今读》，安徽文艺出版社 1998 年版，第 38 页。

子女也应当以隆重的礼仪来安葬他们，并通过一系列的祭祀活动追念他们。西周时周公旦按照社会事务内容的差别制礼作乐，将“礼”分成了吉、凶、宾、军、嘉五大礼制，其中凶礼就是丧礼。在丧礼之后孝子还要守孝三年，守丧期间孝子完全沉浸在对父母无限思念的悲痛之中，因此“食旨不甘，闻乐不乐，居处不安”，孔子对此的解释是“子生三年，然后免于父母之怀。夫三年之丧，天下之通丧也。”（《论语·阳货第十七》）孔子认为孝不仅仅应体现在父母在世时的奉送与敬顺（“生，事之以礼”），还应当体现在去世后的守丧与定期祭祀（“死，葬之以礼，祭之以礼”）。所以当宰我认为守孝三年太久了，而且可以心安于“食夫稻，衣夫锦”时，孔子批评他“不仁”。守丧三年在孔子的时代已经是传统“礼制”的规定了（“天下之通丧也”），但当时这一制度的稳定性已因为守丧时间“太长”被动摇，正如宰我所言，“三年之丧，期已久矣。君子三年不为礼，礼必坏；三年不为乐，乐必崩。旧谷既没，新谷既升，钻燧改火，期可已矣。”（《论语·阳货第十七》）孔子通过“有三年之爱于其父母”这样的感性化表述，将制度的理性化因素推动到了心理情感的层面，增加了文化体认。这样，将孝的内容扩大了，也在感性与理性的结合层面上有机融合，逐渐积淀成了中国人深层的文化心理结构。

第五，孝是文化精髓的继承。在孔子看来，父母死后子女对父母的孝不仅表现在慎终追远方面，还应当表现在对父母文化精神的继承与发扬上。孔子说，“父在，观其志。父没，观其行。三年无改于父之道，可谓孝矣。”（《论语·学而第一》）对于一个家族或一个国家来说，之所以兴盛、发展总是父辈生存经验的结晶（“父之道”），久而久之就成为这个家族或国家的精神文化遗产。能继承并发扬这些精神文化遗产对于家族或国家的发展来说极其重要，所以孔子强调无改于父之道可谓孝。当然孔子也非强调绝对不能改，而是要慢慢来，即所以“三年无改”。曾子说他曾经听到过孔子称赞孟庄子说，“孟庄子之孝也，其他可能也，其不改父之臣，与父之政，是难能也。”（《论语·子张第十九》）孟庄子在父死后继续用父亲的老臣，执行父亲的政策，被孔子看成是“孝”的表现，历代儒家把“三年无改于父之道”之所以谓之孝，解释成是“心理不安”，进而归结为仁。但不改父之道的做法常受法家攻击，认为儒家死守旧制，不行变通。

就是《吕氏春秋》中的《察今》篇也是讲述变通的重要性。不过对《论语》中“三年无改父之道”的理解，还是杨伯峻的注比较好，“道——有时候是一般意义的名词，无论好坏、善恶都可以叫做道。但更多时候是积极的意义的名词，表示善的好的东西。这里应该这样看，所以译为‘合理部分’”[①]。所谓“父之道”不能机械地理解成父亲所有的主张和做法，而应当理解成父亲主张和做法的“合理部分”，这也就是应当对父之道去伪存真，去芜存菁，继承和发扬文化精髓。中华文化发展到今天，既有赵武灵王胡服骑射这样关于变革的精神，更有继承发扬优秀传统的精神。勤劳、节俭、谦逊、礼仪、通变、创新、开拓、进取等都是我们父辈精神中合理的部分，今天应当继承、发扬，五千年的文明不应当仅仅成为博物馆展柜中让人观赏的文物，而应当成为中华民族伟大复兴的内存精神力量。

第六，孝是为政之根本。《论语》中孝的目的虽然是在奉养父母，让父母身心愉悦、幸福安康，但是其最终的目的却还是在政治上。有人曾经问孔子为什么不从政，孔子回答说，“书云：‘孝乎惟孝！友于兄弟，施于有政。’是亦为政，奚其为为政?”(《论语·为政第二》)孔子引用经典《尚书》上的话证明一个人如果有“孝”这种品质，就能友爱兄弟，并且会将这种伦理情怀放大到政治上。因此他认为“孝”就是“政治”。在上古时代，部落也好，氏族也好，父子、兄弟等关系既是一种家族内部的私人关系，也是关系于部落、氏族存亡的公共性关系。在以父子关系为核心的氏族部落中，只有很好地确定父子、兄弟之间的伦理关系，才能巩固父亲、兄长乃至部落首领在部落、氏族中的权威和地位。在儒家伦理思想中，宗教性的私德是构建社会性公德的必要前提，由家庭的伦理规范——“孝”上升为国家政治的伦理规范——“忠”，就可以从情感上巩固以理性为特征的政治伦理秩序。所以也正因为这样的原因，当季康子向孔子请教如何才能使百姓敬重、忠诚且相互勉励时，孔子回答说，“临之以庄，则敬；孝慈，则忠；举善而教不能，则劝。”(《论语·为政第二》)当齐景公向孔子问政时，孔子回答说“君君，臣臣，父父，子子。”(《论语·颜渊

① 杨伯峻：《论语译注》，中华书局2009年版，第7页。

第十二》）在这里就明确地将父子间的伦理关系与君臣间的政治等同起来了。南怀瑾先生说从古至今中国的政治哲学是建立在伦常文化的基础上。[①]这八个字从伦常的父子关系上升到政治生活中的君臣关系，由父慈子孝而推及君义臣忠。

三、历史语境中“孝”文化的阐释

从前面的叙述中我们已经了解了“孝”文化起源于人类社会的早期，那里的“孝”与人的生存本能——生殖崇拜密切相关。到周代经过周公旦的“制礼作乐”，在承继殷商制度文化的基础上创设了周代新的文化制度，孝文化就是其中的一部分。儒家“孝”文化从《论语》开始建构，后经历代儒家学者不断丰富而成。“礼”在儒家思想体系中占据着核心地位，而“孝”又是“礼”的核心。“孝”在儒家的修身理论中意义重大，《论语》中就明确指出“孝悌也者，其为仁之本与!”（《论语·学而第一》）而如前所述，儒家伦理文化是家国一体的伦理文化，私德性家庭伦理与公德性政治伦理合二为一。孝从修身始，以治国平天下终，所以一个人“其为人也孝悌，而好犯上者，鲜矣”（《论语·学而第一》）。在孔子思想体系中，孝是修身的本，也是治国之始，但重点还在修身事亲。在孔子看来，孝是仁之本，到了孔子之后的先秦儒家，家把孝和仁结合起来，使二者成为修身的重要内容。

孟子的孝理论比孔子更进一步，徐复观认为“《孟子》一书，孝的分量远较《论语》为重”[②]。孟子讲人皆有“恻隐之心”“羞恶之心”“辞让之心”和“是非之心”四端，这正是“孝”的本源之所在。人人皆有“良能”和“良知”，所以“孩提之童，无不知爱其亲者，及其长也，无不知敬其兄也。亲亲，仁也；敬长，义也；无他，达之天下也。”（《孟子·尽

① 参见南怀瑾：《论语别裁》（下册），复旦大学出版社 2014 年版，第 572 页。

② 徐复观：《两汉思想史》（第一卷），华东师范大学出版社 2001 年版，第 194 页。

心章句上》）孝心的本源具有普遍性，属于不学而能的良能、不虑而知的良知。有孝心就有仁心，有仁心就能治天下，“人人亲其亲、长其长而天下平。”（《孟子·离娄章句上》）孟子谈孝的最终目的就是治国平天下，从“老吾老，以及人之老；幼吾幼，以及人之幼”（《孟子·梁惠王章句上》）可以看出，只爱自己的父母还不够，还要推及天下的父母，这也是他提倡施仁政的目的。

《孝经》是在先秦儒家有关“孝”的理论基础上形成的。关于其作者历来众说纷纭，有《汉书·艺文志》认为是孔子、《史记》认为是曾子、宋人胡寅认为是曾子的门人、宋人冯椅认为是子思、司马光认为是孔子门人等多种不同观点。《孝经》记载了孔子向曾参讲述孝道的言论，相对来说是一个比较完整的理论体系。《孝经》探讨了孝的本质，“夫孝，德之本也，教之所由生也”；探讨了低层次的行孝和孝的最高境界，“身体发肤，受之父母，不敢毁伤，孝之始也。立身行道，扬名于后世，以显父母，孝之终也”；也探讨了行孝的具体步骤是“始于事亲，中于事君，终于立身”。（《孝经·开宗明义》）儒家伦理是家国一体的伦理体系，《孝经》也对此有深入阐述。“资于事父以事母，其爱同；资于事父以事君，其敬同。故母取其爱，而君取其敬，兼之者父也。故以孝事君则忠，以敬事长则顺。忠顺不失，以事其上，然后能保其禄位，而守其祭祀。盖士之孝也。”（《孝经·士》）从家庭伦理推进到政治伦理，由小我而见于大我，事亲与忠君的有机统一，对稳固传统中国社会的作用和意义都十分重大。《孝经》把先秦儒家关于孝的思想系统化、理论化，此后历朝历代都对此推崇备至。

汉朝立国之后，受先秦儒家思想的影响，自始起尤为重视孝悌。一方面，“乃在汉初铲除异姓王侯之后，大封同姓为王侯，欲借孝的观念加以团结”；另一方面，“所以适应由姓的普及而宗族亦因之普及，需要孝的观念以为宗族的精神纽带”①。汉朝实行的是“以孝治天下”的思想文化政策，尊亲重孝是自上而下的伦理普及行动。皇帝以身作则，重孝行孝，增

① 徐复观：《两汉思想史》（第一卷），华东师范大学出版社 2001 年版，第 194 页。

强了社会影响，加快了风俗移易。自惠帝以后，皇帝的谥号中都加一个“孝”字。汉文帝刘恒贵为皇帝，其母亲薄太后曾经生病三年，文帝“目不交睫”，不解衣带，尽心服侍母亲。母亲喝的汤药，他都要亲口尝过才给母亲喝。文帝的仁孝传闻于天下，他的故事被列为《二十四孝》的第二则。这样的故事虽有夸大，但他的孝行应该不虚。除了上层的榜样标举，政府在行政手段上也不断强化。《汉书・惠帝纪》载惠帝四年（公元前191年），“春正月，举民孝悌力田者复其身”，开创了奖励孝悌的先河。汉文帝时开始置《孝经》博士，汉昭帝始元五年（公元前82年）下诏命令举贤良文学，治《孝经》。汉宣帝地节三年（公元前67年）设立学官，郡县设置学校，乡设置庠序，下诏命令各郡县乡学皆设置《孝经》师一人，并将《孝经》作为小学课本，以便迅速普及孝的思想。此外，一方面政府设置“孝悌常员”掌管孝行事务，对孝子进行奖励，赐帛或赐爵；另一方面还推举孝子入仕，即“察举孝廉”。此外，法律法规方面，政府还运用法律手段制裁不敬老者，以保护老年人的权益。1981年在甘肃武威出土的汉简《王杖诏书令》记载：“年七十始，授之以王杖。”持这种特别手杖的老人，“入宫廷不趋”，“吏民有敢殴辱”者，处以“大逆不道”罪。① 除了在政策上制定各种措施以推广、践行孝道外，西汉思想家还对“孝”思想有所发展。汉初贾谊认识到了秦末以来风气败坏、纲常沦丧、礼仪废弛的社会局面，于是草制礼仪，意在“立君臣，等上下，使纲纪有序，六亲和睦”②。特别到了董仲舒，他在先秦礼乐文化的基础上，阐发出了一套适应时代要求的忠孝人伦理论。董仲舒借助《孝经》运用阴阳五行理论来阐释“孝”。他认为孝乃天经地义之事，“父之所生，其子长之，父之所长，其子养之，父之所养，其子成之，诸父所为，其子皆奉承而续行之，不敢不致如父之意”③。做儿子的应当遵循天道，固守伦理。他还借助天地关系来说明君臣关系，将“忠”绝对化，求为臣者要竭尽其能事君，且功皆归于君，以此

---

① 转引自李珉：《汉朝“以孝治天下”管见》，载《西南民族学院学报（哲学社会科学版）》1999年第4期。

② 班固：《汉书》，中华书局2007年版，第138页。

③ 转引自曾振宇、傅永聚注：《春秋繁露新注》，商务印书馆2010年版，第221页。

信念辅助天子，方可杜绝“奸臣危其君，君危则忘其国”[①]。依据阴阳五行之说对忠孝伦理进行解释，将“地德”（忠）与“土德”（孝）相对应，强调君臣比父子，子孝于父，臣忠于君。在这些理论的支撑下，汉代的孝行实践有了新的发展。

魏晋时仍然实行“以孝治天下”的政策，对天下孝子大加嘉奖。西晋时孝子李密因奉养祖母甚笃而名闻乡里，晋武帝征他出任太子冼马，他以奉养祖母为由婉拒。晋武帝不仅同意他暂不赴诏，而且还嘉奖他的孝行，赏赐奴婢二人，并指令所在郡县给予赡养祖母的费用。东晋元帝曾作《孝经传》，此后历代皇帝多次亲自讲《孝经》，《孝经》也成了皇子的必读书目。魏晋以降，直到隋唐，儒家思想的地位受玄学、佛教思想的影响而相对较低。就是在这样的文化环境中，历代统治者仍然对“孝”大力推广。如北魏孝文帝时把《孝经》翻译成本国语言，“教于国人，谓之《国语孝经》。”（《隋书·经籍志》）

唐太宗虽然发动了“玄武门之变”，干了不忠不孝的事，但他却对儿子李治读《孝经》十分赞赏，说“行此足以事父兄，为臣子矣。”（《旧唐书·高宗本纪》）唐玄宗曾两次注疏《孝经》，通过对《孝经》的御注，对孝经内容进行了新的解读。在玄宗《孝经御注》之前有《孝经郑氏解》与《古文孝经孔传》两个影响较大的注本，但是玄宗御注出现后就完全取代了郑注与孔注两个注本，成为后世“十三经”的权威注本。玄宗御注充分贯彻了“以孝治天下”的治国理念，行文精洁、详略得当、晓畅易懂，没有烦琐的名物训诂和典制考证，于普及极为方便，是教化子弟的绝佳教材。唐代的孝文化已经不仅仅停留在思想教化的层面，而是将孝道法律化，作为臣民的行为规范。《唐律疏议·名例》开篇就明确指出：“德礼为政教之本，刑罚为政教之用，犹昏晓阳秋相须而成者也。”这就确立了以“德礼”为主、“刑罚”为辅的法律体系。在婚姻家庭关系中明确父权的统治地位，《唐律疏议·户婚》称，“同居之内，必有尊长；尊长既在，子孙无所自专”。《唐律疏议》中关于不孝的罪名就有三十多种，如不同父母共居、与父母分家产等都是严重的违法行为，子孙对家长必须“无违”，绝

---

① 曾振宇、傅永聚注：《春秋繁露新注》，商务印书馆 2010 年版，第 347 页。

对服从家长意志；对尊长如果“供养有缺”即构成“不孝”重罪。唐律中规定有“十恶”的罪名，凡“十恶”之罪犯一律不得被普通大赦所赦免，即“常赦所不原”。十恶罪名中与孝有关的有“恶逆”“不孝”“不睦”等，如虐待、杀害父母、祖父母等皆是重罪，属“恶逆”之罪，而告发或诅詈祖父母、父母者要处绞刑，违反守孝规定、居丧期间奏乐、脱掉孝服等都是不孝之罪。而为了保护孝子，又规定了“权留养亲”、为父母复仇减刑等保护措施，如果一个人犯了死罪而又不属于“十恶”之列，父母有病应该服侍，可以暂时保留其性命，让其尽孝。唐代法律是对孝文化的制度化体现，对后世的影响很大

宋代继续推行“以孝治天下”的策略，把儒家的孝悌伦理全面推广到了政治领域。宋朝自开国起就十分重视用“孝道”教化臣民，以孝育忠，以孝促忠。宣讲《孝经》是以“孝道”教化臣民的重要途径之一，宋太宗御书《孝经》赐给李至，认为“千文无足取，若有资于教化，莫《孝经若》也。”(《宋史·李至传》)。既然如此重要，所以朝廷对于那些宣讲、研究《孝经》有成就者就大加赞赏。宋人李焘在《续资治通鉴长编》中记载“赐马宗元三品服，以讲《孝经》彻也”[①]。地方官员也把《孝经》作为地方治理的重要工具，《宋史》中多有这方面的记载，如赵景纬知台州时，“至郡，……取《孝经庶人章》为四言咏赞其义，使（民）朝夕歌之，至有为之感涕者”(《宋史·赵景纬传》)。李舜臣“知饶州德兴县，专尚风化。民有母子昆弟之讼连年不决，为陈慈孝友恭之道，遂为母子兄弟如初”(《宋史·李舜臣传》)。为了教化臣民，旌表孝子也是宋代统治者最常用的方法。《宋史·孝义传》记载解州董孝章十世同居，建昌军瞿肃四世同居，“长幼孝悌，乡人化之，……所在请加旌表，诏从之，仍蠲其课调”；郭琮“事母极恭孝，……有诏旌表门闾，除其徭役”。宋朝历代皇帝都十分重视《孝经》，宋真宗咸平二年曾诏令邢昺撰《孝经义疏》，邢昺在唐代已有义疏的基础上进行了修订，到北宋末年，《孝经》正式进入了十三经的行列，并且以邢昺的义疏作为十三经的定本。《孝经》能进十三经之列，足见“孝”在中国传统文化中的分量之重，影响之大。宋代统治者

① （宋）李焘：《续资治通鉴长编》卷一〇二，中华书局 1979 年版。

践行孝文化是有其理论基础的，儒家思想在宋代得到了发扬光大，朱熹的孝亲观念对孝文化的推广影响极大。作为理学的集大成者，朱熹在继承前辈儒学思想的基础上，把“三纲五常”提高到“天理”的高度，以天理论证孝道的正当性，“未有这事，先有这理。如未有君臣，已先有君臣之理；未有父子，已先有父子之理。不成元无此理，直待有君臣父子，却旋将道理入在里面。”① “万物皆有此理，理皆同出一原。但所居之位不同，则其理之用不一。如为君须仁，为臣须敬，为子须孝，为父须慈。”② 父子之理先于父子关系而存在，因此，子孝于父是天理，而非因父生子而报恩那么简单。不过朱熹并不主张完全顺从父母，当父母有过时还是要争谏的，“人情自有偏处，所亲爱莫如父母，至于父母有当几谏处，岂可以亲爱而忘正救！所敬畏莫如君父，至于当直言正谏，岂可专持敬畏而不敢言！”③ 所谓“正谏”，就是要以“理”劝谏父母，父母之所以错了，那是因为他们没有顺天理，因此，“几谏”父母顺天理，那当然也是人子之责。朱熹在谈孝时，还是较前代儒家有进步之处的，比如孔子认为“父在，观其志，父没，观其行。三年无改于父之道，可谓孝矣”（《论语·学而第一》）。朱熹则比较客观地对“三年无改于父之道”进行了评述，“若父之道已是，何用说无改，终身行之可也。事既非是，便须用改，何待三年。孝子之心，自有所不忍耳。若大段害人底事，须便改，始得。若事非是而无甚妨害，则三年过了方改了。”④ 这样的看法还是比较客观的。

元代统治者来自北方游牧之地，其文化不可与中原比拟，但是也有“孝亲敬老”的传统，“成吉思汗特别重视蒙古族孝亲敬老观念中‘敬’的传统，将此提到了关系民族存亡的高度。……成吉思汗重视‘孝道’，崇敬先祖，他不仅亲身践行孝道，也对孝养亲人的部众给予奖励。他对孝、忠、信、义等道德观念的整合，使孝敬父母、尊崇祖辈与忠于大汗统一起来，形成一套完整的、能够巩固统治的伦理道德体系，既笼络了人心、规

---

① （宋）黎靖德：《朱子语类》卷九五《程子之书》，中华书局 1986 年版，第 2436 页。

② （宋）黎靖德：《朱子语类》卷一八《大学五》，中华书局 1986 年版，第 398 页。

③ （宋）黎靖德：《朱子语类》卷一六《大学三》，中华书局 1986 年版，第 352 页。

④ （宋）黎靖德：《朱子语类》卷二二《论语四》，中华书局 1986 年版，第 511 页。

范了社会道德，安定了社会秩序，也聚集了大批的忠孝勇士，团结了广泛的社会力量，为完成蒙古草原的统一大业奠定了强有力的社会基础。”① 入主中原之后，实行以儒治国的策略，也实行以孝治天下。元朝也效仿前朝，在皇帝的新号或谥号前加“孝”字，世祖忽必烈的尊号为“宪天述道仁文义武大光孝皇帝”、成宗的谥号为“钦明广孝皇帝”、武宗海山的谥号为“仁惠宣孝皇帝”。为了更好地实现以孝治天下，元朝统治者也特别重视推广“孝道”教育。元世祖至元二十四年，定国子学制，要求将《孝经》作为必读书。延祐元年（1314 年）元仁宗宣布“开科取士”，儒家学说是重要的考试内容。仁宗强调举人应以德为首，将朱熹的《四书集注》作为考试的“大纲”，使儒家伦理在国家政治层面得到了确认。到元朝的第三任皇帝元武宗时，中书右丞孛罗帖木儿用蒙文翻译了《孝经》，武宗下诏强调“此乃孔子之微言”，要求“自王公达于庶民，皆当由是而行。其命中书省刻版模印，诸王而下皆赐之。”（元史・武宗一）在官员选拔中也特别重视孝子的孝行，同时也重视对以孝著称的家庭给予旌表。其他在法律层面对“孝”的传统加以保障，也和前朝大同小异。元代对“孝”的重视，还体现在“二十四孝故事”的编撰方面。在元代，郭居敬编了《二十四孝诗选》，虞韶编了《日记故事》，这两部关于道德教育的蒙童读物，对孝道的传播起到了重要的作用。郭居敬是元代福建延平府尤溪人，因其品行至孝又有学名却不愿为官，终身隐居于乡村教书育人。他将流传深远的虞舜以下至宋代孝子孝行的故事进行增删，配以图画和五言绝句，编成《全相二十四孝诗选》简称《二十四孝》并为之作序，以教导童蒙稚子。书中故事通俗易懂，诗句朗朗上口，便于记忆，对推广孝行思想起到了巨大的作用。虞韶本人已不可考，其《日记故事》尽管最早出现在元代，但影响却没有郭居敬的大，如今看到最早的本子是明嘉靖二十一年的刊本。两个本子中的孝行故事基本相同，这二十四个孝子的故事影响也十分深远。不过这些故事中有一些愚孝的行为，如“割股”“卧冰”“刲肝”等，元代还是通过法律和行政手段加以制止的。

儒家思想在明代得到了很好的贯彻，使“政”与“教”得到了有机的

① 王续增：《元代蒙古族孝亲思想初探》，载《新西部》2016 年第 11 期。

结合。朱元璋建国后，以“去胡元弊政，复中国先王之旧”为治国宗旨，将儒家思想作为理政的重要依据，并且颁布《大诰》，目的是为了重整社会秩序，使百姓“忠君孝新，治人修己”。后来为了便于百姓诵记，又颁了六句话：“孝顺父母，尊敬长上，和睦乡里，教训子孙，各安生理，毋作非为”，世称《圣谕六言》。其中第一条就是要求“孝顺父母”，其次要求“尊敬长上”。明代尊老敬老甚至做到了制度化，设立了“耆老”制，即令各郡县选拔民间德高望重的老人接受地方官员对各项事务的咨询，并受官员委托处理民间纠纷。明朝立国后还实行乡饮酒礼，洪武十六年(1383 年）颁行《乡饮图式》，洪武十九年（1386 年）又在《大诰》中规定乡饮坐席要分善恶、别贵贱、叙长幼、论贤良、别奸顽、异罪人，让“年高有德无公私过犯者”坐在上等席上，以示尊重。①朱棣篡位后命人辑录古今史书中所载的孝行故事，编纂了《孝顺事实》，朱棣还亲自作序：“朕惟天地经义莫尊乎亲，降衷秉彝莫先于孝。故孝者，百行之本，万善之原，大足以动天地感鬼神，微足以化强暴格鸟兽孚草木，是皆出于天理民彝之自然，而非有所矫揉而为之者也”②。他将“孝”的作用提高到了如此地位，目的无非是要通过强调孝亲而使民以忠，进而达到以孝治天下的目的。在明代，“孝”是大事，事关政治，而非人情。这从嘉靖朝“大礼议”③

① 参见孔伟：《从乡饮酒礼看明代地方社会控制》，载《海南师范大学学报》（社会科学版）2016 年第 2 期。

② 《孝顺事实》，载《北京图书馆藏古籍珍本丛刊》（史部第 14 册），书目文献出版社 1998 年版，第 489 页。

③ 正德十六年（1521 年）二月，明武宗朱厚照驾崩。朱厚照无子嗣，其唯一的弟弟朱厚炜又早夭，于是其母皇太后张氏与大学士杨廷和根据《皇帝祖训》中“兄终弟及”的原则，选从弟朱厚熜继位，即明世宗。明世宗朱厚熜之父兴献王朱佑杬是明宪宗朱见深的第四子，与明武宗朱厚照之父明孝宗朱佑樘是同父异母兄弟。朱厚熜以藩王身份即皇帝位，面临着一个十分棘手的问题就是继统还是继嗣？即如何确定自己生父兴献王朱佑杬的尊号与如何处理和明孝宗朱佑樘的关系？以内阁首辅杨廷和为首的正德旧臣认为世宗是遵遗诏“嗣皇帝位”，自然应当过继给武宗之父孝宗朱佑樘，称孝宗为“皇考”，而称自己的生父兴献王朱佑杬为“皇叔考兴献大王”，母妃蒋氏为“皇叔母兴国大妃”，祭祀时对其亲生父母自称“侄皇帝”。但世宗认为这有悖于孝道，新科进士张璁上疏支持明世宗，认为明世宗即位是继承皇统，而非继承皇嗣。这一争论持续了近二十年。

和万历朝“张居正夺情”[①] 两件事就可以看出，礼制和人情发生冲突，往往会上升到国家政治层面，因为孝道已经成了政治伦理的核心，违反孝道就违反了政治正确。政教合一，家国一体，在明代孝文化既是国家政治体制合法性的来源，反过来孝文化又得到了政治伦理的有力支持，成为控制社会的重要思想力量。

清代沿用明制，仍然以儒家伦理为治国的主导思想体系。统治者仍然对“孝”推崇备至，顺治皇帝说“朕惟孝者首百行，而为五伦之本，天地所以成化，圣人所以立教，通之乎万世而无斁，放诸四海而皆准，至矣哉，诚无以加矣”[②]。清代统治者对于思想总体上的钳制要较以前历代都更严，由于惧怕文字狱的迫害，学者除转身朴学之外就是注解《孝经》。明清之际，戏剧非常发达，所以戏剧就成了宣传“孝”文化的重要途径。当然在这些戏剧中多有愚孝等思想存在，主张孝子逆来顺受，反映出“孝”情掩盖下的敬畏多于爱亲的尴尬之“孝”。

四、被异化的“孝文化”

孝的本质应当是爱，是发于情感而见于行动的结果。孝既是爱，就是双方的事，这一点孔子在《论语》中用“予也有三年之爱于其父母乎”来说明作为儿子的宰我应当守丧三年以尽“孝”，这是在用“子爱”来回报

---

① 夺情，又叫夺情起复，是中国古代丁忧制度的延伸。朝廷官员在位期间，若父母亡故，应当辞官回家守孝三年，不能出仕。“夺情”是为国家夺去了孝亲之情，可不必去职，以素服办公，不参加吉礼。明朝时明文规定，“内外大小官员丁忧者，不许保奏夺情起复”。万历五年（1577 年）首辅大臣张居正父亲去世，按规定他应当回祖籍为父守孝三年（实际上只有 27 个月）。但是此时正值其改革的关键期，所以在张居正奔丧三个月后，万历皇帝便催促他返京，这便是“夺情起复”。此事因不合礼制，属大不孝，所以遭到其他大臣的强烈反对，《明史纪事本末・江陵柄政》记载张居正是与大太监冯保密谋“夺情”。当时许多人抗议“夺情”，都被万历帝一一驳斥，有的甚至被严惩，动用重刑，终身残疾。

② 《御制孝经序》，载骆承烈编：《历代〈孝经〉序跋题识》，光明日报出版社 2013 年版，第 196 页。

"父母之爱"。孝当然也是德的外在表征之一,《孝经·开宗明义》说"夫孝,德之本也,……始于事亲,中于事君,终于立身"。从先秦来看,孝就是由情感生发出来的对父母之爱,并由此而延伸到对国君的忠。这两者都做好了,就可以立身于社会。但是在孝文化的传播过程中却变了味。汉代将儒家思想作为主流意识形态,董仲舒的阴阳五行之论将"孝"神秘化,也绝对化了。董仲舒认为"天有五行:一曰木,二曰火,三曰土,四曰金,五曰水。……木生火,火生土,土生金,金生水,水生木,此其父子也。木居左,金居右,火居前,水居后,土居中央,此其父子之序,相受而布。……诸授之者,皆其父也;受之者,皆其子也;常因其父,以使其子,天之道也。……故五行者,乃孝子忠臣之行也。"(《春秋繁露·五行之义》)父子之道乃是天道,自然子孝敬父母就不只是源发于情感那么简单的事了。一旦将父子关系神秘化、神圣化,视子孝于父为天道,那就是绝对真理了,哪个敢于违反,就是逆天之大道,是为大不孝。在这样的思想影响下,从汉代就开始有将孝异化的现象——即所谓的"愚孝"。东汉时就有人为父母服孝二十余年,[①] 汉乐府中的长篇叙事诗《孔雀东南飞》中的焦仲卿就因为愚孝而不敢违逆母命,造成了一出爱情悲剧。

到了晋代宣扬愚孝的故事就渐渐多了起来,如干宝的《搜神记》中最早记录了二十四孝故事中"郭巨"的事迹:

郭巨,隆虑人也,一云河内温人,兄弟三人,早丧父,礼毕,二弟求分,以钱二千万,二弟各取千万,巨独与母居客舍,夫妇佣赁以给公养。居有顷,妻产男,巨念举儿妨事亲,一也;老人得食,喜分儿孙,减馔,二也;乃于野凿地,欲埋儿,得石盖,下有黄金一釜,中有丹书,曰:"孝子郭巨,黄金一釜,以用赐汝。"于是名振天下。(《搜神记》卷十一)

这样的故事未必真实,但由于《搜神记》影响大,传播广,这样的事迹极易成为其他孝子效法的榜样。后世以郭巨为榜样,通过戕害自己亲生

---

① 参见钱穆:《国史大纲》,商务印书馆 1996 年版,第 187 页。

儿子来尽“孝心”的事确实发生过。据唐代史学家李延寿所著《南史》载，南朝时就发生过这样的事，而且埋儿的父亲没有郭巨“运气”好，没挖到金子，所以儿子就被父亲亲手杀害了：

郭世通，会稽永兴人也。年十四丧父，居丧殆不胜哀。家贫，佣力以养继母。妇生一男，夫妻恐废侍养，乃垂泣瘗之。母亡，负土成坟。亲戚或共赙助，微有所受，葬毕，佣赁还先直。服除后，思慕终身如丧者，未尝释衣帢。(《南史·卷七十三·孝义上》)

就是这样的父亲，用带血的孝心来事亲，一个小生命被无辜杀害了，皇帝到后来还要嘉奖。南朝宋文帝元嘉四年（公元428年），散骑常侍袁愉向皇帝报告了郭世通的“孝行”，宋文帝嘉奖了他，并敕榜表门闾；太守孟顗紧接着以孝廉推举郭世通出仕，郭不就。

除了用文学虚构的手法宣扬愚孝，正统历史也对愚孝的宣扬起着推波助澜的作用。《晋书》中最早记载了孝子王祥的事迹：

王祥，字休徵，琅邪临沂人，汉谏议大夫吉之后也。祖仁，青州刺史，父融。公府辟，不就。祥性至孝，早丧亲，继母朱氏不慈，数谮之，由是失爱于父，每使扫除牛下，祥愈恭谨。父母有疾，衣不解带，汤药必亲尝。母常欲生鱼，时天寒冰冻，祥解衣将剖冰求之，冰忽自解，双鲤跃出，持之而归。母又思黄雀炙，复有黄雀数十飞入其幙，复以供母。乡里惊叹，以为孝感所致焉。有丹柰结实，母命守之。每风雨，祥辄抱树而泣，其笃孝纯至如此。(《晋书·列传第三》)

王祥卧冰这样的故事虽然记载在史书中，其真实性肯定是大打折扣的，但是在古代社会中，人们的智识还达不到对此客观理性地分析，所以盲信盲从在所难免。

到了唐代，愚孝甚至发展到了自残的地步。“刲股疗亲”就起源于唐代。据《旧唐书》记载：

王友贞，怀州河内人也。父知敬，则天时麟台少监，以工书知名。友贞弱冠时，母病笃，医言唯啖人肉乃差。友贞独念无可求治，乃割股肉以饴亲，母病寻差。则天闻之，令就其家验问，特加旌表。(《旧唐书·列传第一百四十二·隐逸》)

故事的真假不清楚，但武则天皇帝的旌表则是实实在在的，官方对这种自残行为的愚孝予以表彰，其推广效果自然会很好。到五代时，政府照例对刲股之类的愚孝行为进行奖励，到宋朝，这样的带血的孝亲事件不断发生，《宋史·列传第二百一十五·孝义》中关于孝亲的记载，“割肉(股、眼、肝等)疗亲”的有 8 人，为父母“背土造坟、守墓而居”的有 31 人，“替父死”的有 5 人。[①]如：“刘孝忠，并州太原人。母病经三年，孝忠割股肉、断左乳以食母；母病心痛剧，孝忠然火掌中，代母受痛”；“杨庆，鄞人。父病，贫不能召医，乃刲股肉啖之，良已。其后母病不能食，庆取右乳焚之，以灰和药进焉，入口遂差，久之乳复生”；“吕升，莱州人。父权失明，剖腹探肝以救父疾，父复能视而升不死”；“冀州南宫人王翰，母丧明，翰自抉右目睛补之，母目明如故。”这些血淋淋的“孝”实际上与儒家经典中对孝的定义是相违背的，《孝经·开宗明义》说，“身体发肤，受之父母，不敢毁伤，孝之始也。”这种以自残为孝的行为与儒家孝义的基本精神是相悖的。

到元代愚孝问题更加严重，郭居敬的《二十四孝》对愚孝更是推波助澜。“《元史》中共记载有 13 起刲股孝行，孝友传中记载有十二起，烈女传中一起。元朝人的文集中则记载得更多，粗略地统计其中的 46 起。元朝刲股这类孝行，与宋朝之前最大的不同是，刲股者中出现了低龄化，从《元史》及元人的文集中，随意检索到六起少儿割股疗亲的记载。其中最为著名的，也是入元第一起少儿刲股的事，是《元史》孝友传中的李家奴。李在九岁的时候，就割股肉进啖母亲，治好了母亲的病。由于李家奴受到了

---

① 参见葛晓萍、袁丙澍：《论宋代旌表孝亲与社会控制》，载《兰台世界》2014 年 2 月下旬。

朝廷的表彰，一般认为李的刲股行为应当在至元七年之前。”[①] 对于这样的情形，朝廷不得不进行干预。元世祖忽必烈至元七年（公元 1270 年），朝廷颁布禁令：“诸为子行孝，辄以割肝、刲股、埋儿之属为孝者，并禁止之。”[②]但禁止效果并不好，从前述元朝愚孝事迹的数量就可以看出。到了明清，愚孝行为更是常见，而且往低龄化发展。《明史》孝友传中记载的年龄最小的刲股者是夏子孝，夏是安徽桐城人。六岁的时候，他死了母亲。九岁的时候，父亲得了重病，他为了救父亲，就刲股六寸多，调羹以进，父食之顿愈。夏子孝也因此得到了地方官的嘉奖。……清朝年龄最小的刲股疗亲者是七岁的吕敦孚，此事记载在《清史稿》孝友传（一）中。吕敦孚，湖南永定（今湖南大庸）人，父亲吕孟卿。就在吕敦孚七岁那年，他的母亲得了重病，想吃肉。吕敦孚就找屠户赊肉，遭到了屠户的拒绝。吕敦孚回家之后，就用利刃在自己的右大腿上割下了一块四寸长的肉，交给年仅五岁的妹妹，做成汤进献给了母亲。他的母亲吃后，病很快就好了。[③]

这样血淋淋的愚孝行为自然是触目惊心，令今人无法理解。但是，就《二十四孝》中的故事来看，大多数故事不但是不合情理乃至物理的，而且也都与《论语》中关于孝的义理相去甚远。像“孝感动天”中的舜、“芦衣顺母”中的闵子骞，他们的行为其实就不合于圣人之道。有人曾经问孔子“以德报怨，何如？”孔子回答说：“何以报德？以直报怨，以德报德。”（《论语·宪问第十四》）说明即使对于父母（主要是后母）的虐待，做子女的不应该只是逆来顺受，而要用“直”来应对，这才合于理，合于义。至于“哭竹生笋”“卧冰求鲤”“恣蚊饱血”“闻雷泣墓”之类的故事虽然没有血腥气，但是其愚昧之极也是令人瞠目的。

孝的异化不独在孝子，官员也会机械地将所谓的孝顺发挥到极致，进而戕害他人。如唐代的张鷟《朝野佥载》卷五记载了这样一个事件：“李杰为河南尹，寡妇告其子不孝。其子不能自理，但云：‘得罪于母，死所

① 陈爱平：《中国古代愚孝探赜》，载《台州学院学报》2013 年第 4 期。

② （明）宋濂：《元史》卷一百五《刑法四》，中华书局 1976 年版，第 2682 页。

③ 参见陈爱平：《中国古代愚孝探赜》，载《台州学院学报》2013 年第 4 期。

甘分'。杰察其状，非不孝子，谓寡妇曰：'汝寡居，惟有一子，今告之，罪至死，得无悔乎？'寡妇曰：'子无赖，不顺母，宁复惜乎！'杰曰：'审如此，可买棺木来取儿尸。'"然后果真就把这个儿子处死了。[①] 明明是法官已经明察了这对母子的问题出在母刁而非儿子不孝，但还是一味地听任刁母，枉法而置子于死地。

20世纪新文化运动以后，启蒙之风使知识分子开始反思愚孝之弊。鲁迅评价《二十四孝图》时说，他小时候，"对于父母，倒是极愿意孝顺的。不过年幼无知，只用了私见来解释'孝顺'的做法，以为无非是'听话'，'从命'，以及长大之后，给年老的父母好好地吃饭罢了。自从得了这一本孝子的教科书以后，才知道并不然，而且还要难到几十几百倍。其中自然也有可以勉力仿效的，如'子路负米'，'黄香扇枕'之类。'陆绩怀桔'也并不难……'哭竹生笋'就可疑，怕我的精诚未必会这样感动天地。但是哭不出笋来，还不过抛脸而已，到'卧冰求鲤'，可就有性命之虞了。我乡的天气是温和的，严冬中，水面也只结一层薄冰，即使孩子的重量怎样小，躺上去，也一定哗喇一声，冰破落水，鲤鱼还不及游过来。自然，必须不顾性命，这才孝感神明，会有出乎意料之外的奇迹，但那时我还小，实在不明白这些"[②]。可见愚孝之类的故事对少年的影响有多深，所以后来鲁迅写了《我们现在怎样做父亲》，在谈到写作的初衷时说，"我作这一篇文的本意，其实是想研究怎样改革家庭；又因为中国亲权重，父权更重，所以尤想对于从来认为神圣不可侵犯的父子问题，发表一点意见。总而言之：只是革命要革到老子身上罢了。"[③]胡适初做父亲时，1919年7月30日以"我的儿子"为题写了一首白话诗以抨击孝道："我实在不要儿子，儿子自己来了。/'无后主义'的招牌，于今挂不起来了。/譬如树上开花，花落偶然结果。/那果便是你，那树便是我。/树本无心结子，我也无

---

① （唐）张鷟：《朝野佥载》卷五，中华书局1985年版。

② 鲁迅：《二十四孝图》，载《鲁迅全集》第2卷，人民文学出版社1981年版，第254页。

③ 鲁迅：《我们现在怎样做父亲》，载《鲁迅全集》第1卷，人民文学出版社1981年版，第129页。

恩于你。/但是你既来了，我不能不养你教你。/那是我对人道的义务，并不是我待你的恩谊。/将来你长大时，莫忘了我怎样教训儿子：/我要你做一个堂堂正正的人，不要做我的孝顺儿子。”[①]这样对孝道的反思，对于后世来说是十分有益的。

但不幸的是这种反对封建礼教、反对父权的启蒙运动，到后来竟然变成了对孝文化的彻底反叛甚至几近抛弃。后来在提倡“大义灭亲”“大公无私”“公而无私”的时代，亲情和孝道都成了负价值。在“文革”中出现的为划清界限而置父母亲的生死于不顾的事，就是亲情的泯灭。如果封建时代的子女儿媳都是父权母权的受害者，如《孔雀东南飞》中的刘兰芝，如陆游的前妻唐婉等，那么现代做儿媳的却已经成了骑在公婆头上作威作福的“统治者”。现在的儿子对父母可以不管不顾，但啃老还是要的，买车、买房、娶妻、生子样样需要父母的钱包，但当他们垂垂老矣时，要么置之不理，要么横眉冷对，稍好一点的就是将他们送进养老院一了百了。这样的对孝道的背离，不只是时代的悲哀，其实正是人类自己的悲哀——因为年轻者终有一天也会老的。

五、孝文化与当代社会

在社会转型的大背景下，当今的中国社会的道德状况虽然说不上危机重重，但不容否认的是在国人和社会这两个层面上，道德问题确实已经成为一个无法忽视或无视的严重社会问题。诚信缺失、贪污腐败、见死不救、缺乏感恩、恩将仇报等现象数见不鲜，甚至连“老人摔倒该不该扶”都成了重大的社会问题，要学者、媒体连篇累牍地讨论。有学者认为我国目前确实存在着一定程度的道德认同危机。[②] 2016 年有学者对全国三类地

① 胡适：《我的儿子》，载《胡适散文》第 1 集，中国广播电视出版社 1992 年版，第 66 页。

② 参见曲蓉：《中国当代社会道德认同状况：区域比较》，载《马克思主义研究》2015 年第 3 期。

区14个大城市100所高校的11982名大学生实施大规模的《中国大学生道德情感问卷》调查表明，当代大学生道德情感下属各因子发展不均衡，其中爱国感、责任感、信用感发展良好，但正直感、公益感、奉献感状况欠佳。[①] 2014年有学者对长沙理工大学、中南林业科技大学和东莞理工学院1200名在校大学生进行的调查表明，大学生的道德状况存在很多问题：诚信意识弱化、自律意识欠缺、感恩意识淡化。84.3%的大学生会选择因就业而造假，68%的学生有过考试作弊；6%的大学生没有感谢帮助过自己的老师，认为这是老师的职责，35%的学生只在心里表示感谢但没有表达出来；1%的学生在家没有帮助过父母，44%的学生较少帮助父母。[②]这些调查也许有不全面的地方，但总体来说偏差并不太大。面对这样的情况，我们不得不反思该怎样改进社会和国人的道德状况。

当然，提高和改进青年一代的道德状况的途径有很多，但是，从孝文化出发也许可以找到一个比较好的解决之道。孔子的弟子有子说，“其为人也孝悌，而好犯上者，鲜矣。不好犯上，而好作乱者，未之有也。君子务本，本立而道生。孝悌也者，其为仁之本与!”(《论语·学而第一》)孔子也说“夫孝，德之本也，孝之所由生也。”(《孝经·开宗明义》)“孝”被看作是“仁”之本，道德修养的基础。孔子认为“孝”是“始于事亲，中于事君，终于立身。”(《孝经·开宗明义》)可见，通过培养孝情孝心，可以培养一个人的道德感，提高一个人的道德水平，增加一个人的道德修养，最终使他成为一个有道德的人而能很好地立身于世。因此，将孝作为提高当代大学生道德素质的起点应当是一个很好的选择。

孝文化在中国历史发展过程中一直都承担着重要的作用。修身、齐家、治国、平天下，哪一项都离不开“孝”。可以说，孝文化是实现修齐治平的关键之所在。为什么这么说呢?《大学》中说，“古之欲明明德于天下者，先治其国；欲治其国者，先齐其家；欲齐其家者，先修其身；欲修

① 参见卢家楣等：《当代大学生道德情感现状调查研究》，载《教育研究》2016年第12期。

② 参见唐跃旺：《“90后”大学生道德问题成因分析》，载《中小企业管理与科技》2014年第8期。

其身者，先正其心；欲正其心者，先诚其意；欲诚其意者，先致其知，致知在格物。物格而后知至，知至而后意诚，意诚而后心正，心正而后身修，身修而后家齐，家齐而后国治，国治而后天下平。”可见，正心诚意是一切的出发点。正心就是要培养孝知，正意就是要培养孝感，一切的起点都只在培养德、善、义、信、仁等基本道德品性。孝不是被迫的情感付出，而是由爱而生的亲爱之心；孝是对父母的敬顺，扩而大之，可以推广到对国家的忠；孝是以礼事亲，再往前一步就是对其他尊长的敬与信；百善孝为先，崇义则为善。所以孝是修身之根本。

孟子说“老吾老以及人之老”，一个人如果不能“老吾老”，又怎能指望他能很好地去“老人之老”呢？因此，孝是培养家庭和谐的重要因素。中国如今已经进入了老龄化时代，养老问题已经成了一个必须高度重视的问题。2017 年 3 月 28 日人力资源和社会保障部养老保险司副司长贾江在全国老龄工作委员会办公室等五部委联合召开的新闻发布会上说，“据预测，我国老年抚养比将由目前的 2.8∶1 达到 2050 年的 1.3∶1。”“截至 2016 年底，我国 60 岁以上人口已达 2.3 亿人，占总人口的 16.7%，65 岁以上人口达 1.5 亿人，占 10.8%。”预计到 21 世纪中叶老年人口将达到 4.8 亿左右，我国将进入深度老龄化阶段。在这一过程中，我国老年人口数量始终居于世界第一位。[①] 面对这样的状况，养老将会成为一个巨大的社会问题。由于我们持续实行了三十多年计划生育，计划生育实行后的第一批独生子女已经开始承担养老的重任，一对年轻夫妇将至少需要为四个老人养老，这就使老年人的养老问题更显突出。在这种背景下，更应当提倡“孝道”，增强年轻一代的孝意与孝感，为父母提供更好的养老环境。

孝是分层次的，最基础的层次是“小孝”，即孝于父母；中间层次的孝是“中孝”，应当敬爱于社会上的老人，即老“人之老”；最高层次的孝是“大孝”，“大孝”是对国家的热爱。父母不只需要有吃有住有衣穿，心灵的慰藉比物质的保障更重要。现在的年轻一代结婚之后往往喜欢自由而选择和父母分居，这对年轻一代来说是自由了，殊不知对父母来说留下来

① 参见马爱平：《突围养老困局 打出“组合拳”》，载《科技日报》2017 年 4 月 5 日。

的只有无尽的寂寞。如果子女能和父母一起生活，让父母享受天伦之乐，一家三代生活在一起，相互照应、相互关怀，无论对祖辈、子辈还是孙辈的精神生活都是意义重大的。一个人如果不能齐其家，令父母安享晚年，他（她）还怎么去治国平天下呢？城市老年人大多还有养老金或养老保险可以在物质上保障老年生活，但农村老人则必须依靠子女。因此，提倡子女孝养父母对农村社会意义更为重大。

孝不单单是对自己的父母的爱、敬、顺，更应当将其作为一种社会责任与义务加以推广，即老"人之老"。孟子给齐宣王讲如何行王道时指出，如果"谨庠序之教，申之以孝悌之义，颁白者不负戴于道路矣"。(《孟子·梁惠王章句上》）如果一个社会中的年轻人都能懂得孝悌之义，并将其践行，那么就不会看到年长者独自负戴于道路了。但是今天的中国社会却出现公共交通上应不应该给老人让座、老人摔倒应不应该扶这样的讨论，说明社会文明和谐出现了一定的问题。2006 年发生在南京的"彭宇案"是"老人摔倒无人扶"这一串多米诺骨牌中倒下的第一张牌，彭宇开始说他不是肇事者，他并未撞倒老人，而是做好事把老人送到医院的。后老人起诉彭宇，南京市鼓楼区法院判彭宇承担 40%的损失。此事引起舆论热议，认为彭宇是做好事被讹了。① 此后全国发生了多起老人摔倒无人扶的事件，因为人们都怕自己去扶后被伤者家属讹诈。其实，谁家无老人？谁家的老人是只在家中不会走到社会上？如果每个人只能做到"老吾老"，那么自己的父母在马路上摔倒了怎么办？所以，如果人人都能做到"老人之老"，那么就不用担心自己的父母摔倒无人扶了。如果全社会的老人无论在哪里都能得到他人的照顾和帮助，那么这样的社会不就和谐了吗？

孝的最高层次是爱国。《大学》把人、家、国三位一体的关系阐述得十分清楚，修身的目的是为了齐家，齐家的目的是为了治国，因为"治国必先齐其家者，其家不可教，而能教人者，无之。故君子不出家而成教于

---

① 2008 年 3 月，全国人大代表、江苏省高级人民法院院长公丕祥在两会新闻中就"司法公正"问题接受中外记者集体采访时透露，南京"彭宇案"双方当事人在二审期间达成了和解协议，并且申请撤回上诉，最后案件以和解撤诉结案，且双方当事人对案件处理结果都表示满意。

国”(《大学》)。家庭是社会的细胞，国这个大家是由每个独立的小“家”组成的，如果能上敬顺父母下教育子女，那么“家”就和睦，家能和睦，国就能稳定。荀子说：“礼有三本：天地者，生之本也；先祖者，类之本也；君师者，治之本也。无天地，恶生？无先祖，恶出？无君师，恶治？三者偏亡，焉无安人。故礼，上事天，下事地，尊先祖，而隆君师。”(《荀子·礼论第十九》)从荀子开始，天、地、君、亲、师就成了中国人心中最重要的五种崇敬的对象。在古代社会君国一体，忠于君就是忠于国。在这五种崇敬对象中，可以将“君”换成“国”。《大学》中说“孝者，所以事君也”，有孝敬之心，就能很好地忠爱于国家。格物致知的目的不只是为了了解孝，致知的目的是为了实践，正所谓“学而时习之”。学然后认真践行，就能将对父母的“小孝”推广至对国家的“大孝”。

请思考

1.《论语》中关于“孝”有几层含义？

2.“孝”在中国文化发展中有哪些异化？

3. 在进入老龄化的今天，孝能对养老问题起到什么样的作用？